U0525805

当代旅游研究译丛

旅游政策与规划
——昨天、今天与明天
（第二版）

David L.Edgell Sr. and Jason R.Swanson
〔美〕戴维·L.埃杰尔
〔美〕贾森·R.斯旺森 著
谢彦君 孙佼佼 郭英 译

Tourism Policy and Planning:
Yesterday, today and tomorrow
Second Edition

商务印书馆
2017年·北京

TOURISM POLICY AND PLANNING:
YESTERDAY, TODAY, AND TOMORROW
SECOND EDITION
David L. Edgell Sr. and Jason R. Swanson
Original work copyright ©2013 David L. Edgell Sr. and Jason R. Swanson
All Rights Reserved. Authorized translation from English language edition published by Routledge Inc., part of Taylor & Francis Group LLC.
Copies of this book sold without a Taylor & Francis sticker on the cover are unauthorized and illegal.

本书中文简体翻译版授权由商务印书馆有限公司独家出版并限在中国大陆地区销售。未经出版者书面许可，不得以任何方式复制或发行本书的任何部分。本书封面贴有Taylor & Francis 公司防伪标签，无标签者不得销售。

目　录

图表目录 …………………………………………………………… ii
案例研究 …………………………………………………………… v
前　言 ……………………………………………………………… vi
第一章　引　言 …………………………………………………… 1
第二章　以往的旅游政策问题 …………………………………… 32
第三章　如今的旅游政策问题 …………………………………… 63
第四章　作为商业和经济活动的国际旅游 ……………………… 86
第五章　旅游的政治和外交政策影响 …………………………… 123
第六章　管理可持续旅游 ………………………………………… 149
第七章　国际旅行的壁垒和障碍 ………………………………… 180
第八章　旅游政策的影响 ………………………………………… 193
第九章　国际旅游政策制定过程 ………………………………… 218
第十章　旅游战略规划 …………………………………………… 246
第十一章　变革型领导力、扶贫与旅游政策 …………………… 267
第十二章　未来的世界旅游政策问题 …………………………… 286

i

图表目录

图

1.1 位于欧洲主要景点之一——凡尔赛宫的全球游客（贾森·斯旺森 摄）… 6
1.2 越南河内的文庙入口（图片来源：CIA）……………………………… 7
1.3 旅游政策制定过程 ……………………………………………………… 13
1.4 目标导向型旅游规划树状图 …………………………………………… 16
1.5 组成马尔代夫的环状珊瑚岛（图片来源：NASA）…………………… 18
1.6 马累海滨的共和国广场（Jumhoorie Maidan）与
    游船（图片来源：CIA）……………………………………………… 20
1.7 第三旅游总体规划（TTMP）组织图 ………………………………… 23
1.8 第三旅游总体规划制订过程 …………………………………………… 24
1.9 马尔代夫历史游客量 …………………………………………………… 26
2.1 世界最好的维京船保存地——挪威比格迪半岛维京船博物馆
    展出的奥赛伯格号维京船（贾森·斯旺森 摄）……………………… 36
2.2 旅游者在美国伊利诺伊州的斯普林菲尔德参观亚伯拉罕·林肯故居
    国家历史遗址。该景点由隶属于美国内政部的国家公园管理局进行
    管理（贾森·斯旺森 摄）……………………………………………… 47
3.1 作为邮轮替代品的部分巴士车队（贾森·斯旺森 摄）……………… 80
4.1 旅游作为商业和经济活动的图示 ……………………………………… 87

4.2	南非开普敦港周围地区多种类型的旅游供给部门（Brian Bulla 摄）······88
4.3	肯尼亚大草原上的枝状大烛台树（Junghee 'Michelle' Han 摄）······93
4.4	政府、企业和非营利组织的合作竞争维恩图······106
4.5	小型社区实践合作竞争维恩图······106
4.6	邮轮乘客参观科研基地（图片来源：CIA）······109
4.7	1965—2009年南极洲旅游者的估算数字······110
4.8	一只南极企鹅正在观察一艘即将带领游客上岸的邮轮（图片来源：CIA）······111
5.1	民主和平理论的构成要素······128
5.2	到达斯里兰卡的国际游客······130
5.3	旅游与和平的关系······131
6.1	联合国教科文组织世界遗产地，坦桑尼亚恩戈罗恩戈罗自然保护区马尼亚拉湖周围的自然风光（山姆·彼德森 摄）······151
6.2	北卡罗来纳外滩群岛欧奎考克岛脆弱的海岸风景线（图片来源：NASA强森空间中心影像科学和分析实验室的"宇航员拍地球"）······167
7.1	平和好客的泰国人（贾森·斯旺森 摄）······189
9.1	俄罗斯圣彼得堡的国家级保护文物——彼得保罗要塞（贾森·斯旺森 摄）······224
9.2	在肯尼亚的一个市场，旅游者正在观看当地居民如何保存并创造文化（Junghee 'Michelle' Han 摄）······226
10.1	韩国首尔的一家农贸市场的利益相关者，这些人是当地旅游规划中游客体验的一个重要构成部分（Junghee 'Michelle' Han 摄）······247
10.2	目标导向的旅游规划树状示意图······252
10.3	旅游战略开发流程图······254
10.4	加拿大东部拉布拉多地区内恩镇上一尊欢迎游客的因努伊特石像（贾森·斯旺森 摄）······258

11.1　多米尼克岛及其主要城市地图（图片来源：CIA）·················278

表

1.1　第三旅游总体规划项目筹划指导委员会的代表部门··················23
4.1　国际旅游者到达数量变化趋势····································90
4.2　国际旅游收入变化趋势··91
7.1　旅行建议的例子（截至 2013 年 1 月）···························189
8.1　旅游相关产业部门的政治捐款···································211
8.2　住宿和旅游政治行动委员会对美国联邦候选人的赞助···············213
8.3　为美国联邦候选人提供赞助排名前 15 的政治行动委员会···········213
8.4　为参议院商务、科学和运输委员会成员进行的捐款·················215

案例研究

1. 马尔代夫共和国的旅游规划 ………………………………… 17
2. 1981年《美国国家旅游政策法》 …………………………… 52
3. 旅途中的三次罢工——劳资纠纷与旅游中断 ……………… 75
4. 南极洲旅游作为商业活动的政策挑战 ……………………… 107
5. 美国和墨西哥的双边旅游协议 ……………………………… 142
6. 气候变化及其对旅游的影响——北卡罗来纳的外滩群岛 … 165
7. 各国旅游警示的异同 ………………………………………… 188
8. 用资金支持影响政治决策 …………………………………… 210
9. 海牙旅游宣言 ………………………………………………… 234
10. 加拿大：有效的旅游政策 …………………………………… 260
11. 多米尼克的生态旅游 ………………………………………… 276
12. 2013年世界旅游十个最重要的问题 ………………………… 301

前　　言

　　虽然当今的全球化社会经济形势复杂，政治局势动荡，贫穷、灾难和冲突时有发生，但旅行和旅游业已成为全球最大和增长最快的产业之一。旅游政策和规划的最终目标是将旅游的经济、政治、文化、知识和可持续性利益与居民、目的地和国家相融合，进而改善区域和全球生活质量，构建和平和繁荣的基础。这正是第二版《旅游政策与规划：昨天、今天与明天》所讨论的内容。

　　本书刻意采用一种积极主动的方式写作，希望由此写成的有关旅游政策和规划的根本性、实践性指南能够为所有对旅游业感兴趣的各类读者所理解。本书的目的是为政府的政策制定者、大学教授、商业领袖、管理者、旅游业的学生和一般公众介绍和检视旅游中重要的政策问题。在本书第一版出版后，同事们提出了宝贵的建议，同时考虑全球旅行和旅游政策的动态变化，这些都成为本版修订过程中的重要参照。

　　《旅游政策与规划：昨天、今天与明天》建立了一个框架，旨在说明追求旅行和旅游业高质量的增长所应掌握的清晰的旅游政策和战略规划概念。《旅游政策与规划：昨天、今天与明天》对第一版进行了修订、改动和更新，增加了部分新的章节、删减了部分章节，新加了国际层面的案例研究。

　　我们想借此机会感谢之前的合作者玛丽·弗吉尼娅（Mary Virginia）博士，"金杰"史密斯（"Ginger" Smith）和玛丽亚·德尔马斯特罗·艾伦（Maria DelMastro Allen）女士在第一版中的卓越贡献。作为一个教授、主席、院长，以及我多年的朋友兼同事，史密斯博士辛勤地致力于改善旅行、旅游

前　言

和酒店领域本科生和研究生的教育。她在华盛顿的美国商务部副部长办公室工作时进行了旅游政策工作，她曾是波多黎各旅游和酒店管理国际学院的创办院长，曾任纽约大学的普雷斯顿·罗伯特·蒂什酒店、旅游及体育管理中心教授和本科生与研究生学术主任，她在这些职位上所做出的贡献对旅游政策、规划、研究和管理都产生了巨大的积极的影响。

此外，作为我的朋友兼同事，玛丽亚·德尔马斯特罗·艾伦女士在第一版《旅游政策与规划：昨天、今天与明天》的写作过程中提供了卓越的研究协助、写作和管理支持。她丰富的商业背景、超凡的分析技巧，以及强大的管理能力让这本书更加优秀和有意义。她在东卡罗来纳大学以旅游政策和规划为基础推动了知识的发展，为旅游研究这个重要的领域带来了许多创新性的方法。

《旅游政策与规划：昨天、今天与明天》第二版考虑到了全球旅行和旅游产业政策和规划中的动态变化。它指出，我们需要制定更有效的政策和规划，帮助旅游在可持续环境找到自身在全球经济和社会发展中的地位。本书的作者们认识到，当前的旅游政策方法需要我们以一种负责任的方式进行"全球化的思考和本地化的行动"，进而指出了旅游发展中社区参与的重要性。与旅游的有形经济利益与成本同样重要的还有旅游对环境和社会文化的影响。

本书的合著者们在旅游政策和规划领域拥有丰富的经验。本书多次对他们进行引用，正是由于他们在旅行和旅游的各个领域，尤其旅游政策、规划和发展领域所具有的强大学术和实践背景。以下是对作者的简要介绍。

戴维 L. 埃杰尔教授在旅游政策和规划的各个层面，包括在全球、国家和地区层面拥有超过 35 年的经验。他在美国政府有着卓越的旅游政策生涯，曾一度担任商务部主管旅行和旅游的副部长，在联合国世界旅游组织、加勒比旅游组织和经济合作与发展组织旅游委员会、美洲国家组织和亚太经济委员会中担任美国代表团团长。后来他担任美属维京群岛第一任旅游长官，对旅游的发展、营销、政策、规划、预算、法律关系和投资进行领导、经营与管理。他还曾是旅行与旅游私营企业的高级执行官和私人顾问。目前，埃杰尔博士是东卡罗来纳大学的全职教授，是知名的可持续旅游研究者，出版了 10 本旅游相关著作，发表了超过 100 篇与旅游、贸易和经济发展相关的文章，他是一名国际顾问，经常在国际会议上担任演讲嘉宾。

贾森 R. 斯旺森也投身于国际旅行、旅游和酒店业的学术领域。斯旺森博士不仅是肯塔基大学酒店和旅游管理副教授，也在国际型大学教授课程，研究与旅游政策和规划相关的重要问题，提供国际咨询服务。他一直以来都为美国东南旅游协会等其他组织提供政策和规划方面的帮助。

《旅游政策与规划：昨天、今天与明天》回顾了旅游的历史，旨在更好地理解当今世界面对的旅游问题。当前的旅游政策和规划概念需要依赖长久以来旅行和旅游学者们所做的丰富的学术研究工作。通过审视过去和未来的旅游政策，我们才能够对未来加以探索，也才有可能提供一些当前和未来的战略以帮助我们更好地理解明天的旅行和旅游世界。

读者可能会注意到，本书第二版从查尔斯·R. 戈尔德纳（Charles R. Goeldner）和 J. R. 布伦特·里奇（J. R. Brent Ritchie）所著的《旅游：原则、实践和哲学》一书中进行了诸多引用。该书如今已出版了 12 版，是有关基本旅游问题、旅游发展的实践指南和重要旅游概念的最佳教材。许多旅游业人士都使用该书作为主要参考以更好地理解旅行和旅游的总体趋势。

此外，本书引用了大量来自联合国世界旅游组织（UNWTO）的材料。这些引用是非常必要的。联合国世界旅游组织是旅游政策问题的全球论坛，为其成员提供指导和旅游信息的实用资源。它负责联合国的一切旅游政策事务，是致力于通过可持续旅游而消除贫困、促进和平的核心组织。

本书中另一个常用的引语是"旅游创造和平"。本书作者们极力主张旅游能够帮助我们建立一个更和平的世界。本书从多个角度讨论了旅游视角下的和平问题。一句古老的谚语说道："和平兴，旅游昌"，这句话有着强烈的现实基础。本书还介绍了国际旅游创造和平学会（International Institute for Peace Through Tourism）利用旅行和旅游业的领导力量，在创造更和平和更可持续的世界中所获得的成果。

针对旅游中的一些重要观点，本书可能会进行多次强调，因为这些观点不但能够带来重要的政策措施，也在当地和全球层面的旅游规划中都具有重要意义。

总之，《旅游政策与规划：昨天、今天与明天》（第二版）对全球生产力

前　言

社会中旅游的多个分支进行了解释，讨论了其有力的政治-经济互动、作为重要社会力量的巨大的潜力、旅游对世界的影响以及世界对旅游的影响。本书在世界社会、商业、经济和政治的情境中对旅行和旅游进行审视，认为世界大众对旅游在社会中所具有复杂关系的理解将有助于我们实现更高质量的生活。通过有效的政策和规划，国际旅游能够成为改善未来全球生活中社会、文化、经济、政治和生态维度的重要动力。

第一章 引 言

本章的目的是从全球角度来说明旅游政策和旅游规划。旅游——一系列动态与增长产业的集合——不仅仅包括人员的旅行，还包括对目的地与吸引物的规划和保护。旅游的构成包括关注旅游发展、新产品、目的地营销、经济利益和未来可持续性的私人、公共和非营利部门。这些旅游利益涉及社区生活的多个方面，因此需要参照和指南来帮助人们对旅游政策的未来方向进行定义和规划，从而提供高品质的旅游产品和服务。旅游政策应致力于改善目的地当地居民的生活质量。好的旅游政策将有助于这一进程。

本书讨论了上述议题，认为应制定旅游政策以确保旅游拥有一个积极的和可持续的未来。本章简要介绍了三个核心概念——旅游、旅游政策和旅游规划，并为这些概念建立一个基础以有助于读者理解全书的主题。本章的概念基础也为初次接触旅游相关公共政策问题的学生和老师们提供了一个好的参考。

一、理解旅游

若无特殊说明，本书中的"旅游"一词等同于旅行和旅游的各个方面。对于国际旅游，本文使用以下联合国世界旅游组织（UNWTO）的推荐定义：

- **游客（Visitor）**：除了为获得一个有报酬的职业外，基于任何原因到一个非定居国（或社区）访问的人。该定义包含两类游客——旅游者和短途旅游者。

　　——**旅游者（Tourists）**：在目的地国（或社区）停留至少24小时的游

客，其行程目的包括：(1)休闲、娱乐、度假、健康、学习、宗教或运动；(2)商务、家庭、代表团或会议。

——**短途旅游者**（Excursionist）：在目的地国（或社区）停留少于24小时的游客（包括游轮旅行者）。

- **旅游**：从贸易平衡的角度，旅游核算被定义为一种从旅游目的地国到旅游客源国的，从旅行和交通中产生的商业服务出口。

旅游是一个复杂且难以定义的领域，在其内部及其与其他产业之间都不具有相似性。例如，餐馆中提供的餐食在多大程度上属于旅游体验呢？这取决于餐馆的位置、当地居民或游客用餐的数量。在现实中，大多数餐馆中特定时段的顾客既包含当地居民，也包含游客。又或者餐馆中的一些居民属于娱乐型的外出就餐顾客，因此要确定餐馆需求在多大程度上与旅游相关或是多大程度上来自社区成员更是难上加难。根据买单的人可知，从餐食中获得的收入——以及接下来的经济影响——或许能也或许不能与旅游扯上关系。

虽然旅游具有复杂性，本书的讨论依旧会使用旅游的简单定义。旅游是旅行的实践，也是提供相关产品、服务和设备的服务。旅游不是单一的产业，而是产业部门的综合——是供需市场，是个人体验，是复杂的国际现象。在实体发展和营销之外，旅游还包含社会、文化和环境问题。它涵盖需求和供给，而不仅仅是营销和经济发展。

旅游与文化和社会追求、外交政策活动、经济发展、环境目标和可持续规划紧密相关。旅游包括服务与产品（提供给旅游者的）的购买、销售和管理，这些服务与产品从预订酒店房间到出售纪念品或管理航空公司不一而足。由于旅游是易逝性产品的集合，因此要完成这些复杂的活动，必须要有最具创新力和创造力的管理者。例如，如果酒店房间、航班座位、邮轮包间或餐馆桌位没有实现当日的或重复的销售，这些销售时点的利润就永远无法找回了。人们无法将这些未出售的产品存入仓库或纳入存货以待日后销售。这种易逝性使旅游有别于其他消费品，例如汽车、太阳镜或零售市场的食品。

旅游具有广泛性，它需要来自其他经济部门的产品。例如，许多经济体的主要农业出口包括供应到全世界的烟叶、活体动物和动物产品、棉花和林产品。这些都是旅游的辅助产品。旅游包含许多商业部门，例如酒店、度假

第一章 引言

村、大型会议、会议、盛会、娱乐场所、吸引物、游乐园、购物中心、音乐场馆、节日、公园、餐馆、剧院、博物馆、历史、遗产、文化和自然景点等。它在各个层面，包括当地、州/省、国家和国际层面都是庞大的且竞争激烈的经济部门。

因此，国内和国际旅游的完整范围包括许多产业部门的产出。旅行产业的消费对象包括补给性产业，并为之创造了大量财富，这些产业包括农业、渔业、食品加工业、酿酒业、建筑业、航空业、交通和汽车业、通讯设备和家具业等。此外，旅游活动还使用其他产业的服务，例如保险、信用卡、广告、数据库和利基市场营销、互联网，以及电子商务工具。为了给这个多样且动态的产业集合制订计划，建立合理的秩序，我们必须制定政策和规划来协助决策者管理这个复杂的现象——旅游。

从19世纪的工业革命开始，我们几乎完全以有形产品（农业和畜牧业、采矿和制造业）的开发和出口来衡量国家的财富，以及以基础设施建设（高速路和大坝）和交通（远洋船只、铁路、飞机、巴士、汽车和其他在全世界运输乘客和资产的交通工具）来作为衡量国家财富的标准。在21世纪，服务革命深刻地改变着我们的生活方式和评价世界财富与经济的方式。当今的创新型世界正经历着史无前例的扩张，为我们带来了智能电话、电子商务、数码相机、高分辨率电视和卫星科技。在这个全新的世界中，我们发现了另一个重要的增长型服务部门——旅游——有时被称为隐形的或无形的活动。

根据美国旅行和旅游咨询委员会的观点，世界已经进入了一个旅行和旅游的黄金时代。[1]人口的变化、可支配收入水平的提高、对可持续性的强调、更多的闲暇时间、新的通讯工具和技术、更高的教育水平、新兴的旅游市场、设施与目的地和其他供给因素的增加都影响着旅游的需求。旅游已经成为全球最具动态性的产业之一，它适应着技术变革、产品创新，以及新的市场。旅游广泛应用电子商务工具、开发太空和海底旅游这样的新产品、发展新的营销和推广策略，这些都是对新技术的应用。在今天的世界中管理可持续旅游为旅游的增长添加了新的重要维度。我们在不断变化的世界中为旅游制定的政策将会指导未来旅游的行动方向。本书努力迎接这一挑战，为旅游的有序增长和发展及其可持续性提供政策和规划方案。

旅游带给未来经济、环境和社会利益的机会将有赖于我们对过去旅游产业的理解，在今日做出最好的决策以及对未来趋势的判断。我们可以选择为未来旅游制定清晰的规划和政策指南，或对其不管不顾而奢望最好的结果。我们必须在旅游增长的节点上制定清晰的政策，以免为时过晚。本书提供了新的信息和概念，希望能够为未来旅游指出清晰的方向。

和平与旅游有着有趣的概念关系。前往其他国家的旅游增加了游客和东道国居民的理解与合作。但在缺乏和平的目的地，旅游也会受到阻碍。因此，旅游既是和平的生产者，也是和平的受益者。和平是国家间外交政策和政策程序的重要组成部分。因为旅游与和平紧密相关，本书将在第五章、第九章和第十一章分别讨论旅游外交政策的含义及国际旅游政策的过程。

1. 全球化语境下旅游的重要性

21 世纪见证着数百万人休闲时间的增长和收入的提高。缩短的工作时间、增长的个人财富、比过去更快和更便宜的旅行、更多的目的地选择，以及先进的科技都使得旅游成为世界上增长最快的经济部门之一。旅游对收入和就业的重要性，以及作为许多国家重要收支平衡工具的作用，已经得到了政府、区域和当地权力部门及其他经济发展相关部门的注意。另外，可持续旅游、对环境的关注、社会环境等其他进入决策过程的概念将会永远改变世界旅游的增长方式。第六章将探讨全球变化和可持续旅游问题。

联合国世界旅游组织最新的报告显示旅游对全球 GDP 的直接贡献是 1.97 万亿美元，占总 GDP 的 2.8%。根据预测，从 2012 年至 2022 年，旅游的直接贡献每年将增长 4.2%。旅游在 2012 年的总贡献（直接、间接和泃生性贡献）超过了 6.4 万亿美元，占全球 GDP 的 9.1%。2012 年旅游中的直接就业合计 1 亿人，占总就业的 3.3%。全球各种旅游相关产业中直接和间接就业的人数更是达到了 2.55 亿，占到总劳动力的 8.7%。总就业有望在 2012 年至 2022 年间增加 2.3%。旅游出口为 1.2 万亿美元，占据全球总出口的 5.3%。联合国世界旅游组织预测，该数字将在下一个十年中增长 3.6%[2]，2012 年的国际旅游到达人数将达到 10 亿人次。

另外一个重要的事实是旅游作为一种出口产品，对于工业化国家和发展

第一章 引言

中国家都至关重要。作为一个经济部门，旅游在出口、产出、附加价值、资本投入和就业等方面的增长速度要高于世界其他经济部门。第四章中将更完整地介绍全球化背景下的旅游经济。

虽然旅游自第二次世界大战以来就增长迅速并且会在未来持续这种动态性增长，但这种增长并不会是平稳的。证据显示，旅游的发展会遭遇偶尔的结构、经济、政治、环境、社会和观念障碍。例如，1991年的波斯湾的海湾战争开始时，世界旅游就经历了严重的下滑。地中海、北美和亚洲部分地区的目的地虽然远离战区和中东地区，却依然受到了影响。第二章将对旅游历史进行全面分析，同时将指出公众及某些情况下政府对旅游的经济、环境和社会重要性的不当理解以及当前人们获得旅游事件相关信息的难度。不过逐渐地，人们对旅游全球重要性的理解日益提升，因为在许多地区，旅游正在替代其他传统产业成为首要的经济动力。这些发展势头都进一步增加了旅游研究、政策和规划的必要性。

作为服务业总体增长的一部分，旅游在全球经济中的重要性得到了越来越多的认可。主要的多边政府政策组织，例如联合国（纽约）、联合国世界旅游组织（马德里）、经济合作与发展组织（巴黎）、美洲国家组织（华盛顿）、亚洲太平洋经济合作组织（新加坡）、加勒比旅游组织（巴巴多斯），以及其他国际团体为旅游业提供了重要的研究报告和数据。这些组织的共同目标之一就是建立起旅游与其他经济部门的联系。欧洲共同体、北美自由贸易协定，以及其他区域性经济组织试图打破传统壁垒，提供和促进跨国界的旅游服务，这些最终都有助于国际旅游的发展。世界旅游及旅行理事会（伦敦），太平洋和亚洲旅行协会（曼谷）等组织既主要代表私营企业的利益，也部分关注公共利益，这些组织已经建立起更高水平的合作与联盟以处理更广泛的政策问题。这些变化意味着在21世纪对旅游影响日益增加的认可。第5章将提供更多有关政府间组织的信息。

在2001年9月11日之后，全球旅游政策发生了重要的变化，全世界更加意识到实施新的安全和安保措施的重要性。虽然全球许多国家都受到恐怖主义的威胁，但是旅游的未来增长仍被认为是乐观的。对变化的认知赋予了今日旅游业许多新的特征。第十二章将讨论未来旅游在政策和规划上重要的发展趋势。

中国、印度、美国、印度尼西亚和巴西的人口共计32亿（几乎占到全世界70亿总人口的一半），这些国家的经济处于变革之中，将会对未来的全球旅游市场产生重要影响。巴西经常被选为主要运动盛会的南美举办国，已经成为世界旅游的主要参与者。巴西是2014年足球世界杯和2016年夏季奥林匹克运动会的举办地。作为东道主，巴西将要接待上百万的游客，赢得更多的国际声誉。

欧洲既面临着机遇，也面临着挑战，欧洲旅游的未来前景也比较复杂。欧洲的社会文化变革、无国界的旅游和通用货币都提升了旅游增长的机会。21世纪初的全球经济衰退后，一些欧洲国家还处于缓慢的复苏过程中，希腊和西班牙等国面临着严重的经济危机，其结果也尚不确定。不过，许多欧洲目的地比较接近原产地市场，例如印度和中国。针对未来十年欧洲旅游的发展，联合国世界旅游组织认为，直接的GDP贡献，直接的就业贡献，游客支出和旅游投资会实现增长，而总的GDP贡献和总就业则会下降。

图1.1 位于欧洲主要景点之一——凡尔赛宫的全球游客（贾森·斯旺森 摄）

图 1.2 越南河内的文庙入口（图片来源：CIA）

东南亚——包括文莱、柬埔寨、老挝、马来西亚、缅甸、巴布亚新几内亚、菲律宾、新加坡、泰国和越南——正在经历旅游的增长和转变。根据预测，这些国家的旅游投资将在未来十年实现 7.9% 的年增长率。许多东南亚国家虽然面积较小，并且自然资源也不丰富，但是拥有大量的文化资源，比大国更依赖旅游对经济的贡献力量。这些国家旅游的成功基于良好的旅游规划。马尔代夫距离许多东南亚国家距离较近，也与它们具有很多相似性。本章的案例研究将详细讨论马尔代夫的旅游规划。

2. 经济和非经济利益

旅游是一项经济活动，为当地目的地、州、省或国家带来大量的收入和外汇。旅游对经济的影响是巨大的，它能够创造就业、减少失业、孕育企业家精神、刺激食品和当地手工业品的生产、创造对高效通讯的需求、促进文化交流，帮助人们更好地理解当地区域、州、省、国家以及世界。第十一章将对这些概念进入深入讨论。

大多数国家所面临的一个问题是许多立法者和管理者对旅游的理解不够深入。不过在许多地区，旅游的政治和经济重要性日益增加，在旅游专家向政策制定者要求更多的资金和关注时，旅游积极的经济影响也成为他们最有利的论据。对旅游经济影响进行的逻辑推理和材料研究有助于制定出更好的公共政策。年轻人的运动旅游就是一个新兴市场的例子，其发展需要更多的信息支持。研究表明，目的地管理者是否能够使用经济影响研究从东道主社区获取支持与运动旅游能够产生的经济影响具有相关性。[3]

目的地管理者在决策时常常首先关注旅游的经济利益，但是目的地正在（也应当）将分析的对象扩展至非经济指标，例如社会、文化和环境等。如同前几十年一样，如今的旅游发展还是应该与社会文化、生态和遗产目标、价值观及东道主社区的愿望相一致。[4]将这些方面全盘考虑非常重要，不仅应关注经济收入，要确保所有利益相关者都有更多的参与机会。例如，旅游为东道主社区带来了许多机会，包括对文化、历史吸引物和节庆的参与。当地手工艺者和旅游业雇员也能够从游客的消费中获得经济发展之外的好处，例如由于全球旅游者的到来而产生的对当地遗产的自豪感、自我价值或全球认可。此外，市场需求迫使目的地将这些要素加以考虑以保持竞争力。沿海地区的例子充分地说明了这一点，许多旅游者愿意购买的高品质海滩产品必须有干净的海滩和宁静的环境。[5]

3. 经济和非经济成本

虽然对于开发者和政府来说，积极的经济影响更为重要，但旅游管理者在制订政策和战略计划时，还必须认识到可能的消极影响。美国有两个例子表明了这一点。第一，当地社区新的旅游发展（尤其是在主要目的地，例如国家公园和人造景观所在地，门户社区或入口社区）可能会抬高当地的房地产价格，导致当地居民和旅游业的服务人员无力支付。第二类是环境的使用或过度使用问题，例如最近有关是否允许在美国约塞米蒂国家公园进行雪地摩托运动的争论。

我们需要对旅游给社会、经济和环境带来的负面影响进行更多的研究。

当今日的全球旅游更加广泛时，这一点尤为重要。了解投入产出比使旅游组织能够选择有吸引力的项目，开发最优的细分市场，建造适当的旅游设施[6]。政策应该积极地考虑这些问题以从所有的投资和资产中获得最优回报。目的地管理者对负面影响的不当应对可能导致旅游目的地的衰落，危及目的地的声誉，让旅行者和外部营销机构都望而却步。第八章将详细介绍如何使用研究和政策分析对旅游政策产生影响。

在过去许多主要旅游局的研究中，旅游非经济影响的研究比例都比较低。根据1994年美国旅行产业协会所进行的统计，只有68%的美国旅游局至少定期对旅游的心理影响进行研究。2005年9月，《美国心理学家》上发表了一篇深刻的文章，指出了旅游中心理学研究的重要性和机遇。[7]该文的结论如下：

> 旅游情境中的压力及其应对、文化学习、社会认可，旅游体验中的主客印象和交往以及东道主社区的变化都是旅游情境中可使用自然实验室来进行研究的心理学领域。更广泛地利用心理学理论来促进个人、社区和旅游业获取更为积极的结果为健康、社会、社区和应用心理学家开创了新的机遇。这也有助于旅游研究者实现创新性的旅游研究，有助于实现可持续的、惠及最受旅游影响的群体的旅游发展方式。

二、理解旅游政策

要在未来实现可持续旅游，就必须在今天制定有效的政策和规划。政策制定者、规划人员，以及利益相关者必须了解旅游中的新兴趋势，找到新的衡量方式，才能实现平稳增长，提供高质量的产品，进而实现旅游者和社区的利益。然而在过去，许多政府并没有像重视制造业或其他服务型产业那样重视旅游。不过，有关世界各地新的冲突、恐怖主义、对卫生问题、自然灾害和气候问题使旅游成为人们的关注热点。非典型肺炎和禽流感已经在旅游中变得与地震、飓风、海啸等其他自然灾害同等重要。石油价格的升高、世界经济的波动，以及对新技术的使用前所未有地影响着旅游。本书讨论了许多与公共政策相关的变化和问题，并提供了一些解决方案。除了介绍一些实用的旅游政策定义外，这一部分还会讨论旅游政策面临的新挑战及其解决之道。

"政策"一词在字典中的定义是"从多种备选方案中选择的一个确切的行动路径或方法,旨在特定条件下指导和决定现在与未来的决策。"[8] 在著名的课本《旅游：原则、实践和哲学》[9]中,旅游政策的定义如下：

……一系列规则、规定、指南、指令及发展/推广目标与战略,其中的集体和个人决策框架会直接影响目的地长期的旅游发展和日常活动。

另一本名为《旅行与旅游：产业初识读本》[10]的书对旅游政策的概念进行了有益的探讨,在旅游政策的定义中增加了重要的社会维度：

旅游政策规定了特定国家、地区、区域或目的地在发展和推广旅游时计划采取的行动方向或路线。任何旅游政策的核心原则都是确保该国家（地区或区域）最大化地从旅游中获取经济和社会效益。旅游政策的终极目标是促进该国家（地区或区域）的进步,改善其居民的生活。

想要初步理解旅游政策,最好的方法或许也是最简单的,即了解托马斯·戴（Thomas Dye）的公共政策经典定义："政府选择为或者不为的事情",并将其应用于旅游。[11] 本质上,旅游政策是所有影响旅游的政府行为——立法、行政或司法。与讨论的问题相一致,本书中对旅游政策进行了更为广义的定义,包括营销、规划,以及可持续性。在本书中,旅游政策是伦理框架内行动、指南、方向、原则和过程的发展路径,其聚焦于议题,最优地代表着社区（或国家）的意愿以满足其规划、发展、产品、服务、营销、可持续性,以及未来旅游增长的目标。

该定义明确了营销、产品开发和接待业服务在旅游政策中的重要性。此外,旅游可持续性的概念必须作为经济、环境和社会发展长期目标的基础。更重要的是,该定义指出旅游政策必须足够动态和灵活以保证在新情况下能够进行及时的调整和完善。

旅游政策在许多社会中都扮演着重要角色。旅游政策有可能影响和改变未来生活方式的经济、政治、社会和生态维度。艾德格[12]指出：

旅游政策的最高目标是将旅游的经济、政治、文化、知识和经济效益与人、目的地和国家相结合,从而改善全球生活质量,为和平与繁荣创造基础。旅游的政策层面与经济层面不可分割。旅游不仅仅是政治的延续，也是世界政治经济融合的结果。简而言之，旅游是，或者能够是经济和政治皆可利用的工具。

在20世纪90年代中期，费约斯-索拉（Fayos-Sola）[13]提出，旅游政策应该在私营、公共和志愿部门之间实现均衡。他说："旅游业不断变化的特征包括逐渐脱离大众旅游而发展出的细分市场、对新技术的应用、产品差异化和新管理方式的应用等，这些变化都要求政府的旅游政策也随之而变。"20世纪90年代末期，艾德格[14]进一步指出，"旅游业将在接下来的几十年内面临一些困难和挑战，无论是通讯信息技术、新航天技术等技术还是其他领域的发展，都会对旅游业产生重大影响。该产业需要制定出有效的政策和规划来应对恐怖主义和其他可能破坏旅游市场的力量"。戈德纳和里奇[15]也提出，"旅游政策的目的是确保在接待游客时能够最大化利益相关者的利益，同时最小化负面影响和成本，尽可能地保证目的地的成功"。戈德纳和里奇的积极观点更多地是在阐述旅游政策应该怎样，而并非大多数政府正在执行的政策现状。下一部分将会讨论制定和实施旅游政策时面临的新挑战。

1. 新挑战

随着世界上越来越多的国家知名度的提高和可进入性的提升，许多政府都大力鼓励本地目的地的发展。许多发达和发展中国家的国家旅游局进行的旅游政策工作包括研究、战略规划、营销、协作、发展及训练。这一过程常常与私营旅游部门、公私合营的咨询公司，以及国际和政府间组织的利益紧密相关。

旅游政策制定者是否有能力在未来审时度势地制定出旅游政策和规划，这取决于是否有扎实的研究来帮助他们更好地理解和接受新出现的概念。这些研究产生于这个混沌的世界，它们获得的创新和具有创造力的方法都与传统的旅游管理者和学者所采用的政策指导有所不同。在一个快速变动的世界中，只有灵活且具有弹性的政策才能促进新旅游产品和服务的发展。近几年的经验表明，一旦悲剧事件或新的全球波动出现时，僵化不变的静态政策就会失去作用。

如今，人们已经完全认识到旅游广泛的经济、政治、环境和社会意义。要实现这一关注，可以将视角扩展到旅游的营销和推广目标之外，审视旅游更为广泛的角色。好的旅游政策要超越营销和推广目标，思考和评价旅游对东道主社区产生的全面影响。旅游在扩展自身时不断变化的维度要求我们对其经济、文化、生态、环境、社会和政治后果进行详细的分析。这些问题都涉及未来旅游的可持续性。

通过更好地理解旅游的含义，政策制定者、规划者和商业人员能够在各个层面为旅游的社区参与提供更多便利。社区对决策制定过程的参与越多，未来旅游就越可能实现经济、环境和社会的改善，进而改善当地居民的生活水平，实现该地区的可持续发展。第三章将会介绍当今几个重要的旅游政策问题，作为旅游的管理者和政策制定者，必须对这些问题加以理解。

2. 旅游政策的新视角

旅游涉及许多不同的经济部门和利益相关者，因此很难获得清晰的定义，也面临着一些主要的政策发展挑战。从根本上讲，旅游政策应该包含一系列指南，当其与规划目标相结合时，应当实现良好的决策制定过程。在过去十年中，前沿的旅游思想家呼吁重视旅游的社会科学层面，期望通过旅游政策改善生活质量和促进世界和平。

公共政策既是过程，也是产品——决策过程和该过程的产品。政策不仅仅应服务于政府，也要服务于公共利益。合理应用的政策能够帮助政府指导和刺激旅游产业，例如通过税收立法和旅游研究基金。政府、公共、私营和非营利组织的行动都会受到政策影响，也都在政策制定中扮演着重要角色。

正如本章前文所述，研究是旅游政策制定过程的重要组成部分。只有可靠且全面的旅游研究能够带来好的决策制定过程和政策发展。在过去的15年中，许多专家都指出了旅游研究的重要性。至少，旅游局的研究部门应当使用旅行监控系统来促进营销和推广活动。[16]

旅游政策制定过程的第一步可以是对旅游政策问题的研究，例如当地酒店的床税，并根据图1.3所示的步骤进行分析。一旦通过研究明确了资源、条件因子，例如政治环境和可持续性，以及目标和目的，那么就可以制定和实施政策了。政策制定过程的最后一步是评估，这其中又包括更多的调研。无论是当地、省/州、区域还是国家的旅游规划者，当他们在对未来旅游进

第一章 引言

行计划时，都已经认识到研究对于前瞻性政策的基础性作用。

在过去，旅游政策和后续政策研究都聚焦于供需等式的需求方或经济和营销问题，这导致人们忽视了旅游供给方的其他重要问题。对目的地进行营销有时会因为难以把握产业的供给特征而变得复杂。

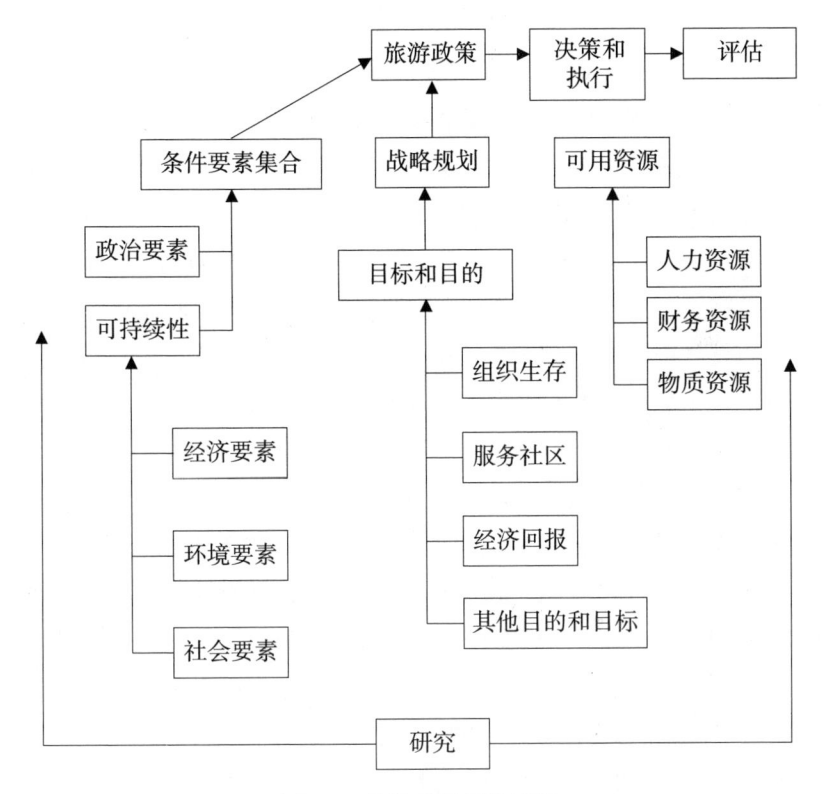

图 1.3 旅游政策制定过程

社区应在一个协调的旅游政策下运作，以保证众多的供给方和推广组织能相互协作。[17]一项关于伦敦旅游政策的研究表明了这一问题。该研究指出了城市营销政策的短期变化中长期可持续性所面临的挑战，结论认为要保证长期的可持续性，首先要处理好基础设施的问题。从该研究可以看出，旅游不仅仅是营销，而旅游政策应该反映出这一点。

反对者常常指出游客流入可能为目的地带来的负面影响，旅游政策需要考虑到这种担忧。当然，旅游存在的积极影响对于政策制定者和旅游专家来说也同等重要。对正负影响的全面认识可以带来实际的、可持续的旅游发展。当人们认识到旅游给环境带来的负面影响，进而对其加以纠正并进行良好的管理时，那么其积极影响就能够在此基础上得以发展，利益相关者就能看到旅游作为社区发展重要驱动力的作用。从游客身上获得的利益可以通过多种方式作用于经济，包括产生收入、创造就业、孕育新企业、刺激经济发展、提升经济多样性、开发新产品及促进经济融合等。

旅游在各产业部门中具有的专业性决定着不同需求的产生。不过，政策制定者或是非旅游业内人士常常认识不到这一点。旅游消费者可以分为商务旅行者、休闲旅行者、飞机和汽车旅行者、独行旅行者，或带孩子的旅行者。他们参与的各类旅行包含不同的社会/家庭活动，或有着多样的动机。[18] 前往国家公园的旅行者、少数民族旅行者、跨代旅行者等其他利基市场的需求群体在制订旅行计划时寻求特殊的环境和旅游产品供给元素。例如，遗产旅游这种特殊的供给满足了特殊需求。在世界上许多地方，旅游业被用来补偿制造业、矿业和农业的下降，因此认识到这些需求非常重要。一个全面的旅游政策需要包含旅游供给和需求的各个方面。

旅游政策会对多个部门产生影响，因此当地、省/州和国家政府应该对旅游政策进行跨部门的审视。旅游会同时在多个区域对基础设施和规划产生影响。交通、区域划分和水资源使用都是政策跨界的典型例子。这些问题类型对于当地居民来说非常敏感，可能对旅游产生重大的影响。另一方面，旅游开发者可以使用信息和研究来判断一项备选投资在所有产业部门的可行性，以避免造成系统性的损失。这一政策过程应该包括旅游上层建筑和特殊事件，例如节庆的质量、数量和地理分布。同时，这一测量过程应当对需求与市场中的旅游供给进行充分考虑才能获得更有意义的结果。

为了实现当地居民在经济、政治、环境、社会和文化上的利益，公共部门需要在旅游的发展、立法、财政和规划上扮演积极的角色。由于旅游涉及许多利益相关者，因此政府不仅仅需要制定政策——还要协助政策的执行。一种方式是提供刺激来促进目标的实现。

历史上，欧洲国家、美国和大多数其他国家的不同政府部门在旅游的政策和项目上都缺乏协作。因此，当政府对有限的资源进行分配或制定全面的政策时，旅游只能获得较低的优先级，也常常被忽视。要解决这一问题，必须在公共部门和私营部门组织之间建立全面的合作关系。

政策议题应超越传统的旅游观点，将所有与旅游相关的公共项目都纳入考虑的范畴，而不仅仅关注典型的旅游产品。例如，水资源管理问题通常与当地企业和居民紧密相关。但是，水上公园、大型高尔夫球场，以及其他旅游基础设施都需要消耗大量的水资源。因此，水利部门在制定政策时既要考虑当地居民，也要考虑旅游产业。这对旅游在该社区的长期发展至关重要。既要为旅游者提供他们想要的体验，也要扩展这种体验的可持续性；既要有足够的资源来推广旅游，也要同时保护和增强目的地的可持续性。

3. 合作和融合

由于公共和私营部门组织和利益的多样性，因此在制定旅游政策时，利益相关者的参与至关重要。利益相关者可以包括当地居民、企业主、公共管理和土地利用部门、公共、私营和非营利组织——任何及所有与决策过程相关，或应该被纳入决策过程的组织或个人。另一个重要的利益相关者是目的地的游客。过去，旅游和经济发展项目及其过程忽略了许多利益相关者的重要角色。最近一些有关竞争合作（第四章将讨论）的研究进一步说明了在各层级旅游决策制定过程中扩大竞争合作的重要性。许多与旅游推广相关的组织及其不同目标增加了旅游政策协调和实施的难度；因此，制定出整合的政策至关重要。如果缺乏全面的旅游政策，旅游的经济、政治和法律影响常常导致不可控的结果，从而难以实现高质量的旅游发展。

三、理解旅游规划

旅游政策将规划功能和旅游的政策目标统合而成一系列指南，为旅游社区的发展指引方向。如果缺少这样的指南，未来旅游的收益可能会相对较少。本书中提供的信息和指导可以作为学生、专业人士，以及政策制定者的一系列概念工具，帮助他们理解旅游规划的要素构成，以积极的方式促进旅游产业的未来发展。第十章将介绍战略性旅游发展的重要概念。

本书使用经典的旅游规划模型，其中包含一个愿景和一个使命宣言，但与原模型多少有些不同。愿景是简单的几个词语，用来描述当地或国家旅游战略的期望，而使命宣言说明的则是如何实现这一目标。愿景和使命宣言下包含一系列目的、目标、战略和策略，有时以树状图的方式来表现，如图1.4所示。

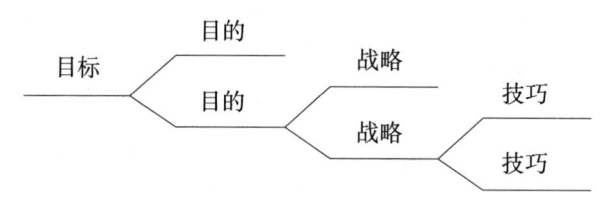

```
目标 ─┬─ 目的 ─── 战略 ─── 技巧
      └─ 目的 ─── 战略 ─── 技巧
```

图1.4　目标导向型旅游规划树状图

旅游是当地社区重要的经济发展工具，其经济利益值得再三强调：产生收入、创造就业、孕育新企业、刺激经济发展、提升经济多样性、开发新产品及促进经济融合。如果当地和国家政府致力于广泛的旅游政策，旅游就能够产生持续的经济、环境和社会收益，从而提升居民的生活质量。

本书中对旅游和旅行的阐释意味着政策制定者必须理解制定广泛战略和长期计划，以及随着环境波动或成熟而进行战略计划调整的必要性。政策制定者和规划者也必须了解市场趋势，保持灵活性，以保证自己在市场力量快速变化的条件下能够及时调整战略计划。新旅游视角下的旅游规划必须考虑到旅游的复杂性特征及其实施中广泛的影响机制。

旅游政策和规划需要能满足新兴趋势的适当管理技巧和工具。这一转变出现于全球化和竞争性的新世界中，同时，世界的人口和经济状况也在持续变化。新技术（尤其是通讯和交通上新技术）、旅行障碍（第七章将详细讨论）、政治关系，以及许多其他因素都将影响未来的旅游规划和政策。增强对旅游及其重要性的理解变得更加必要，这也是一种涉及广泛和多个部门的新现象，需要一系列组织的合作，包括公共管理部门、社区、利益相关者及学术领域等。本书的其他章节将帮助读者更好地理解旅游、旅游政策和旅游规划。

第一章 引言

> **本章复习题**
>
> 1. 什么是旅游？
> 2. 本书如何定义旅游政策？
> 3. 为什么旅游在全世界日益重要？
> 4. 旅游对经济有什么影响？
> 5. 解释旅游政策制定过程的树状图。
> 6. 为什么政府要从跨机构的角度考虑旅游政策？
> 7. 为什么在发展旅游时要考虑东道主社区？
> 8. 旅游发展的代价或者负面影响是什么？
> 9. 旅游利益相关者有哪些？
> 10. 旅游政策应当将传统上的非旅游相关问题考虑进来。这些问题有哪些，或者可能影响旅游的公共项目有哪些？
> 11. 为什么旅游政策不仅仅是营销政策？

案例研究 1：马尔代夫共和国的旅游规划

该案例研究的作者是 Sudarat (Toi) Sangchumnong 女士，她是泰国曼谷易三仓大学的旅游在读博士。该研究由《旅游政策与规划：昨天、今天与明天》（第二版）的合著者之一，贾森·R. 斯旺森博士指导完成。斯旺森博士使用本教材在易三仓大学教授前沿的战略旅游规划课程。该案例研究分析了马尔代夫政府制定的第三旅游总体规划，该计划的规划和战略概念在本书中均有所介绍。

* * *

在过去的 30 年中，马尔代夫共和国对旅游给予了高度重视。马尔代夫的海滩世界闻名，它拥有绝美的自然风光和高质量的水上活动。然而，该国却面临着独特的挑战：当开发者沿着珊瑚礁群岛建造起高级度假地和旅游发展设施时，灾难性的全球变暖可能导致严重的问题。这些问题驱使政府制定良好的旅游发展规划。这些问题也可作为绝佳的案例研究来充分说明旅游政策和规划的复杂性。

该案例研究回顾了马尔代夫从 2007 年到 2011 年的第三旅游总体规划（TTMP），该规划由四部分组成，包括马尔代夫旅游、第三旅游总体规划的要素、规划的成果，以及如何在未来改善规划的建议。每一部分都会首先对该岛国的不同地理特征进行描述，进而在此基础上详细介绍该部分的内容。

马尔代夫位于印度洋，印度西南大约 600 千米处，它由 26 个组成双链

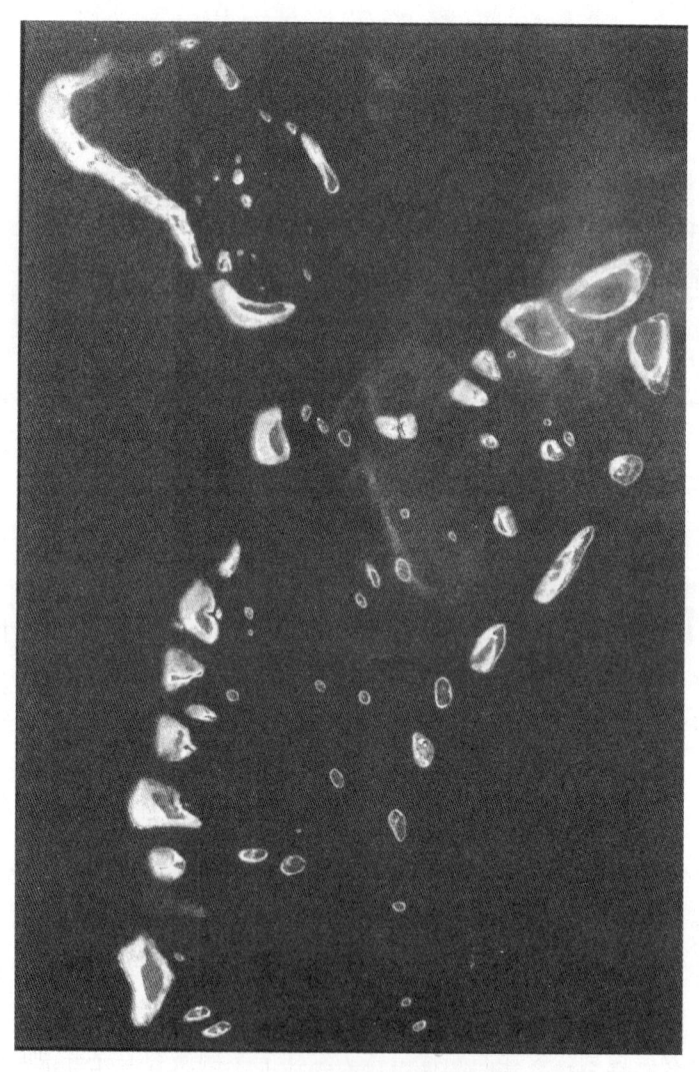

图 1.5　组成马尔代夫的环状珊瑚岛（图片来源：NASA）

条形状的环状珊瑚岛组成，其中包括将近1200个小珊瑚岛。一个环状珊瑚岛包含组成环状的一系列珊瑚岛——通常是不完整的圆环——它们会形成一个环礁湖。其中只有200个岛屿有人居住。有80个岛屿虽然无人正式定居，但已有度假设施发展起来。每个环状珊瑚岛中有5到10个岛屿上定居着当地人，而每个环状珊瑚岛中无人居住的岛屿大约有20到60个。不过，其中的几个环状珊瑚岛由一个大的独立岛屿及环绕其周围的陡峭珊瑚滩组成。这类环状珊瑚岛的典型例子是坐落于赤道海峡中间的Fua Mulaku岛。马尔代夫的大多数岛屿高出平均海平面不足1.5米，最高点位于阿杜环礁，比海平面高出了2.4米。[19]

马尔代夫的赤道植物包括面包树和远远高出矮树、灌木丛和花卉的椰子树。土壤的成分严重影响了农业潜力。大约超过10%的土地，即2900公顷的面积种植着芋头、香蕉、椰子和其他水果。只有富饶的Fua Mulaku岛生产橘子和凤梨等水果，部分原因是该岛屿比大多数其他岛屿要高一些，因此地下水受到海水的渗透相对较小。[20]

海水渗透于岛上的石灰岩和和珊瑚砂，淡水流入海水上部的类透镜层。在马尔代夫的首都马累和许多接待外国旅游者的度假岛屿，淡水的类透镜层正快速萎缩。近年来，由于海水的渗入，马累的芒果树已经开始死亡。而许多环状珊瑚岛上的居民依靠地下水或雨水来满足饮用水需求。[21]

就人口数量来说，马尔代夫是世界上最小的国家之一。2011年，该国共有约394 451人，并且以1.27%的速率缓慢下降。马尔代夫的国民散居于岛链，但是居民最集中的地方——大约120 000人——生活在位于群岛中部的首都马累。总体上，有40%的居民生活在城市，这一比例在近年来持续上升。[22]

除了下一部分将会详细讨论的旅游之外，马尔代夫的其他主要经济部门是渔业和制造业。渔业劳动力人口约11%，而包括鱼产品加工等在内的渔业长久以来都贡献着大约7%的国内生产总值。鱼产品出口获得的收入在2009年达到了8000万美元。超过40%的鱼产品实现了出口，主要销往斯里兰卡、日本、中国香港、泰国和欧盟地区。制造业的主要部门是造船业和手工业，贡献了不到7%的国内生产总值。[23]

19

（一）马尔代夫旅游

马尔代夫旅游的显著发展始于 1972 年，当时在两个度假岛上的酒店共拥有 280 间客房。从那时起，旅游开始快速增长——马尔代夫发展成为一个全球闻名的精品度假地，赢得了国际认可和赞誉。从 1972 年至 2005 年，如果按照酒店房间数来衡量旅游承载力的话，那么该比例的年增长率为 11.7%。从 1972 年至 1982 年，这一比例最高达 26.5%，而从 1982 年到 2003 年，这一比例下跌至 6.7%。

近年来，马尔代夫成功地实现了自然资源的旅游市场化——小型珊瑚岛上优美纯净的海滩、在生活着热带鱼的蓝色海洋中潜水、美丽的夕阳。旅游带来了每年 6000 万美元的收入。[24] 2010 年，旅游及相关服务贡献了 34.4% 的国内生产总值。[25] 此外，旅游的间接贡献还要更大。因此，旅游成为经济增长的催化剂。从 1972 年第一个度假地建立开始，马尔代夫已经对超过 95% 的岛屿进行了开发，总承载力达到约 23 600 个床位。[26]

图 1.6　马累海滨的共和国广场（Jumhoorie Maidan）与游船（图片来源：CIA）

2010年,马尔代夫接待了超过79万名国际旅游者(大多来自欧洲)。年度平均入住率达到70%左右。马尔代夫的设备利用率可以达到80%以上——在冬季旅游高峰期会超过95%——要高于2008年新建的度假地。旅游者平均停留时间为8天。马尔代夫制定了宏大的旅游扩展规划,计划新建若干新的度假地。然而,度假地的扩张计划并不完善,因此遗留了一些半途而废的度假地。

马尔代夫最近成功的关键在于制定了可持续的发展规划。可持续规划正是马尔代夫这样生态环境脆弱的地区的必然选择。该国的主要吸引物是作为旅游上层建筑基础的小型珊瑚岛。损害该国独特的自然环境无疑会严重减少旅游的需求。马尔代夫政府已建立起一个管理框架,其中包含环境问题,发展、经营和旅游供给元素的质量,对于旅游具有重要意义的卫生和安全问题。[27]马尔代夫旅游的增长很大程度上得益于由第一旅游总体规划(1983—1992),第二旅游总体规划(1996—2005)以及第三旅游总体规划(2007—2011)。下一部分将详细介绍马尔代夫的旅游规划。

(二)马尔代夫第三旅游总体规划

在制定第三旅游总体规划(TTMP)之前,马尔代夫经历了两项颇具成果的规划过程。第一个计划为1983年到1992年提供了策略和战略。1980年11月,旅游和国外投资部(DTFI)委派名为DANGROUP的小组在科威特阿拉伯经济发展基金的协助下为旅游部门的项目发展进行可行性研究。该研究的结果即马尔代夫第一旅游发展计划,又名第一旅游总体规划(FTMP)。第一旅游总体规划聚焦于环境和核心基础设施的保护,在利益相关者中创造了对可持续和负责任旅游实践前所未有的认识。第一旅游总体规划的焦点是环境保护和可持续发展。

第二旅游总体规划(STMP)的制定过程在欧盟的协助下始于1994年,完成于1996年。该计划的核心主题是制定能够为私营企业提供便利、促进其繁荣的政策。这一发展私营企业的目标显示了从第一旅游总体规划中心性思维的转变。第二旅游总体规划聚焦于六个广泛的战略方向:1.平衡区域发展;2.为私人投资提供便利;3.增强制度力量;4.发展人力资源和文化;5.实现旅游与环境的和谐；6. 促进营销和推广。

马尔代夫第三旅游总体规划（TTMP）的时间区间是2007年到2011年。第三旅游总体规划中的政策、战略和行动与马尔代夫共和国的第七个国家发展规划相一致。因此，该规划的愿景是扩大马尔代夫旅游业，使其成为惠及马尔代夫所有海岛地区经济和社会发展的工具。该愿景还包含了一个可持续旅游发展模型，倡导对环境和社会负责任的旅游实践。为实现该愿景和目标，旅游和民用航空局（MTCA：Ministry of Tourism and Civil Aviation）与其他规划过程的参与者制订了以下行动计划：

1. 为产业的可持续增长提供便利，促进投资，同时增强旅游经济利益的公共份额。

2. 提升就业就会，为有益的公共和社区对旅游产业的参与提供更多机会。

3. 发展和维持旅游业增长所需的基础设施。

4. 在旅游产品的发展和经营中保持环境可持续性，争取成为负责任旅游的全球典范。

5. 持续打造马尔代夫独特的目的地品牌，提供创新型产品，维护马尔代夫作为传统和新兴市场中的领先地位。

6. 持续增强法律、管理框架，以及旅游和民用航空局的机构管理能力。

第三旅游总体规划致力于发展旅游与自然的和谐关系、为私人投资提供便利、发展人力资源、提升就业机会、促进市场和产品的多样化。此外，第三规划还增加了新的内容，即在各个岛屿区域之间对旅游利益进行更加公平的分配。这一点在其愿景中有所体现："以一种惠及马尔代夫全国各地的方式扩大和加强马尔代夫旅游业作为经济和社会发展工具的作用"。[28]

1. 项目管理

第三旅游总体规划是在项目筹划指导委员会（PSC：Project Steering Committee）的指导下由旅游和民用航空局制定。第三旅游总体规划的成形过程由旅游和民用航空局指定的技术小组在首席技术专家的指导下操作完成。图1.8展示了该项目的管理组织结构。

```
┌─────────────────────┐
│  项目筹划指导委员会  │
└──────────┬──────────┘
           ↓
┌─────────────────────┐
│   旅游和民用航空局   │
└──────────┬──────────┘
           ↓
┌─────────────────────┐
│    首席技术专家     │
└──────────┬──────────┘
           ↓
┌─────────────────────┐
│      技术小组       │
└─────────────────────┘
```

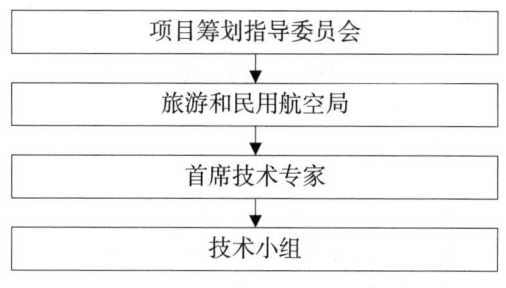

图 1.7　第三旅游总体规划（TTMP）组织图

项目筹划指导委员会由 14 个政府部门选出的代表组成，这些部门与马尔代夫的旅游发展和规划存在着机构间的联系。表 1.1 中列出了组成项目筹划指导委员会的政府机构。技术小组由来自多个领域的专家组成，包括经济和财政、社区旅游、市场和产品开发、法律和制度过程、人力资源开发、基础设施和支持服务，以及环境管理。

表 1.1　第三旅游总体规划项目筹划指导委员会的代表部门

旅游和民用航空局	卫生局
规划和国家发展局	经济发展和贸易局
交通和通讯局	环状珊瑚岛发展局
国防安全局	马尔代夫警务局
财政局	马尔代夫航空公司
环境、能源和水利局	马尔代夫高等教育学院
高等教育、就业和社会保障局	渔业、农业和海洋资源局

2. 第三旅游总体规划制定过程

项目筹划指导委员会和第三旅游总体规划技术小组一致认为应该采取动态的规划制定过程。这是由于他们认识到马尔代夫在未来的五年中可能面对的动态旅游规划环境包括变化的产品、市场和机构环境。因此产生了图 1.9 所展示的第三旅游总体规划的制定过程。该过程的各个部分包括研究、模拟、评价和修正。

3. 情境分析

在第三旅游总体规划于 2007 年诞生之前，其制定过程以先前的规划工作为基础，包括一个对当下旅游环境的深度分析。情境分析中所涉及的旅游问题集中于经济和财政状况、旅游趋势、人力资源发展、环境状况、社区参与、立法和机构能力，以及基础设施与服务。下文将简要介绍在规划制定过程中以上领域的基本情况。

经济和财政：在过去三十年中，马尔代夫展示出强劲的经济增长能力。2004 年的国内生产总值共计 7.06 亿美元，年经济增长率为 8.8%。马尔代夫是南亚人均国内生产总值最高的国家之一，在 2005 年达到 2293 美元。虽然旅游带来的收入非常可观，但同时也带来了大量的经济漏损。这些漏损包括外国工人寄回本国的工资、外国企业带回母国的利润、外国旅游经营者和旅行社出售的旅游服务（例如旅行预订），以及对外国航空公司的依赖。[29]

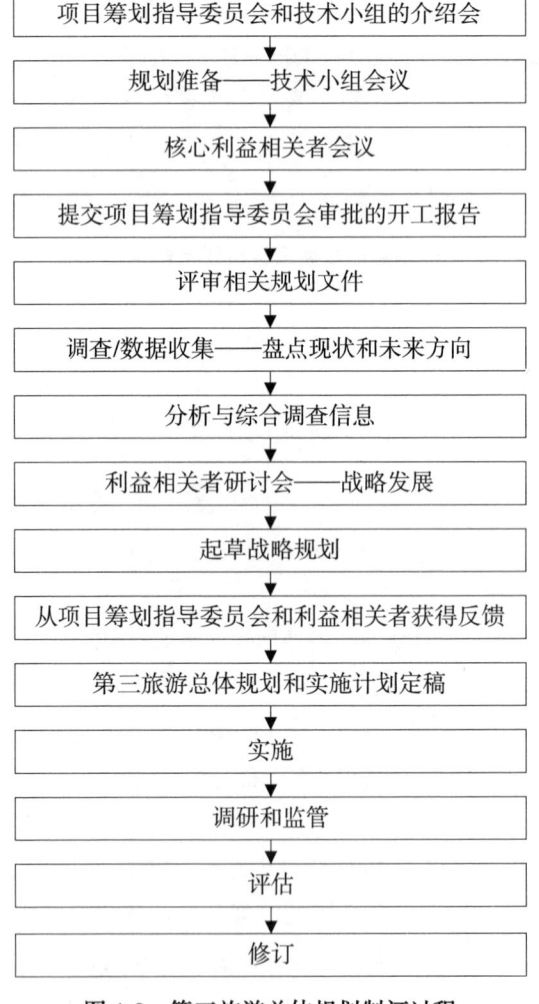

```
项目筹划指导委员会和技术小组的介绍会
          ↓
   规划准备——技术小组会议
          ↓
      核心利益相关者会议
          ↓
提交项目筹划指导委员会审批的开工报告
          ↓
        评审相关规划文件
          ↓
  调查/数据收集——盘点现状和未来方向
          ↓
       分析与综合调查信息
          ↓
   利益相关者研讨会——战略发展
          ↓
         起草战略规划
          ↓
从项目筹划指导委员会和利益相关者获得反馈
          ↓
    第三旅游总体规划和实施计划定稿
          ↓
           实施
          ↓
         调研和监管
          ↓
            评估
          ↓
            修订
```

图 1.8　第三旅游总体规划制订过程

到达、市场和产品：马尔代夫在会议旅游、奖励旅游、大型会议和展览旅游（MICE）市场中拥有很大的潜在机遇，尤其是位于其他目的地附近的市场，例如亚洲的新加坡、中国、中国香港、日本和中东的迪拜与多哈。为了实现需求的多样化，马尔代夫更新了现有的和在建的度假地设施，针对家庭度假和健康度假市场建立了新的设施。此外还设计了大型游钓和海豚观赏项目。

人力资源：马尔代夫长久以来都存在着劳动力供给不足的问题。根据计算，每年大约能产生10 000名毕业生。虽然旅游在多个领域提供了岗位，但是毕业生对度假地工作的态度问题成为提升马尔代夫旅游就业的首要障碍。在最近这些年里，许多马尔代夫的年轻人都没有意识到旅游业及相关工作带来的机遇，而是将其视为低等的职业。

环境：马尔代夫的旅游管理者对本国环境的脆弱性一直保持着清楚的认知。马尔代夫当局担心土壤侵蚀和全球变暖可能会对低洼的国土产生影响，马尔代夫80%的地区只比海平面高出不到1米的高度。第一旅游总体规划和第二旅游总体规划都非常重视环境保护和可持续旅游之间的关系。在制定第三旅游总体规划时，快速的旅游增长所面临的未来环境挑战有：1. 保护海岛的自然美景；2. 确保在度假地的建造过程中和建造完成后进行环境影响评估（EIA）工作；3. 保护礁石；4. 处理度假地垃圾；5. 处理污水。

基于社区的旅游：虽然马尔代夫拥有丰富的文化和历史，但文化和遗产旅游并未在马尔代夫发展起来。基于社区的旅游是第三旅游总体规划的重点之一，力图为当地人居住的岛屿带来更多的经济机会，包括为满足游客需求而产生的就业和开发的其他营利性活动。

政策框架：为了满足马尔代夫未来的旅游发展，应该对马尔代夫旅游法进行重审和修订。旅游法应包括处理不同问题的各项独立法案，例如针对旅游度假地、酒店和宾馆的法律；针对游轮的法律、针对潜水中心的法律或是针对旅游经营者和旅行社的法律。

基础设施和支持性服务：除了南阿里环礁和拉薇雅微环礁地区已规划的设施外，政府已经建立了十个新的国内机场。遍及全国的机场建设有助于马

尔代夫满足各个地区的旅游需求和供给。海上运输、仓储设施和物流配送、信息和通讯技术、灾难管理预案、海上设施建设，以及地区医院都代表着基础设施发展的机遇。

（三）旅游规划结果

经济扩张的主要动力依旧是该国经济支柱——旅游业——及其辅助部门，包括运输、通讯和建设部门。2011 年，游客到达量增加到每年 800 000 人次。在第三旅游总体规划实施期间的年度游客到达量还要更高。2010 年该数量比上一年大幅度增长了 20.7%。[30] 由于全球经济的下滑，马尔代夫货币当局在 2009 年也报告了旅游者数量的下降，这也是最新一次旅游统计的最低点。从 2008 年第四季度开始，旅游者数量就呈现下滑状态，不过继而迎来了两次连续月份的扩张，在 2009 年 11 月实现了 7% 的增长[31]。图 1.9 展示了游客数量的变化。

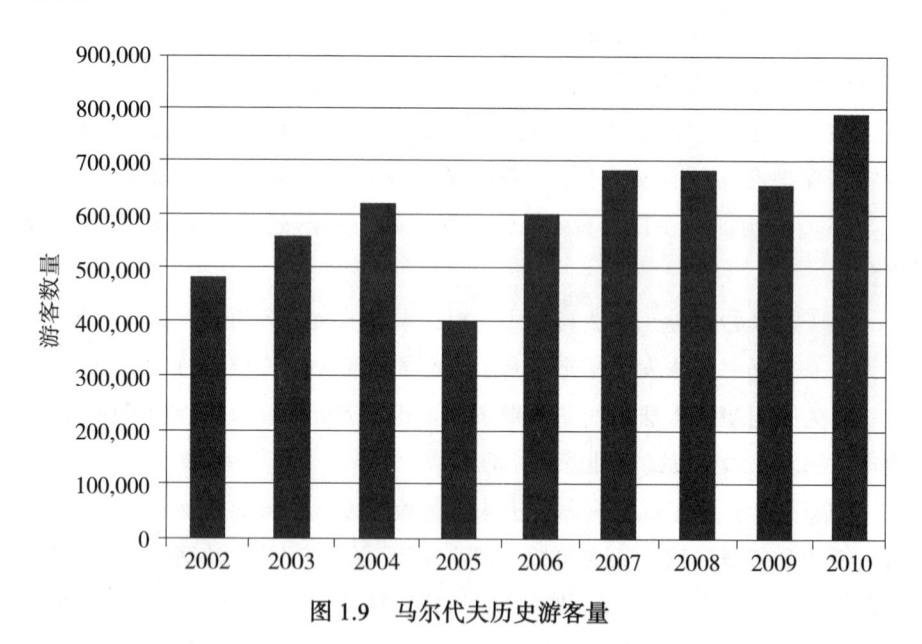

图 1.9　马尔代夫历史游客量

2004 年 12 月的印度洋海啸毁坏了许多岛屿。在第二和第三旅游总体规划的指导下，马尔代夫进行了海啸后建设，实现了旅游的反弹和经济的显著复苏。因为进行了有效的规划，马尔代夫大大减少了自然灾害的负面影响及其损害。海啸打断了旅游发展的模式，造成了3亿美元的损失[32]。不过到了2006年，国际旅游者数量已经恢复到602 000人次，[33]经济开始恢复。然而在恢复后，政府仍旧在第三旅游总体规划的执行中面临多个领域的巨大困难，这些领域包括：1.为可持续增长提供便利；2.提高就业机会和社区参与；3.基础设施发展；4.环境可持续性发展；5.马尔代夫品牌发展；6.法律和规范的制定。

（四）对未来规划的建议

马尔代夫的经济对旅游存在很大的依赖性。而由于海平面上升可能带给小岛国的严重后果，目前的关键问题是如何将经济繁荣与生物多样性结合起来，这也正是可持续旅游概念的部分问题。[34]许多研究者已经开始寻找能够保护马尔代夫环境的正确方式，例如Blanca de-Miguel-Molina和Rumiche-Sosa[35]，这两位研究者分析了豪华酒店的发展和经营对可持续性的影响。该研究结果显示，提供过多活动和服务的豪华度假村是不可持续的。因此，目前作为具有异国情调的奢华目的地，马尔代夫如果能够加强可持续发展实践的话，那么就有可能成为奢华的可持续型目的地。要实现这一目标需要依赖不同利益相关者的协作，并且要让目的地具有足够的动力兼顾可持续性与盈利性。

目前，政策制定者可以大力推进环境政策以刺激度假村兼顾可持续性与盈利性。[36]此外，如果豪华度假村想要吸引负责任的旅游者的话，可以通过网站和其他营销渠道来宣传自己的环境政策。马尔代夫的《第三国家环境法计划》包含的目标就有减少旅游部门的气候威胁，这需要加强与环境影响评估（EIAs）的协调，以确保能够考虑到所有与新发展相关的重要影响，促进利益相关者的参与。[37]

马尔代夫需要为下一个规划做好准备，新的计划要从过去的经历和学习中汲取经验，应用好新的旅游政策和规划知识。可资利用的旅游政策观点包括使旅游倡导活动地方化、与非典型倡导伙伴开展合作、预测旅游需求、分析旅游政策的影响，以及明确政策现实。[38]

几乎所有的主要旅游利益相关者都已经加入了旅游的规划过程。不过，也应当参与的一般公众还尚未行动。这或许是因为马尔代夫独特的地理环境导致居民散居于群岛之上，因此参与过程比较困难所致。在未来的规划过程中，可以通过新技术的使用，例如 Skype 等软件来保证更多的居民可以参与到规划的制定过程中来。如果要制定第四旅游总体规划的话，需要借鉴前三个规划中的成功经验，也需要马尔代夫的规划者与政策制定者在确定旅游的发展方向时能使用完善的旅游规划原则，如此才能保证其成功。

四、关键问题总结

正如本案例研究所示，马尔代夫旅游规划活动在许多方面都可以说是强而有力的，但是对该规划及其概念进行批判性思考能够增强我们对旅游规划的理解。大多数本书的读者倾向于以一种积极的，而非消极的视角来看待旅游的经济和社会发展影响，许多旅游规划者、专家和学者亦然。这类读者可能更习惯于处理更具实践性特征而非带有哲学意味的问题，但是也应该尝试挑战自己对于旅游发展的一贯看法。

该案例研究提出了丰富的哲学问题。例如，马尔代夫政府究竟是否应该发展旅游？旅游发展在多大程度上威胁了岛国的可持续性？旅游发展会损害马尔代夫的社会结构吗？在未来接待更少的国际游客是不是更有利于该国？

该案例除了引发丰富的哲学思辨，也涉及实践性的问题。例如，除了案例研究中提到的，旅游规划中还缺少了什么？如何在未来的规划中弥补马尔代夫或其他地方失去的部分？其他生态系统脆弱的目的地可以从马尔代夫的例子中获得何种启发？即便是生态系统不太脆弱的，或者经济更为发达的目的地也能够从马尔代夫官方的旅游规划方式中获得启发。马尔代夫教给了这些目的地什么？世界可以从马尔代夫的旅游发展中学到什么？

注释

1. US Travel and Tourism Advisory Board (2006) *Restoring America's Travel Brand:*

National Strategy to Compete for International Visitors. US Travel and Tourism Advisory Board, Washington, DC.

2. World Travel and Tourism Council (2012) *Travel & Tourism Economic Impact 2012 WORLD Edition.* Retrieved from www. wttc. org/site_media/uploads/downloads/world2012. pdf on July 1, 2012. London, UK.

3. Williams, W. & Riley, K. (2003) "Economic Impact Studies to Gain Support for Youth Sports from Local Businesses." *The Journal of Physical Education, Recreation & Dance, 74*(6): 49-51.

4. Ritchie, J. R. B. (1991) "Global Tourism Policy Issues: An Agenda for the 1990s." *World Travel and Tourism Review, 1,* 149-158.

5. Klein, Y. L., Osleeb, J. P., & Viola, M. R. (2004) "Tourism-Generated Earnings in the Coastal Zone: A Regional Analysis." *Journal of Coastal Research, 20*(4), 1080-1088.

6. Frechtling, D. (1994) "Assessing the Impacts of Travel and Tourism-Measuring Economic Costs," in J. R. B. Ritchie and C. R. Goeldner (eds) *Travel, Tourism, and Hospitality Research: A Handbook for Managers and Researchers,* 2nd edn. New York: John Wiley and Sons, 401.

7. Berno, T. & Ward, C. (2005) "Innocence Abroad: A Pocket Guide to Psychological Research on Tourism." *American Psychologist, 60*(6), 593-600. 引文出自第598页.

8. Merriam-Webster Online Dictionary (2007).

9. Goeldner, C. R. & Ritchie, J. R. B. (2012) *Tourism: Principles, Practices, Philosophies,* 12th edn. New York: John Wiley and Sons, 326.

10. Biederman, P. S., Lai, J., Laitamaki, J. M., Messerli, H. R., Nyheim, P., & Plog, S. (2007) *Travel and Tourism: An Industry Primer.* New Jersey: Pearson Education, Inc.

11. Jenkins, J. (2001) "Editorial." *Current Issues in Tourism, 4*(2-4): 69-77.

12. Edgell, D. L. (1990) *International Tourism Policy.* New York: Van Nostrand Reinhold, 1.

13. Fayos-Sola, E. (1996) "Tourism Policy: A Midsummer Night's Dream?" *Tourism Management, 17*(6), 405-12.

14. Edgell, D. L. (1999) *Tourism Policy: The next Millennium.* Champaign, IL: Sagamore.

15. Goeldner, C. R. & Ritchie, J. R. B. (2012) *Tourism: Principles, Practices, Philosophies,* 12th edn. New York: John Wiley and Sons, 327.

16. Cook, S. D. & Azucenas, V. (1994) "Research in State and Provincial Travel Offices," in J. R. B. Ritchie & C. R. Goeldner (eds) *Travel, Tourism, and Hospitality Research: A Handbook for Managers and Researchers,* 2nd edn. New York: John Wiley and Sons, 165-168.

17. Bull, P. (1997) "Tourism in London: Policy Changes and Planning Problems." *Regional Studies, 31*(1), 82-85.

18. Travel Industry Association of America (2004) *Domestic Travel Market Report*. Washington, DC.
19. Central Intelligence Agency (2012) *World Fact Book: Maldives*. Retrieved from www. cia. gov/library/publications/the-world-factbook/geos/mv. html on July 1, 2012.
20. Metz, H. C. (ed.)(1994) *Maldives: A Country Study from Washington*. GPO for the Library of Congress, http: //contrystudies. us/maldives/2. htm.
21. 同上。
22. *Central Intelligence Agency* (2012).
23. Maldives Monetary Authority (2011) *Monthly Statistics May 2011*. Maldives: Maldives Monetary Authority.
24. Ministry of Finance and Treasury (2009) *Maldives Fiscal and Economic Outlook 2009—2011*. Paper presented at the Maldives Partnership Forum, Maldives.
25. Maldives Monetary Authority (2011).
26. Ministry of Finance and Treasury (2009).
27. Ministry of Tourism and Civil Aviation (2007) *Maldives Third Tourism Master 2007—2011*. Maldives.
28. 同上。
29. 同上。
30. Maldives Monetary Authority (2011).
31. Maldives Monetary Authority (2009) *Monthly Economic Reviews December 2009*. Maldives: Maldives Monetary Authority.
32. Carlsen, J. (2006) "Post-tsunami tourism strategies for the Maldives." *Tourism Review International 10*, 69-79.
33. Henderson, J. C. (2008) "The Politics of Tourism: A Perspective from the Maldives." *Tourismos: An International Multidiscipline Journal of Tourism*, 3(1): 99-115.
34. Viner, M. A. (2005) *Climate Change and Its Impacts on Tourism*. Norwich, UK: University of East Anglia.
35. Blanca de-Miguel-Molina, M. & Rumiche-Sosa, M. (2011) "Does Luxury Indicate Sustainability? An Analysis of the Maldives." *Electronic Journal of Business Ethics and Organization Studies*, 16(1).
36. Fotiu, S., Buhalis, D. & Vereczi, G. (2002) "Sustainable Development of Ecotourism in Small Island Developing States (SIDS) and Other Small Islands." *Tourism and Hospitality Research*, 4(1), 79-88.
37. Zubair, S., Bowen, D. & Elwin, J. (2011) "Not Quite Paradise: Inadequacies of

Environmental Impact Assessment in the Maldives." *Tourism Management*, *32*(2), 225-234.

38. Swanson, J. R. & Brothers, G. L. (2012) "Tourism policy agenda setting, interest groups and legislative capture." *International Journal of Tourism Policy*, *4*(3), 206-221.

第二章 以往的旅游政策问题

要理解目前情境下的旅游政策以及未来可能的变化,首先要了解以往旅游政策的变化历程。在6000年前旅行开始出现和发展时,旅游政策也开始了进步的历程。本章将提供关于旅游政策的历史观点,介绍全球情境下现代旅游政策的开端。

我们可以对美国的旅游政策进行分析,以此来说明在这个全球最著名的旅游目的地之一,旅游政策是如何变化的,旅游规划的未来又面临着哪些挑战。

一、历史维度

纵观旅游历史,没有某一个时期是旅游政策和规划的唯一根基。不过,一些关键事件奠定了现代旅游政策和规划的基础。造纸术的发明、造船业的创新,以及地图绘制术都是深刻地影响了现代旅游政策的历史进程。以下章节将会详细介绍上述事件及若干其他史前的、古风时代的以及中世纪的历史事件。

1. 史前时期

在有历史记载以前的时期都称为史前时期。考古学家、古生物学家及人类学家都提供了证据,证明我们两百万年前的祖先——直立人——是像我们一样用双腿直立行走的原始人类。直立人能够直立行走,长距离地行走或奔跑。虽然直立人的大脑很小,但是他们已经能够生火,为获取食物而组织狩猎和打造简单的工具。人类进化和旅行历史的下一步是直立人开始离开常住地，前往新的环境。

在大约40万到50万年前，直立人进化成为人类更高级智人祖先。智人的头骨更大，脑容量更大，好奇心更强，比起其祖先们，智人旅行的距离更远。这种旅行大多是为了寻找食物、住所或者为了远离野兽和敌对部落而从一个地方迁往另一个地方。当然，对于这种远古的旅行来说，其决策是如何发展和进步的，我们还无从得知。

2. 古风时代

从约公元前4000年到公元4世纪这段时期被称为古风时代。在经过几千年的进化之后，远古人从东非大裂谷最终迁徙到中东和亚洲。大约在公元前4000年的新月沃土上，即被称为"文明摇篮"的中东地区，包括今天伊拉克、伊朗、科威特、土耳其、叙利亚、约旦、以色列、黎巴嫩、巴勒斯坦和埃及等国家的全部或部分领土，现代旅行开始了发展的历程。当时先进的苏美尔人变革了旅行的能力。这一社会发明了犁、货币、楔形文字、轮子以及向导的概念。用犁耕地在一定程度上使农业产品增多，于是促进了以食品和商品贸易为目的的旅行。货币使旅行者能够对旅行需求进行实物交易或购买。楔形文字使旅行指南、地图和其他旅行计划变得更加方便。轮子的发明极大地促进了早期货车的出现，满足着交通、旅行和商业的需要。这些发明促进了与远距离国家（例如印度）之间更为紧密的商业关系，激发了人们前往遥远目的地的欲望，也带来了对旅行向导的需求。这些发展成为旅行规划的基础，最终产生了基本的政策指导原则，使得旅行变得更加简单和组织化。

公元前3000年，埃及建造的木船长达23米，这些船被用于贸易和军事目的，也被用来航行约6500千米长的美丽尼罗河以庆祝季节更替、食物丰收，感谢诸神赐予的富饶生活。当然，在此之前，先民们也建造了船用于打鱼和其他目的，但是这些船大多是粗糙的独木舟、简易的木筏、小圆舟或动物皮制的浮船。著名的希腊历史学家希罗多德（约公元前485年—前425年）是一位世界旅行者和行游作家，他记录道：

> 埃及的宗教聚会不只是一年一次，而是经常性的，尤其是在城市

布巴斯提斯举行的、为敬奉女神阿耳特弥斯（狩猎和月亮女神，阿波罗的孪生姐姐）的最为热烈的庆典……当人们前往布巴斯提斯时：男人与女人们一起旅行，许多男女同乘一船。在巡游中，一些女人摇着拨浪鼓，一些男人吹着长笛，其他人则唱着歌、拍着手……当人们到达布巴斯提斯时，他们献出祭品，举行盛大的宴会，尽情享受着一年中最丰沛的葡萄酒时光……[1]

在卢克索的停灵庙墙上，埃及人用浮雕记录着埃及女王哈特谢普苏特在公元前1480年前往蓬特的旅程。除此之外，金字塔、斯芬克斯雕像和其他建筑都带来了追求愉悦的旅行。埃及人喜欢的水上活动和陆上活动，很多都与旅游相关，这些活动在今日依旧盛行，并且促进了早期旅游政策和规划的发展，例如组织游轮、确立和规划节日与庆典等。

公元前3000年后不久，具有创新精神的造船者开始设计一种能够远航的船。大约在公元前2000年，造船大师、勇敢的航海家——腓尼基人发明了能在海上航行的船只，绘制了穿越地中海地区的贸易路线。这些智慧的人们制造了能够进行海上航行的复杂商船，顶级的战船以及用来娱乐的巡游船，这些船能够在外海进行长距离的安全行驶。他们绘制的贸易路线图促进了水路和海岸线知识的发展，他们发明的旅行模式使通过星象导航变得更加简单（北极星——希腊人的命名——最初被称为"腓尼基星"）。他们在北非、西西里和西班牙的海岸线上建立了贸易中心，将他们的文化传播到较为落后的地区。甚至有理论认为，腓尼基人才是首先到达美洲的人，而希腊历史学家希罗多德的记录中则显示他们环航了非洲。除了航海技术以外，腓尼基还擅长文学、艺术、农业和机械。他们发明了字母表（今日仍在使用），将其教授给希腊人和地中海人。无疑，他们的旅行增加了人们对地中海目的地的了解。可以说，腓尼基人是旅行规划者，可能正是他们建立了与贸易和旅游相关的基本政策指导原则。[2]

希腊是那些最早理解当今概念中的旅游并对其进行书面记录的社会之一。荷马在公元前8世纪末期的《奥德赛》中写道，"客人永远不会忘记友好的主人。"这正是现代高品质旅游定义的前身。在柏拉图的《斐多篇》中，苏格拉底说道，"许多不同的国家组成了我们的世界……它的面积是如此之广大，纵然我们的文明遍及发西斯河和海克力斯之柱，也只不过是广阔世界中很小的一部分。在其他地方，在与我们类似的国家中，还生活着其他的人。"

希腊人也是最先为运动盛会组织、推广和接待大量访客的民族。早期希腊社会崇尚人体，尤其崇拜运动中的人体。为了抒发运动力，满足文化兴趣及抚慰神祇，希腊人发明了一系列运动文化盛会和竞赛。较为知名的包括奥林匹克运动会、皮提亚运动会、地峡运动会和尼米亚赛会。与今日的运动盛会类似，这些早期的运动竞赛和活动吸引了远近的游客。这四大运动会中最为古老和著名的是为纪念奥林匹斯山的宙斯而举办的奥林匹克运动会，它首次举办于公元前776年，在运动项目之外，它还包括舞蹈和唱诗比赛。在运动会期间，人们还会进行艺术、音乐、雕塑、戏剧、说书、公开演讲、宴饮和其他文化活动。当时和今日的奥林匹克在丰富多样的活动中切实地代表着旅游。希罗多德和其他一些早期旅行家开始为著名的游览地提供建议。在公元170年，希腊人鲍桑尼亚出版了一本全面的旅行著作，名为《希腊指南》，全书共计十卷，描述了整个希腊旅游的美妙机遇。无疑，希腊人为后世发展旅游政策和规划提供了思想养料。[3]

罗马人西多尼乌斯·阿波里纳里斯（公元430—489）的描述提供了一些有关罗马社会对旅游所做贡献的有趣信息[4]。以军事目的为主，罗马人在自己的帝国中修建了良好的道路（很多铺设完好）、驿站、旅馆、就餐设施和娱乐中心。在更早的时期，已经有关于道路建设的记录，例如印度在公元前326年就已经发展了完好的道路系统，以及在公元前500年至前400年波斯的相关记录，但是罗马的道路对满足不同的旅行目的来说都是最好的。罗马人对现代旅游政策最大的贡献就是他们对安全的重视；保护道路免受恐怖分子、强盗和敌人的劫掠，保护海运免受海盗的骚扰。罗马人努力满足旅行者的需求，提供食宿和游客服务，这些无疑是*旅游政策和规划的*"前奏"。

世界上不同地区的海上旅行由于种种原因而处于不同的阶段。维京人或挪威探险家、战士、商人和海盗在公元800年到1066年不断袭击探索和占领着新的土地，他们在这些地方进行贸易和定居，这无疑增加了重要的旅游知识。这些不可思议的旅行者驾驶着他们知名的长船驶向了君士坦丁堡和俄罗斯。由于他们的旅行和探险大多依靠口传和神话得以流传，因此很难全面了解他们对世界旅行的影响。虽然可以明确的是他们有很多新的发现，但不幸的是这些发现没有书面记录，因此我们无从得知他们曾前往哪些地方以及如何旅行。图2.1展示了一个保存完好的维京旅行遗产。

图2.1　世界最好的维京船保存地——挪威比格迪半岛维京船博物馆展出的奥赛伯格号维京船（贾森·斯旺森 摄）

由于世界不同地区文明的进步，旅行变得司空见惯。元朝和可汗对中国的统治，为陆上旅行增加了一个全新的维度。蒙古征服者和军事旅行者成吉思汗建立的帝国面积在其巅峰时期是罗马帝国的两倍。然而，似乎没有记录有助于我们了解这一庞大的帝国是否有过旅游政策或规划。

3. 中世纪

后来的马可·波罗（1254—1324）是已知最早穿越亚欧大陆的欧洲人之一，他在旅途中记录下来的所见所闻能够为旅游提供一个旅行政策和规划方

第二章 以往的旅游政策问题

向的大致概念。据说马可·波罗出生于海上的城邦国家——威尼斯共和国，这是一个高度发达的世界贸易中心。威尼斯是重要的海洋国家和商业中心，以及与拜占庭帝国和伊斯兰世界同等重要的贸易中心。马可·波罗出生于进取的商人家庭，其家族长期在中东及更远的地区进行旅行和贸易，这也培养了他对旅行的兴趣。这位威尼斯旅行者在自己的著作——《马可·波罗游记》中留下了丰富的旅行记录，让我们能够了解早期的、广泛的旅游分支和当时可能影响旅游的政策。

我们知道，700多年前的旅行一定是缺乏理性秩序的。例如，外国旅行者会对奇怪的风俗和混乱的旅行环境感到困扰，在不同的目的地和文化中，人们的友好程度也有所不同。为了发现当时世界的奇妙，马可·波罗在一些最为艰苦的环境中选择了徒步、马背、骆驼、马车，以及船等各种交通方式。这位著名的旅行家在前往目的地的旅途中经历了巨大的困难。然而，马可·波罗带回了丰富的信息，向人们介绍了新的发现、不同的风俗、有趣的物品和有差异的其他文化。他与中国统治者忽必烈的交往以及他学习与转化知识的能力都反映在他的旅行著作中。他的著作是欧洲的畅销书，被奉为描述他所到之地的社会、文化、经济和环境的"圣经"，这些地方包括中亚、蒙古、中国、中国西藏地区、缅甸、暹罗、锡兰、爪哇、印度以及其他在当时欧洲尚不了解的地区。

马可·波罗的原著以法语写成，它深深地吸引了欧洲人，持续多年保持畅销，后来被翻译为多种语言。受过教育的欧洲人会阅读马可·波罗的著作，进而刺激了欧洲人对香料、丝绸和其他东方产品的兴趣。克里斯托弗·哥伦布读了很多遍马可·波罗的书，在特定的页面进行了标注，这本书也激发了哥伦布对旅行和探险的兴趣。类似的情况也发生在另一个探险家费迪南德·麦哲伦身上，（据说）他在环游世界前和环游时都阅读了马可·波罗的著作。此外，还有其他很多探险家和旅行者在阅读了马可·波罗的书后对亚洲产生了极大的兴趣。

因此，马可·波罗是早期提供旅行理性知识的奠基人，他为旅行指出了方向，帮助我们理解旅行如何影响世界文化。他指出了旅行的社会文化影响，一些目的地的环境状况，以及在人烟稀少之地旅行的复杂性和困难。他的著作激发了人们的好奇心，促进了时至今日依旧在发展的世界旅行。在一定程度上，马可·波罗可以被称为"早期旅游政策之父"。

许多伟大的旅行家都追随着马可·波罗的步伐，包括中东伟大的穆斯林旅行家伊本·白图泰（1304—1374），他常被称为中东的马可·波罗。实际上，伊本·白图泰比马可·波罗旅行的距离更远，旅行的时间也更长。他是一个充满好奇心和精力的人，但他关于自己在中东（以及前往印度和中国）旅行的著作只在有限的穆斯林群体中传播。该著作获得的关注很少，几乎要被遗忘。然而，那些了解了伊本·白图泰旅程的人改变了对穆斯林旅行的看法，虽然他也在当时提供了关于重要目的地的知识，但是并不涉及旅游政策问题。

在马可·波罗和伊本·白图泰之后的另一个伟大旅行者是中国的郑和（1371—1433）。在14世纪，中国在海船制造技术上领先于世界，建造了船舱分隔的船和优良的船帆。中国的超级舰拥有六根桅杆，甲板可以承载1000人。中国的永乐帝指派郑和率领舰队扬帆远航，向世界宣告自己的丰功伟绩。郑和的舰队由300多条船和大约37 000名船员组成。在当时，世界从未见过如此奢豪的航行或如此巨大的船（最大的长135米）。郑和几乎拜访了所有中国海和印度洋附近的国家。他的航海旅程为之后的旅行和探险奠定了基础。虽然郑和下西洋经过精心组织和周密计划，但是其目的却是向世界昭示伟大的中国皇帝，因此并未有效地促进旅行。

二、现代旅游政策的开端

如果说马可·波罗带有早期旅游政策的影子，那么我们还需要再等待700年才能发现现代旅游政策的开端。为寻找旅游政策讨论的开端，我们必须对最为重要的全球旅游组织，即联合国世界旅游组织的部分背景和历史进行探寻。虽然在世界旅游组织之前，很多国家也制定了重要的旅游政策，但是它们对总体旅游政策的贡献超出了本书要讨论和研究的范围。

联合国世界旅游组织是最为广泛认可的、具有国际领导地位的旅行和旅游组织。"它是一个旅游政策问题的全球论坛，为大多数国际旅游部门提供道德指导，为其成员提供实用的旅游专业知识。其成员包括154个国家、7大区域及超过400个附属成员，代表着当地政府、旅游社团、教育机构，以及航空公司、酒店集团和旅行社等私营企业。"[5]

联合国世界旅游组织始于1925年在荷兰海牙建立的国际官方旅游运输协会代表大会（International Congress of Official Tourist Traffic Associations），在1934年更名为官方旅游宣传组织国际联合会（International Union of Official Tourist Publicity Organizations）。二战后当旅游开始增长时，该组织于1947年再次更名为官方旅行组织国际联合会（IUOTO：International Union of Official Travel Organizations）。1951年，组织迁往瑞士日内瓦。在这段时期，一个重要的旅游政策是促进贸易和旅游在经济发展战略中的作用，对发展中国家来说尤其如此。官方旅行组织国际联合会致力于成为一个强有力的世界性旅游组织，1970年在墨西哥城举办了特别全体会议，制定各种规章并成立世界旅游组织（WTO：Word Tourism Organization）。在接下来的四年中，该组织就如何获得足够多的国家的支持以通过其规章的策略展开了讨论。一个关键的问题是制定出一个预算公式以供潜在的成员国获得本国领导人的支持。1974年在赞比亚的卢萨卡，通过了一项关键的预算决议，根据该决议，没有任何一个国家应承担该组织20%以上的总预算。51个国家通过了这项决议，官方旅行组织国际联合会从此成为世界旅游组织。接下来的重要议题是世界旅游组织的选址。许多国家都有意成为世界旅游组织的总部所在地，而最终该组织选择了西班牙的马德里。世界旅游组织于1975年在马德里举办了全体大会，在1976年成为联合国开发计划署的执行机构。之后在2003年，世界旅游组织成为联合国的一个专门机构，如今已成为联合国世界旅游组织（UNWTO：United Nations World Tourism Organization）。

联合国世界旅游组织隶属于联合国，在促进负责任的、可持续的及普惠的旅游中发挥着核心和决定性作用，同时也致力于促进经济发展、国际理解、和平、繁荣、普世尊重和遵守人权及基本自由。为实现这些目标，联合国世界旅游组织尤其关注发展中国家在旅游中的利益。[6]实际上，在国际旅游的各个方面，联合国世界旅游组织几乎都扮演着领导角色，这其中就包括旅游政策。它是全球旅游议题、定义、导则、数据、研究、教育、人力资源发展、助益、危机管理、可持续性、发展和全球经济合作的论坛。本书将会提供更多有关联合国世界旅游组织影响力的其他信息。

另一个影响旅游政策的全球组织是世界旅行及旅游理事会（WTTC：World Travel and Tourism Council）。世界旅行及旅游理事会由来自100个世界一流旅行和旅游相关公司的首席执行官组成，代表世界上所有地区，涉及产业的各个领域。在20世纪80年代，旅行和旅游已经提供了世界上最多的工作岗位，成为世界最大的经济部门，但是很少有人认识到这种影响力。因此，世界旅行及旅游理事会于1990年建立，以提高人们对旅游影响的认识。"旅行和旅游的愿景是在所有利益相关者之间建立伙伴关系，提供一致的结果来匹配国家经济、当地和区域权力机构、当地社区与商业的需求，其基础为：（1）政府将旅行和旅游作为优先要务；（2）平衡好商业与人民、文化和环境之间的经济关系；（3）对长期增长和繁荣的共同追求。"[7]世界旅行及旅游理事会通过其研究伙伴——英国的牛津经济研究院——提供了大量的研究和数据来说明旅行和旅游的宏观经济影响。政府可以使用这些信息来制定旅游政策和规划。

近来一个比较有趣的、有关旅游政策的热门话题是旅游对和平的影响。古代奥林匹克运动会（公元前776年）或许能为该问题提供一些早期的证据。在第一次奥林匹克运动会举办时，许多希腊城邦和附近的国家都处于持续的冲突之中。奥林匹克运动会作为古代最大的国际盛会，带来了"奥林匹克休战"，所有交战方都要停止战火，放下敌意，以保证运动员和观光者能够安全地旅行和参加奥林匹克运动会。[8]如今，有一个组织专门通过旅游促进和平，即国际旅游促进和平研究所（IIPT：International Institute for Peace Through Tourism），其总部位于美国佛蒙特州的斯托。国际旅游促进和平研究所是一个非营利组织，致力于通过发展和繁荣旅游活动来促进国际理解与合作、实现高品质的环境，以及保护目的地的历史、遗产和文化。

三、美国的国际旅游政策

为了说明某一国家如何发展旅游政策，我们选择以美国为例，因为我们对美国较为熟悉并且有着直接的参与（戴维·L. 埃杰尔）。[9]与世界上其他主要国家相比，美国的旅游政策起步较晚。正如前文所述，在1925年之前，许多国家已经为促进世界旅游业的利益而进行了联合。

美国于1940年通过了《美国国内旅行法》（美国第76届国会——公法第755号），这成为其制定旅游政策的初步尝试。该法案规定，内政部长有责任通过美国国家公园局推动美国本土、海外领地和附属国的旅行。与此同时，该法授权内政部长以外语形式传播包括图文资料在内的旅行信息。对于当时的美国来说，用外语来传播旅行资料还是一个比较新颖的理念。

1941年，美国卷入了第二次世界大战，《美国国内旅行法》因此而遭到废除。由于美国大量生产军事物资并将其运向海外，该法案不再是一个有效的旅行政策，大多数与战争无关的国内和国际休闲旅行也都进入下行期。战争结束后，美国旅游政策与帮助欧洲改善其经济状况联系起来。由于战争的破坏，欧洲陷入了经济困境，缺乏重振经济的资金和途径，而旅游则成为经济发展的首要工具和欧洲快速赚取外汇的潜在资源。虽然广遭破坏，但是大多数欧洲的古代瑰宝、美丽的文物和独特的建筑都从战争中幸存了下来。作为帮助欧洲重建其经济的努力之一，美国政府鼓励本国国民前往欧洲旅游，这使得美元在此关键时期大量地流入了欧洲。美国人拥有旅行的经济能力，而欧洲旅游业也能够实现比工业生产更快的复兴。因此，美国这种权宜性质的国际旅游政策首先定位于帮助欧洲实现经济复兴。

1950年，美国经济合作管理局和美国商务部联合发布了《欧洲复兴计划中的旅游》[10]白皮书，这部白皮书能够更好地帮助我们了解美国旅游政策的发展。这两个美国政府的行政部门与许多欧洲团体开展了合作，这些合作大多通过欧洲经济合作组织（经济合作与发展组织的前身）得以实现，旨在减少旅行限制和壁垒，促进从美国前往欧洲的旅行。

该白皮书从1948—1949年的"马歇尔计划中的旅行"发展而来。该计划以二战中的美军总司令，富兰克林·D. 罗斯福总统的首席参谋乔治·马歇尔命名。战后，马歇尔担任美国国务卿，并根据其名将欧洲复兴计划称为马歇尔计划。1953年，马歇尔凭借该计划获得了诺贝尔和平奖。马歇尔计划非常全面，其中包含美国前往欧洲旅行的一个重要章节。在马歇尔计划中，美国政府取消了签证和其他限制，鼓励美国私营部门进行推广，为美国国民的欧洲旅行提供合理的价格。20世纪50年代有限的统计数据表明，美国前往欧洲的旅行产生了增长，极大地帮助了欧洲的经济恢复。

到1954年，人们已经意识到需要制定出有益于美国的旅游政策。新的数据显示，美国的出境旅行，尤其是前往欧洲的旅行，已经呈现出显著增长，这说明了早期旅游政策的成功。但数据同时也说明，旅游的国际贸易平衡状况已经开始影响到美国的收支平衡。因此，当与其他国家进行涉及旅游的经济政策讨论时，美国政府机构需要政策上的指导。1954年5月27日，考虑到对旅游政策的需求，美国总统怀特·艾森豪威尔向商务部长发出了有关该政策的总方针的备忘录。该备忘录全文复制如下：

  在我向国会所做的有关对外经济政策的报告中，我强调了国际旅行由于其经济重要性而对自由世界的文化和社会所具有的重要性。在此报告中，我提出将要求国内外的有关机构和部门考虑其如何为国际旅行提供便利。我特别指出，这些机构将会被要求在可行范围内简化海关、签证、护照、外汇或货币限制及其他可能影响旅行者的手续或规定。我要求你就这一问题及相关问题采取适当措施，履行你在该领域的责任，尽力保证国际旅行与国家利益的一致性。我也对司法部、国务院和财政部提出类似的要求。

美国旅游政策的一个背景是，埃森豪威尔将军曾作为二战时的欧洲盟军统帅，他目睹了战争的可怕后果，余生都难以忘记战争所带来的破坏和痛苦。1956年9月11日，埃森豪威尔总统建立了国际共济会（PTPI：People To People International）[11]，目的在于通过教育、文化和人道主义活动来鼓励不同国家和多元文化中的人民交流思想和体验，增强国际理解和友谊。在埃森豪威尔的孙女玛丽·简·埃森豪威尔的管理下，这一工作持续了下来。2006年，国际共济会成为第一个获得和平骑士勋章的组织。

在1957年的《共同安全法》下，埃森豪威尔总统指示对国际旅行壁垒和推广国际旅行的方式进行研究。美国商务部建立了一个非常小型的国际旅行办公室来协助这一研究。该研究完成于1958年4月17日，其成果是

第二章 以往的旅游政策问题

由埃森豪威尔总统的特别助理克拉伦斯·兰德尔提交的《致美国总统的国际旅行报告》。[12] 在他提交给总统的传真函中，兰德尔指出了国际旅游的一些政策意义：

> 我坚信旅游对现代世界的人民具有重要意义，旅行不仅能够促进经济进步，还能改善政治、文化和社会关系，从而促进和平……
>
> 旅行的自由是激动人心的自由。它是各国间和地球居民间进行友好和平交流的独特工具……美国强大和平影响力的最佳实施途径就是在通过旅行来推动世界人民友好互访的过程中居于领导地位……

兰德尔的报告《国际旅行》促使埃森豪威尔政府和美国国会采取行动促进相关立法，从而产生了《国际旅行法》。当美国国会通过该法案时，约翰·肯尼迪已经当选为美国总统，他于 1961 年签署了这项法案，使其成为正式法律。[13] 肯尼迪总统与埃森豪威尔总统拥有类似的二战军事经历，也希望推动旅游在经济发展和促进世界和平上的作用。在《国际旅行法》的规定下，美国旅行服务部（USTS：United States Travel Service）得以建立，旨在"刺激和鼓励外国居民以学习、文化、娱乐、商务等其他活动为目的前来美国旅行，并以此促进美国人民外国人民的友好和理解。"以下是摘自该法案的几条规定，从中可以了解其政策含义：

（b）已制定的国家旅游政策旨在

1）使旅游和休闲产业对美国在国际竞争力、经济繁荣、就业和收支平衡地位方面的贡献最优；

2）增加美国从旅游和国际运输服务中获得的出口收入；

7）促进个人成长、健康、教育和对美国地理、历史与民族的跨文化欣赏；

8）鼓励个人旅行者自由、受欢迎地进入美国，从而提升国际理解和友好……

在肯尼迪总统任职期间，该法规旅游条款的执行取得了显著进展。当肯尼迪总统于 1963 年遇刺后，副总统林登·贝恩斯·约翰逊成为总统。他在执政过程中并未对该法案予以重视，而他的继任者理查德·尼克松总统也与他类似。尼克松总统在 1974 年卸任后，副总统杰拉尔德·福特成为总统，在 1974 年福特总统短暂的就职期间，在其政府和国会中开始了重要的旅游政策研究。下一部分将会详细介绍 1981 年的《美国国家旅游政策法》，并对美国这一旅游政策的转变进行全面说明。

让我们暂时回到埃森豪威尔总统对旅游政策的影响，有必要回顾他对国内旅游政策的贡献和他对建立美国州际公路系统的热忱。他对美国公路最初的兴趣源于 1919 年担任军官的经历。他参与了美国军队第一次横贯美国大陆的车队行程，该行程使用的是史上著名的林肯公路，即第一条穿越美国的公路。他提到穿越美国的车队受到沿路居民的热烈欢迎，同时也感受到人们在面对建设水平差和维护不善的林肯公路时对更好的公路系统的渴望。埃森豪威尔在这次行程后意识到全美国对高质量公路系统的需求，而这种需求在需要运输军事人员和设备的战时尤其明显。

埃森豪威尔 1919 年的经历在二战期间频频出现在他的记忆里。在战争期间，他利用高度发达的德国高速公路系统运输辎重，其运输速度为他赢得了尊重和赏识。他指出，美国需要一个公路体系，以保证在遭受侵略时有能力运送军队和军事补给。埃森豪威尔还指出，一个强大的州际公路系统可能带来美国通讯和交通系统的联合，具有重要的意义和益处。

在埃森豪威尔当选为总统后，他获得了发展美国州际公路系统的机会。他的政府通过国会进行努力，最终促成了 1956 年 6 月 29 日《联邦政府助建公路条例》的签署。该条例为全美国州际公路的建设提供资金支持，从此永远地改变了美国的国内旅游（以及一定程度上的国际旅游）状况。州际公路系统最初被称为国家公路防御系统，后更名为怀特·埃森豪威尔国家州际和防御公路系统。[14, 15]

1. 1981 年《美国国家旅游政策法》的重要性

从广泛的意义上来说，埃森豪威尔总统最应该被称为"美国旅游政策之父"。然而，20 世纪 70 年代开始加大了制定全面旅游政策的努力。1974 年 6 月 24 日，美国参议院 71 位参议院发起第 347 号决议，授权参议院商业、科学和交通委员会进行一项国家旅游政策研究。该研究的目的是"……制定立法和其他建议，使联邦在旅游中的作用更为有效，更好地响应国内的旅游关切及产业内公共和私人企业的需求"。作为政府的旅游政策执行机构，美国商务部是该研究的主要信息来源和研究贡献者。同时,美国参议院人员和美国旅游业私人和公共部门都表达了自己的观点。

这项研究工作持续了两年。1976年10月,委员会发布了首个期中报告——《国家旅游政策研究概念基础》[16]。该报告回顾了所有影响旅游的立法,初步确认了旅游中的国家利益,列出了旅游政策中与联邦角色有关的问题。报告同时指出,国家旅游政策的发展需要更多的研究。

1977年6月,委员会发布了第二个中期报告——《国家旅游政策研究确定阶段》[17]。该报告评估和分析了旅游和旅行业有关地区、国家、公众和私营部门的需要和问题的意见和建议,既包括宏观问题,也包括它们与联邦机构和项目的具体关系。该报告认为,联邦政府在旅游中扮演着重要角色,并且要与其他公共和私营实体进行全方位的合作。该报告为国家旅游政策提供了有益的数据和分析。

1978年4月,委员会发布了最后一个阶段成果——《国家旅游政策研究终期报告》[18]。该报告指出旅游和旅行产业对美国的经济增长、就业和收入,以及美国公民的体格、社会和文化福利都有着持续的贡献。报告补充说:"……休闲旅行与相关的休闲活动是维持人们体格和心理健康的重要方式,有益于个人成长和教育,增强文化理解和提高对国家历史、文化和遗产多样性的欣赏。"此外,该报告从一项基本旅游政策的制定过程认识到,"联邦政府的许多政策和活动都会对旅游、旅行和相关休闲活动产生影响,而这些政策和活动十分分散,并常常互相重复或冲突"。报告对如何解决这些冲突提出了建议。

1978年3月27日,本书作者大卫·L. 埃杰尔博士在华盛顿举办的第八届政府经济学家学会的年度会议上的发言中指出了美国政府制定旅游政策的必要性,他认为"旅游部门作为一个经济发展工具的成功高度依赖于美国的公共政策规划、与公共和私人部门的协作,以及向公众普及旅游在国际(和国内)经济政策中的重要角色"。[19] 埃杰尔博士主张,旅游政策中的国际贸易能够优化美国的收支平衡,完善一国的总体经济政策。他指出,旅游能够帮助当地社区提升经济发展、增加收入、创造就业、丰富经济多样性、增加新产品、产生额外收入、孵化新企业、促进总体经济融合、丰富公私合作关系及改善当地居民的生活质量。

到1979年，商业、科学和交通委员会都已经充分认识到，"尚缺乏为旅游和旅游相关项目提供的、与旅游中的国家利益相关或能够解决不同利益冲突的政策指导立法。"委员会向美国国会提交了一个全面的旅游政策立法方案。1979年，在国会和各行政机构对该研究结果进行了充分讨论，并与各州、城市和私人企业进行了磋商之后，美国国会（众议院和参议院）在1980年颁布了参议院1097号法案，即《国家旅游政策法》。所有的政府部门和私有部门似乎都支持该法案。1980年12月24日，卡特总统却出人意料地否决了这项法案，这一行动让旅游专家和政策制定者毫无准备，也让美国失去了拥有完整旅游政策的机会。

1981年1月，罗纳德·里根当选为美国总统。他在1980年的竞选中宣布会对旅游予以支持。在他当选为总统后，要求商务部长马尔科姆·波多里奇重新审阅了曾获得国会通过的《国家旅游政策法》。该法案在1981年初重新被提请审议，1981年10月11日获得国会通过。此后不久，里根总统在1981年10月16日（生效日期为1981年10月1日）将其签署为法案。本章的案例研究将会介绍该法案，它重新确定了旅游中的美国国家利益，建立了美国旅行和旅游管理局（USTTA：United States Travel and Tourism Administration），取代美国旅行服务局而成为美国的国家政府旅游机构。

在该法案下，美国旅行和旅游管理局的首要任务是广泛开展旅游政策项目，推进美国入境旅行以增强经济稳定性，促进美国旅行业的发展，减少美国旅行赤字，增进友好理解和改善美国的国外形象。尽管美国旅行和旅游管理局的责任主要是执行，1981年法案还包括联邦政府内的许多内阁和机构，例如交通部、劳工部和内政部等。不同机构负责管理或监管各个重要的旅游供给部门，例如公路、就业，以及休闲等。

该法案的通过和实施提升了旅游政策在美国的重要性。商务部旅行和旅游副部长（总统直接任命的高级职位）的任命向美国旅行业和国际社会显示了美国政府对旅游的重视。该法案全面涵盖了美国的旅游政策，使其成为联合国世界旅游组织和其他与旅游政策相关的国际组织的主要成员。

图 2.2 旅游者在美国伊利诺伊州的
斯普林菲尔德参观亚伯拉罕·林肯故居国家历史遗址。
该景点由隶属于美国内政部的国家公园管理局进行管理（贾森·斯旺森 摄）

2. 1981 年《美国国家旅游政策法》之后的美国旅游政策

为进一步加强旅游政策，1992 年，由美国国会通过、乔治·布什总统签署了《旅游政策和出口促进法》。该法确认了旅游对美国经济所做贡献的重要性。该法对美国旅行和旅游管理局的一项工作预算进行了支持，建立了乡村旅游发展的基金，旨在利用旅游作为工具发展全美乡村地区的经济。该法最初的意图是由私营部门为该基金提供资金支持。而实际上，旅行和旅游的私营部门并没有足够的动力为基金提供资金支持，因此，乡村旅游发展的资金需要受到忽视，仅有一些很少的例外情况。

在 1981 年《美国国家旅游政策法》的促进下，美国的入境游在过去的年份中获得了显著的增长，美国旅游业呈现出繁荣的景象。美国成为国际组织的重要成员，包括联合国世界旅游组织和区域组织，例如经济合作与发展组织、美洲国家组织、亚太经济委员会，以及加勒比旅游组织等。随着全球旅游的增长，美国的海外形象得到了很大改善。从1981年到1995年，美国持续从广泛的国际政策中获益。

1993年，比尔·克林顿当选为美国总统。他刚开始并不重视旅游政策问题。因此在执政期间，他推迟了新的商务部旅行和旅游副部长的任命。不过，在1995年，他主持了史上首次有关旅游的白宫会议，与会的私营部门和各州代表共同主张要制定强有力的旅游政策。但是在1996年，克林顿总统和第104届国会故意不给美国旅行和旅游管理局提供资金，从而实际上解散了该组织。总而言之，美国又失去了全面的旅游政策。美国退出了著名的联合国世界旅游组织，在区域性国际旅游组织中也不再扮演任何角色。

2001年，乔治·W. 布什当选为美国总统。由于2001年9月11日的恐怖袭击，总统的政策转入战时模式，因此有关旅游政策的信息很少，我们并不知道布什总统是否像他的前任那样忽视旅游，还是提出了新的旅游政策。在遭袭之后，美国的入境旅游大幅下降，布什总统建立了新的内阁级国土安全部，新的美国对外政策也增加了国外旅游者进入美国的难度，严格的签证政策和机场等场所复杂的安检程序都在向世界宣告，美国对国际旅游者不再那么感兴趣。一些人认为恐怖分子获得了胜利：他们的行动迫使政府重新思考和废除了那些有利于旅游的政策；政府和企业无法从旅游中获益；许多休闲旅行者开始惧怕旅行。

当美国政府在恐怖袭击后对旅游政策举棋不定时，美国的旅游业受到了重创。在美国旅行产业协会（现在的美国旅行协会）刊物《旅游观察》2005年8月的那期中，封面文章名为《美国品牌的挑战：旅行产业是逆转美国日益恶化的国外形象的答案》。文中提出：

> 美国的国际形象欠佳，改善速度也较为缓慢。虽然入境旅行从2003年到2004年增长了12%，但仍旧与2000年的数据存在500万人次的差距。美国旅行产业协会的分析显示，美国在全球旅行市场的份额从1992年开始已下降了36%。如今是一个经济全球化的时代，一个地球村日益缩小的时代，越来越多的人能够更简单和快速地旅行，而美国却正在新

的全球旅行市场上被边缘化。

该文章进一步指出，当世界上大多数国家的政府都在积极促进本国旅游发展时，美国政府却缺少有力的旅游政策和预算来促进国际旅游发展。

2004年5月10日，布什总统的国务卿科林·鲍威尔在旅行业圆桌会议上指出："即便我们采取了加强边界安全的措施，我们仍旧可以是一个热情好客的国家……旅行和旅游是（美国）经济最为重要的组成部分之一"。随后，在2005年11月4日，鲍威尔以市民身份在北卡罗来纳州特里·桑福德公共政策研究所的揭幕仪式上进行了主旨演说。他担心，2001年9月11日恐怖袭击后严格的旅行政策会让人们觉得美国并不友好。他说，美国不得不采取这些措施，但是若干年后却会为之付出代价。他还认为美国需要向世界展示自己并未改变，仍旧保持着大度和开放的姿态。"如果我们向世界传达了'你不受欢迎，我们不希望你来'的信息"，那么恐怖主义就获胜了。

在鲍威尔卸任国务卿后不久，布什总统于2005年1月26日任命康多莉扎·赖斯为国务卿。在任职之前，她就已经指出了美国的负面国际形象问题。2006年4月12日，赖斯在全球旅行和旅游峰会的早餐会上就美国形象及其他问题进行了演讲。她指出：[20]

> 自从2001年9月11日遭受恐怖袭击以来，美国对开放的承诺就面临着恐怖主义新的和史无前例的威胁……但我们承认，把握好平衡至关重要。我们不希望给合法的旅行者带来不便。我知道，我们在9月11日之后的一些安全措施造成了签证过程的拖延，一些外国人甚至认为美国不再欢迎他们。我们已经知晓了这些合理的担忧，并且在保证安全的同时，尽可能地改善签证政策。

然而不幸的是，这些声明收效甚微，旅游专业人员仍旧因美国缺乏明朗的政策来提升国际旅游而感到失望。

2006年，美国旅行产业协会发布了一份报告，即《2006年旅行力分析》。[21]该报告中包含一个特别的章节，名为"美国的国际形象"。这里我们摘录其中的一部分来说明当时旅游专业人员是如何的担忧：

> 近年来，美国日益下降的国际形象给旅行和旅游产业带来重创。我们的一些政策、经济实力和文化使我们以往的自由、机遇和开放等积极

属性黯然失色……形象问题对于全球市场份额更是紧迫和至关重要。从1992年到2004年，全球旅游增长了52%，而美国在全球旅游市场的份额却下降了36%……我们必须要扭转这种趋势，以保证本国经济和产业的健康与繁荣。如果美国的市场份额提高1%，就意味着增加800万个旅游者、120亿美元的消费、151 000个新岗位、30亿美元的工资和20亿美元的联邦、州和当地税收……改善美国日益下降的国际形象虽然是一个艰巨的任务，但并非不可实现。一份最近的皮尤研究所报告指出，当旅行者来到美国体验了文化、历史，尤其是美国人民时，他们对美国的印象就会有所改善。旅行者参观的越多，他们的看法也就越积极。

从1997年开始，美国就未认真考虑过重新对旅游政策立法。一些敦促政府领导下的旅游政策委员会（1981年《美国国家旅游政策法》的产物）采取行动的努力试图解决若干旅游政策问题，但是却收效甚微。最终，1981年《美国国家旅游政策法》的废止给美国的国际旅游政策带来巨大的缺憾。虽然有许多个人、组织和旅游领导者希望美国能够重新出台国家旅游政策，重获在国际旅游上的领导地位和声望，但近来朝这个方向迈出的步伐很小。

3. 近期美国旅游政策的变动

2009年1月，巴拉克·奥巴马当选为美国总统。最初，奥巴马总统只是简单延续了往届总统的旅游政策。由于他的竞选主题之一是开放性，因此美国旅行产业积极地向他论证美国在旅游产业上政策的缺乏。虽然他并未忽视产业的声音，但也并未出台全面的旅游政策。最终产生的是一个多少妥协的立法结果——2010年2月25日通过的《旅行促进法》，作为HR1299，即《2009美国国会警察管理技术调整法案》的第九章，在2010年3月4日由奥巴马总统签署为法律。[22] 该法案不过是另一法案的部分章节，这也说明了其不被重视的地位。不过，对于旅行和旅游专业人员来说，这至少向全面的旅游政策前进了一步。旅游政策的规定包括："根据该法案（法规）组建一个非营利性旅行推广公司，该公司的11个董事会领导成员由商务部长与国土安全部和国务卿磋商后任命。该公司应该制订和执行计划，为那些有意前往美国旅行的外国人提供信息；为美国入境政策提供建议；向世界旅游者推广美国；

寻找机会向城市和乡村地区推广旅游"。该法规还在商务部内建立了旅行推广办公室。该立法旨在通过改善美国的国际形象来促进美国的入境旅游，从而创造就业和刺激经济增长。实际上，该措施致力于扭转美国在过去十年外国游客数量的持续下降趋势。旅游从业人员为此感到欣慰，他们至少得到了政府对美国入境旅行的支持。

虽然《旅行促进法案》是一部有用的法案，但它并未真正解决合法国际游客及时获得旅行签证的问题。再一次地，旅游政策支持者将这一问题反映给总统，2012年1月19日，总统颁布行政命令："设立签证和外国游客手续目标和旅行与竞争力工作小组"。[23]该项行政命令能够有力地"改善签证和外国游客手续及旅行推广，以创造工作岗位和推动经济增长，同时继续保护我们的国家安全"。响应这项政策变化，代表旅游利益的美国旅行协会（其前身为美国旅行产业协会）提出，奥巴马总统在旅行和行政命令上的观点"极大地提升了我们产业的重要性……为我们提供宝贵的机会将旅行产业打造成为我国经济繁荣的关键"。虽然行政命令和后续的战略机会有所裨益，但美国需要的是一个类似于1981年《美国国家旅游政策法》的国家级旅游政策。

本章复习题

1. 现代旅行从世界上的哪个地区开始发展？为什么？
2. 埃及人为旅游历史做出了哪些贡献？
3. 希腊人对旅游贡献巨大，请举两例描述。
4. 罗马人为旅游做出的主要贡献是什么？
5. 马可·波罗对旅游政策的重要性是什么？
6. 描述UNWTO及其重要性。
7. 美国的第一个旅游政策立法是什么？请对其进行描述。
8. 二战后的美国旅游政策是什么？
9. 埃森豪威尔总统为美国的旅游政策做出了哪些贡献？
10. 1981年《美国国家旅游政策法》的作用是什么？
11. 在过去20年中，美国旅游政策遭遇了哪些退步？
12. 近年来，奥巴马总统为美国旅游政策做出了哪些贡献？

案例研究 2：1981 年《美国国家旅游政策法》

一九八一年一月五日周一于华盛顿召开

（一）一项法案

本法案旨在修订 1961 年《国际旅行法》，制定国家旅游政策，以及其他事项。

它由国会召集美国参议院和众议院共同颁布实施。

（二）简明标题

第 1 款：该法案可被称为"国家旅游政策法"。

（三）国家旅游政策

第 2 款：（a）删除了 1961 年《国际旅行法》（后文简称为"原法案"）的第一段，代之以："该法案称为'1961 国际旅行法'"。

（四）标题 1——国家旅游政策

第 101 款：（a）国会指出：

（1）旅游和休闲产业对于美国至关重要，不仅因为该产业接待的大量顾客及其使用的大量人力、财力和物力，也因为旅游、休闲和相关活动为个人和全体社会带来的益处；

（2）联邦政府多年来致力于通过立法潜在地推动着旅游和休闲发展，例如缩短工作年限和建立全国客运交通系统，在出台一系列法律规定明确地推动着旅游，支持户外休闲、文化吸引物，以及历史和自然遗产资源的开发；

（3）随着收入和休闲时间的持续增长，随着美国经济和政治体系发展出更为复杂的全球关系，旅游和休闲将在日常生活中获得史无前例的重要性；

（4）对于联邦政府当前对旅游的广泛参与和其他相关活动，需要更有效地进行协调以回应旅游和休闲中的国家利益，并适当地满足州政府和地方政府及私营部门的需求。

（b）制定全国性的旅游政策来实现以下目标：

（1）优化旅游和休闲产业对经济繁荣、充分就业，以及美国国际收支平衡的贡献；

（2）使美国的旅游和休闲机会与利益惠及美国居民和外国居民，确保当代和后代人能够拥有足够的旅游和休闲资源；

（3）促进个人成长、健康、教育，加强对美国地理、历史和民族的跨文化欣赏。

（4）鼓励和欢迎个人自由入境美国旅游以增强国际理解和友谊，并保证与移民法、公共卫生相关法律及货物进口相关法律的一致；

（5）消除美国旅游业在国际上不必要的贸易壁垒；

（6）保证零售旅游代理业和独立旅游运营商的存续能力，从而鼓励旅游业竞争和最大化消费者选择；

（7）促进持续发展和提供多样化的个人支付机制，为国内和国际旅游提供便利；

（8）促进所有美国境内旅游服务及旅游相关服务的质量、完整性和可靠性；

（9）将美国的历史和文化基础视为社区生活和发展的有机组成部分而加以保护，确保后代人有机会欣赏和享受丰富的国家遗产；

（10）保证旅游和休闲与其他国家利益的兼容，例如能源开发和保护、环境保护及自然资源的合理利用；

（11）协助收集、分析和发布能够准确衡量旅游对美国经济和社会影响的数据，为公共和私营部门的规划提供参考；以及

（12）尽最大可能地协调好所有支持旅游和休闲的联邦活动，兼顾一般公众、各州、地区、当地政府以及旅游和休闲业的需要，兼顾旅游、休闲与美国的国家遗产保护。

（五）职责

第3款：（a）本法案第2款之前插入以下标题：

（六）标题 II —— 职责

（b）删除"原法案"第2款（22 U.S.C. 2122）的"法案目的"一节，

代之以"由第101（b）款确立的国家旅游政策"。

（c）删除"原法案"第3（a）款（22U.S.C.2123（a））的"第2款"，代之以"第201款"，删除第（6）段末尾的"和"，删除第（7）段末尾的句号，代之以分号，并在第（7）段后增加以下新段落：

（8）在美国主要入境口岸提供便利服务；

（9）根据适行法律，与国外政府就旅行和旅游问题进行磋商，在国际和政府间会议中代表美国旅行和旅游业的利益；

（10）全面建立和管理与旅行业信息、数据服务、培训和教育及技术支持等领域相关的项目；

（11）从旅游业，包括消费者和旅行贸易协会搜寻和接收有关其需求和利益的信息，这些需求和利益应由联邦机构或项目予以满足，并通过信息搜集项目将上述信息转达给适当的机构或项目；

（12）尽最大可能鼓励美国的运输公司来负责美国的出入境旅游；

（13）在商务部内部进行协调，尽可能确保该部资源在执行国家旅游政策过程中得到有效、有效率的利用。

（14）在该法的执行过程中，只在必要时颁布、出台、废除和修订解释性规则、政策的一般陈述及组织机构的规定、规程和实践做法；

（15）每一年，在向国会呈递了总统推荐的法案执行预算的六周内，应向国会提交一份详细的刺激和鼓励该预算财年的美国入境游的营销计划，该计划要说明执行计划所需要的资金和人员层次及法案下融资活动的其他可能方式。

（d）（1）对"原法案"第3（a）款第（5）段进行了以下修订：（A）删除"外国。"，代之以"外国；"，（B）删除"本条款；"，代之以"本段落。"，（C）在附属条款（c）的首句前插入本款最后两句话，以及（D）删除了这些句子中的"本条款"，代之以"附属条款（a）的第（5）段"。

（2）对"原法案"第3（a）款第（7）段进行了以下修订：删除"国家。国务卿有权……"，代之以"国家；国务卿可以……"，删除"本条款"，代之以"本段落。"

（3）对"原法案"第3款进行了如下修订：删除了各个地方出现的"条款（5）"，改为"段落（5）。"

（e）（1）将"原法案"第2款和第3款分别修改为第201款和第202款，第5款插于修改后的第202款之后，改为第203款。

（2）本法案中重排后的第203款进行了以下修订：删除"每半年"，改为"每年"。

（f）以下部分插于本法案中重排后的第203款之后：

第204（a）款，根据附属条款（b）和（c）相一致的情况下，商务部长有权向不少于两个州或两个州部分地区的区域提供财政支持，以协助区域旅游推广和营销项目的实施。协助内容应该包括：

（1）提供技术援助，向外国游客推广前往这些地区的旅游；

（2）专家顾问；

（3）营销和推广支持。

（b）附属条款（a）下的所有援助项目都应成为未来区域旅游推广项目开发的示范。

（c）如果援助项目的申请者满足以下条件，那么商务部长就可以根据附属条款（a）为该区域提供援助：

（1）该区域曾经对外国游客具有吸引力，但如今旅游者数量已显著下降；

（2）该区域正在新建或改善设施以期重新吸引这些外国旅游者；

（3）当地的合资公司将提升该地外国游客的数量；

（4）这些区域项目将有利于当地的经济发展；

（5）该地区正在发展或已经发展出区域性运输系统，能够为前往本区域设施和景点的旅行者提供便利；

（6）该地区的旅游增长和失业率的下降之间具有相关关系。

（七）管理

第4（a）款，（1）将"原法案"第4款（22 U.S.C. 2124）的第一句修订为："在商务部中设立美国旅行和旅游管理局，美国总统与参议院商议并经后者同意后指派商务部旅行和旅游副部长作为该局领导，该局领导直接向商务部部长汇报"。

（2）对"原法案"第 4 款的第 2 句进行了如下修订：删除"商务部旅游助理部长"，代之以"商务部旅行和旅游副部长"。

（3）对"原法案"第 4 款进行了如下修订：删除最后一句，改为"商务部部长应指定商务部旅游营销助理部长，并受商务部旅行和旅游副部长的领导。该助理部长的责任是制订和提交第 202（a）(15) 款中规定的营销计划"。

（4）对标题 5 中的 5314 款——美国法典——进行了如下修订：删除了"商务部副部长"，改为"商务部副部长和商务部旅行和旅游副部长。"

（b）对"原法案"第 4 款进行了如下修订：在"第 4 款"后添加了"（a）"，并在末尾添加了如下内容：

（b）(1) 商务部部长不能将位于外国的美国旅行和旅游管理局办事处的总雇员数量减少至美国旅行服务局 1979 年财政年度的海外办事处总雇员人数以下的水平。

（2）在任何财政年度，该法案规定的拨付给美国旅行和旅游管理局海外办公室的活动资金量不能低于美国旅行服务局海外办事处 1980 财年的水平。

（c）(1) 在"原法案"的第 4 款前增加如下标题：

（八）标题 III——管理

（2）将"原法案"的第 4 款修改为第 301 款，并在该款后增加如下内容：

第 302 款：(a) 为确保联邦决策能充分考虑到旅游中的国家利益，需建立机构间协调委员会，即旅游政策委员会（本部分后文简称为"委员会"）。

（b）(1) 委员会应由以下人员组成：

（A）商务部部长担任委员会主席；

（B）商务部旅行和旅游副部长担任委员会副主席，在主席缺席期间代行主席职责；

（C）管理和预算办公室主管或主管从该办公室指派的人员；

（D）商务部部长从商务部国际贸易管理局指派的人员；

（E）能源部部长或由部长从能源部指派的人员；

（F）国务卿或国务卿从国务院指派的人员；

（G）内政部部长或由内政部部长从内政部的遗产保护和休闲服务局或国家公园管理局指派的人员；

（H）劳工部部长或劳工部部长从劳工部指派的人员；

（I）交通部部长或交通部部长从交通部指派的人员。

（2）委员会成员无额外报酬，但对其实际和必要费用进行报销，包括交通费用及其他因执行委员会职责而产生的费用。

（3）除了副主席，每位委员会成员都应指定一名替补人员，当委员会成员无法出席委员会的大会和委员会会议时，可由替补人员代为参加。上述委员会替补人员应与正式委员具有相同任期。所有替补人员都应从相关联邦机构中有重大决策权的人员中进行选择，该替补人员有权代表相应的正式成员做出决策。

（c）（1）委员会的大会或者委员会会议在制定与联邦利益有关的决策时，如果涉及的联邦机构在会议上没有代表，那么主席可以邀请该机构的领导或领导的代表参与大会或委员会的决议过程。

（2）委员会必须在该条款实施后九十天之内召开第一次会议。此后每年应至少组织四次会议。

（d）（1）委员会应协调好涉及各联邦部委、机构或其他实体并与旅游、休闲或国家遗产资源有关的政策、项目和问题。另外，委员会还承担以下职责：

（A）协调好对旅游、休闲和国家遗产保护有着重要影响的成员机构的政策与项目；

（B）开发合作的项目领域；

（C）协助解决跨机构项目与政策冲突；

（D）了解和听取州政府、当地政府，以及旅行和旅游咨询委员会对被视为可能与旅游的有序增长和发展相冲突的联邦项目和政策的担忧和观点。

（2）保证委员会发挥自身功能：

（A）只要是对于发挥委员委功能所必要的，委员会可以直接向任何联邦部门或机构有偿或无偿提出人员、信息、服务或设施要求；

（B）每个联邦部门或机构都应该在法律和资金允许范围内为委员会提供

此类信息、服务或设施；

（C）联邦机构和部门可自行判断，派员参加委员会工作，即委员会为执行其职能可能要求的人员，这些人员在委员会的工作不对其原职级、薪金或其他职位状态产生影响。

（3）总务管理局应在可偿付的基础上为委员会提供行政支持服务。

（e）委员会应在必要和适当的情况下建立多个政策委员会，每个政策委员会应由委员会中的若干或所有成员，以及委员会中未包括的联邦部门和机构的代表构成。每个政策委员会都应具有以下职能：

（1）监督联邦政府活动的某个特定领域，例如交通、能源、自然资源、经济发展，或其他与旅游相关的活动；

（2）审议和评估联邦政府在此特定领域中的政策和活动与旅游、休闲和美国国家遗产保护之间的关系。

（f）委员会应在每年的12月31日或其之前向总统提交上一财年的年度报告以转呈国会。该报告应包括以下内容：

（1）委员会及其政策委员会所有活动和成果的全面和详细的报告；

（2）委员会在以下方面取得的工作成果：协调对旅游、休闲和国家遗产保护有着重要影响的成员机构政策和项目，解决机构间矛盾，促进项目合作领域的开发；

（3）对由各州和当地政府、旅游产业、商务部部长和委员会的任何政策委员会反映的问题的分析，以及对解决这些问题已采取或有望采取的行动的详细描述；

（4）委员会认为合理的建议。

第303款：（a）建立旅行和旅游顾问委员会（本节后文简称为"委员会"），该委员会由商务部部长指定的15名成员组成。该委员会成员应满足以下条件：

（1）委员会中不得有8名以上成员来自同一政党。

（2）委员会成员应从非全职雇员的美国国民中产生，遴选待任命的成员应尽可能来自美国不同的地理区域，代表旅游业各个不同的部门。

（3）其中的12名成员应从旅行和旅游业组织高级管理人员中指派。这些

第二章 以往的旅游政策问题

成员中,
（A）至少有一个应来自劳工组织的高级代表,代表旅游业员工的利益;以及
（B）至少有一个国家代表,并熟悉旅游推广。
（4）委员会中的其他3名成员中,
（A）一位成员应是消费者保护团体成员或来自公共利益团体的巡视专员;
（B）一位成员应是经济学家、统计学家或是会计人员;
（C）一位成员应来自学术团体,拥有旅游、休闲或国家遗产保护知识。
商务部部长是该委员会的当然委员。委员会的任期应不受《联邦顾问委员会法》的限制。委员会成员名单应由商务部部长转发给参议院的商业、科学和交通委员会及众议院的能源和商务委员会。
（b）除了首次任命的成员,委员会成员的任期为3年。
（1）在商务部部长进行任命时,四位成员的任期应为1年,另外四位成员的任期应为2年。当一位成员的任命尚未到期而改派他人时,后者的任期只能是前任的剩余任期。当成员任职期满时,若继任者尚未就职,该成员可继续任职。当委员会出现空缺时,任命新成员的方式应与最初的任命方式相同。
委员会的所有成员都不能连续任职超过两届,每届任期各为期3年。
（c）委员会主席、副主席和其他适当官员的选举人和候选人都应来自除商务部部长以外的其他委员会成员。
（d）委员会成员提供无偿服务,但应按照美国法典标题5下的第5703款的规定,在必要的旅行花费和津贴上按日获得补偿。商务部部长应按照附属条款（f）的规定,为委员会在协调活动、通知和通报会议及准备报告时产生的合理和必要花费进行补偿。
（e）委员会应至少每半年举行一次会议,经主席、副主席或多数成员召集也应召开其他会议。
（f）根据第202（a）（15）款,委员会应就该法案的实施为商务部部长提供建议,为旅游营销助理部长就准备营销计划提供建议。委员会应就其活动准备年度报告,在该报告中根据该法案就国务卿的业绩、项目的操作和有效

性提供适当建议。每个年度报告都应涵盖完整的财政年度，应在财政年度结束后的 12 月 31 日当天或之前提交。

(九) 授权

第 5：(a)"原法案"第 6 款（22 U. S. C. 2126）改为第 304 款，第一句改为："为执行该法案，拨付的款项不得超过 860 万美元，即截止日期为 1982 年 9 月 30 日的财年的总额。"

(b)"原法案"第 7 款（22 U. S. C. 2127）改为第 305 款，"原法案"第 305 款、第 8 款和第 9 款（22 U. S. C. 2128）取消。

(十) 生效日期

第 6：对"原法案"进行的修正从 1981 年 10 月 1 日起生效。

四、关键问题总结

通过阅读法律措辞和理解制定主要政策的部分背景，旅游学生和专业人员能够更好地理解旅游政策的复杂本质。熟悉了这些，读者也能够审视全面旅游政策可能产生的结果，例如 1981 年的《美国国家旅游政策法》，也能够将这种立法的形成方式和产生的结果应用到本国社区的政策制定之中。

通过思考，我们能够提出各种问题。例如，为什么美国不再制定全面的国家旅游政策？这进一步让我们思考美国或其他发达经济体是否需要全面的旅游政策。对该主题的热烈讨论可能会引出对发达国家制定全面旅游政策的支持或反对的两面理由。在美国和其他类似国家，旅游与其他政策部门的相比其重要性如何？例如教育或国防？其他政策部门是否具有更稳定的政策或受到更多的政治关注？如是，为什么？当政府必须确定国家事务的轻重缓急时，存在哪些不同？与相对发达国家相比，旅游对于发展中国家来说是否具有更大的政治和经济重要性？旅游专业人员和学者如何传达旅游的好处，如何帮助政策制定者更好地理解旅游？对这些问题的回答是旅游相关人员孜孜不倦的努力方向，也为开展热烈讨论和研究提供了契机。

注释

1. Casson, L. (1974) *Travel in the Ancient World.* Baltimore and London: The Johns Hopkins University Press.
2. 同上。
3. Edgell, Sr., David L. (n. d.) *The Worldly Travelers* (未出版书稿). Greenville, NC.
4. History of Tourism. (1966) From the Leisure Arts Ltd Series, "Discovery of Sciences," London, 9–13.
5. Goeldner, C. R. & Ritchie J. R. B. (2012) *Tourism: Principles, Practices, Philosophies*, 12th edn. New York: John Wiley and Sons, 72.
6. 同上。
7. 同上，p. 75.
8. D'Amore, L. J. (2012) *An Olympic Sprint for Peace.* International Institute for Peace Through Tourism Newsletter. Retrieved July 30, 2012, from www.iipt.org/newsletter/2012/may.html.
9. 本章结尾的案例研究包含了1981年《国家旅游政策法》的立法过程。《旅游政策与规划：昨天、今天与明天》的作者之一戴维·L. 埃杰尔博士是美国商务部的政策总监，致力于旅游政策，通晓有关政策制定过程中的法案和文件。他帮助制定了该文件中的很多条款。在他的旅游政策生涯中，他曾是主管旅行和旅游的商务部执行副部长，负责执行1981年的《国家旅游政策法》。
10. US Government (1950) *Tourism in the European Recovery Program.* Washington, DC.
11. 国际共济会2001年年报：1.
12. Randall, C. B. (1958) *International Travel.* Report to the President of the United States. Washington, DC: US Government Printing Office.
13. International Travel Act of 1961, Chapter 31, Section 2122, 158.
14. Snyder, L. T. (2006) "Broader Ribbons Across the Land." *American History*, 32–39.
15. Edgell, D. L., Allen, M. D., Smith, G., & Swanson, J. R. (2008) *Tourism Policy and Planning: Yesterday, Today, and Tomorrow.* London: Elsevier.
16. United States Committee on Commerce (1976) *A Conceptual Basis for the National Tourism Policy Study.* Washington, DC: US Government Printing Office.
17. United States Committee on Commerce (1977) *National Tourism Policy Study Ascertainment Phase.* Washington, DC: US Government Printing Office.
18. United States Committee on Commerce (1978) *National Tourism Policy Study Final Report.* Washington, DC: US Government Printing Office.
19. Edgell, D. L. & Wandner, S. A. (1978) *Role of Tourism in the International Economic*

Policy of the United States. Presented at the Western Economic Association Annual Meeting, Honolulu, Hawaii, June 22, 1978.
20. United States Department of State Travel Warnings (2006) Remarks by secretary Condoleezza Rice at The Global Travel and Tourism Summit Breakfast on April 12, 2006. Washingtong, DC.
21. Horsley, L. (2006) "America's Image Abroad." *The Power of Travel 2006*. Travel Industry Association of America, Washington, DC, p. 8.
22. Travel Promotion Act 2010. White House, Washington, DC.
23. The White House (2012) EXECUTIVE ORDER Establishing Visa and Foreign Visitor Processing Goals and the Task Force of Travel, and Competitiveness.

第三章 如今的旅游政策问题

我们应对旅游政策进行不断的评估，究其原因，是因为旅游在推动经济增长中的综合性特征日益增强——或好或坏地——这种综合跨越地区、州/省、区域、国家和国际经济体的多个部门。旅游政策的最高目标可以是利益整合，同时降低社区为改善当地居民生活的质量和可持续性产生的成本。政策制定者已经拥有一些可供参考的框架来提出或处理旅游政策问题。首先，世界旅游组织在1999年号召所有旅游相关组织的成员制订和遵守旅游道德规范。最近，欧洲委员会采用了一种循序渐进的方法来发展可持续旅游政策。

1999年的世界旅游组织大会第13次会议正式通过了旅游全球道德规范[1]，该规范勾勒了指导旅游发展的原则，是旅游利益相关者在"最小化旅游给环境和文化遗产带来的负面影响，最大化旅游在促进可持续发展、消除贫困和促进国家间理解上具有的积极作用"这一过程中一个有力的参考框架。该规范进一步指出，"如果遵守一系列原则和规定"，就有可能调节好旅游业在服务业中日益重要的角色以及与国际贸易中其他问题的关系，因此旅游发展中所有的利益相关者——"即便他们的责任……权利和职能互相不同且依存"——也都能够为这一目标共同努力。这些可以体现在切实的伙伴关系和旅游发展中"开放且平衡的"公共与私人利益相关者的合作的愿景中。

欧洲委员会在2007年10月通过了《可持续和竞争力欧洲旅游议程》[2]。该计划的目的是提供一个政策框架——以旅游为主，兼顾其他政策领域——以支持欧洲旅游的发展。该计划的基础是来自多方面的投入，包括旅游产业、政府及公众。该计划的最终目标是为欧洲旅游的利益相关者提供附加价值。

世界旅游组织和欧洲委员会等组织提出的高层次指导方针是一个很好的起点，但是还需要理解当前旅游政策问题的复杂性。例如，即便在旅游的一个部门中，公共政策和规划也可能面临多重问题。例如，国际航空公司在载货和载客时最重要的是需要处理好航空权和安全问题。载货的航班很少会接受炸弹检查，而国内乘客的行李则需要通过全面的安检程序。增加航班货物的检查可能增加成本和造成更多航班延误。该领域的公共政策常与隐私权矛盾，企业利润与旅客安全和安保之间也存在冲突。

再举一个能够说明当前旅游政策复杂性的例子，思考在一个地区内，旅游资源在多大程度上被当地居民使用，又在多大程度上被前往当地的旅行者所使用。酒店和娱乐机构既为当地居民也为旅游者提供服务，参与商业活动（例如特别节事、会展及会议策划）。为满足东道主社区和旅游者的共同需求使得在这二者同时使用资源的地区的规划过程更加复杂。

当前关键的旅游政策问题非常广泛，很大程度上取决于各个国家和各个目的地的需求。不过，可以围绕旅游发展的主题对旅游政策问题进行概览。这些主要问题包括产品开发、需求发展、筹措资金，以及人权问题。本章将概述这些主要问题的领域，接下来将对不同国家当前的旅游政策问题进行介绍。许多问题，例如旅游教育和培训及旅游对全球社会经济进程产生的变革性的影响等在未来和今天同等重要。本书的第十一章和第十二章将对其进行深入探讨。

一、产品开发的政策问题

与产品开发相关的公共政策涉及一系列问题，例如与开发会展中心和体育场馆相关的公私合作关系问题，与社区团体建立合作关系以打造节日庆典，或为了休闲目的而保护自然区域等问题。下一部分将要介绍的土地利用区划和农业旅游是许多社区目前面对的两个重要的旅游政策问题。

1. 区域划分

土地利用的区划问题，包括稀缺土地的分配、公共和私人设施及公共支持服务和公共资源等，也体现了与旅游相关的公共政策的复杂性。区划过程有助于促进旅游发展，同时消除负面影响。由于旅游活动导致用水需求的增加，巴西米纳斯吉拉斯州的官员就需要处理因此而产生的水污染问题。随着旅游需求的增长，游客的数量日益增加，更多的当地居民也对旅游表示支持。通过区域划分来保护自然资源，进而保护水资源，已被视为一种有效的保护水资源的方法。

在美国鲁特郡科罗拉多市，区域划分已经被用来调节旅游者和当地人的矛盾需求。鲁特郡有著名的斯特姆·斯普林斯滑雪胜地。公共土地包括四个州立公园的部分区域、两个国家公园、两个国家荒野自然区，以及大陆分水岭国家景观步道。帕里奇[3]指出，"在过去10年中，郡市官员、旅游领导，以及当地农场主……携手努力来保护仅余的农业开放空间"。随着区域划分法律的变化，该郡在管理中鼓励集群式的住房布局以保护开放空间。住房面积的需求下降，使得开发商用总体上更小的土地面积建设更多的住房单元。另一方面，开发商不得对未开发的土地进行开发。

2. 农业旅游

农业在社会意义上的重要性很大程度上来自社区保护农业审美和遗产价值的愿望，以及农业对地方归属感和地方魅力的贡献。美国的研究显示，居民态度受到康乐价值而非产品价值的影响。同样，许多人认为农业非常重要，但实际上并不了解农业的实际情况，包括其经济贡献、对地区的利益、土地使用及未来农业产品变化的影响。直接目的是产生就业和提高农民收入，间接目的则是通过农业来实现景观保护，促进农业社区中对农业实践的态度变化，以及推动将农业社区与其他经济部门联系在一起的可持续发展。

许多乡村社区希望通过农业旅游来多样化当地经济。各个国家发展农业旅游的规则都有所不同，一些体制可能非常具有官僚主义色彩。例如，在意大利的威尼托地区，从事旅游接待的农民每晚最多可接待30名过夜游客，一年最多可接待160天，出售给游客的食物至少有50%需自己生产。在不列颠、德国和其他地区都有严格的健康和安全控制，包括防火规范和农场动物接触管理规范。[4]总体来说，农业旅游在世界范围内发展迅猛，因此也产生了该领域制定旅游政策和规划的需求。

二、需求开发的政策问题

良好的营销战略与成功的执行能够创造旅游需求。好的旅游规划的关键在于匹配需求与供给。有利于这一匹配的政策能够带来均衡的旅游发展。创造旅游需求的三个关键领域是旅游技术和信息通信、国际营销，以及测量和评估。本章后文将会对这三个领域进行探讨。

1. 知识分享和创新

全世界绝大部分的旅行和旅游公司都是中小型企业。互联网为具有明确战略目标的中小企业提供了能够与大企业进行竞争的机会，以此来提高其国际知名度和地位。这些特征结合起来，赋予了旅游产业绝佳的机会，使其在全球服务业的资本与信息运作和管理中有可能获得领导地位。而优惠的政府政策则有助于这一目标的实现。

丹麦鼓励基于信息的创新以帮助目的地提升需求。丹麦国家科技和创新部与欧盟和南丹麦大学为 INNOTOUR 提供资金——这是一个基于网络的、旅游发展实践创新的共享平台，该平台始于 2009 年，网址为 www.innotour.com，网站内容由用户创建。该项目鼓励创新，旨在提升公共和私营部门的竞争力。INNOTOUR 主要为旅游创新观点的传播而设计。创新的传播涉及有多少进步和变化在社会系统中得到了传播和融合。

日益增长的知识共享能够带来更多的创新，促进全球旅游需求的增长，对于应对旅游增速的放缓尤其重要。这一观点与经济合作发展组织出版的《旅游创新与增长》所表达的观点不谋而合。[5] 在世界上的许多目的地，竞争是创新的首要动力。对于能够提高竞争力和新需求的信息，其传播的关键是公共部门、私营部门和教育领域的伙伴关系。制定旅游政策和规划时应包含这种合作。

此类信息共享可能带来信息过量的问题，因此信息管理就显得至关重要。我们不仅要收集知识，还应该将其以可检索的、能够被旅游专业人员理解的形式呈现。魁北克的旅游情报网（TIN：Tourism Intelligence Network）就是一个很好的例子，它由政府建立，提供的信息能够以简单的方式提高该省旅游部门的竞争力。在魁北克旅游局和加拿大经济发展部的支持下，TIN 于 2004 年 1 月在蒙特利尔魁北克大学的工商管理学院建立。该项目的目的在于搜集与旅游相关的战略情报，并将其以有意义和有用的形式呈现给旅游专业人员。他们宣称的部分使命是提升魁北克旅游的竞争力，帮助旅游领导者基于足够信息来制订营销战略。

2. 测量和评估

测量旅游政策影响的方式至关重要，因为旅游能够雇用低技能的劳动力，有助于发展中和发达国家消除贫困。研究不仅仅可以为规划收集数据，还能够对旅游政策和项目的效果进行评估。例如，要评价 2011 年西班牙投资 1 亿欧元针对印度市场的营销战略，西班牙的旅游管理者可以使用印度旅游者的入境旅游数据，例如停留时间、花费和再次来访等变量。

要开发可靠的工具来测量旅游影响，我们还有很多工作要做。最近，许多国家和旅游社区开发了旅游卫星账户系统（TSA：tourism satellite account）来测量旅游及旅游相关产业的经济影响。有批评认为旅游卫星账户系统过于静态，因此无法测量旅游需求的变化是如何影响关键参数的，例如总附加值和就业的增加状况。[6] 旅游测量的另一代工具基于可计算一般均衡（CGE：computable general equilibrium）模型。可计算一般均衡模型使用历史经济数据来计算政策变化或其他外部变量带来的经济影响。苏格兰和澳大利亚已经成功地应用了可计算一般均衡模型。但这些模型处于试验期时，最为可靠的测量旅游政策效果的工具是成本收益分析或针对社区成员对政策有效性的看法而收集定性反馈的公共工作坊。

另一个重要的评估对象是政策或项目对当地社区的影响。例如，开发一个新的主题公园所增加的车辆交通可能导致当地居民上下班路上时间的增加，为家庭生活带来负面影响。家庭生活时间的减少意味着父母与孩子交流时间的减少，可能导致社区青少年的社会问题。许多这类问题无法通过定量研究来判定。例如，一次使用李克特量表的问卷调查无法确定旅游发展对家庭产生的社会影响的程度。因此，需要使用多种定性研究方法——例如个人访谈、焦点小组座谈或观察法来确定许多社会和社区影响。

3. 国际营销

旅游发展的一个首要目标是增加各国出口和贸易平衡。在此过程中，目的地从外部引资到当地社区，例如巴西居民前往秘鲁旅行时的情况。创造需求能够增加出口，而国际营销和推广则能够创造需求。几乎各个国家都有国际旅游营销政策。例如西非国家加纳制订了战略将旅游作为国家的首要经济部门，在2012年吸引了100万旅游者。加纳旅游办公室制定了1500万加纳元（约775万美元）的预算来参加国际展销会，加强与旅游运营商的关系，在加纳和其他关键客源地建立旅游信息办公室，并使用游击队营销技巧，例如让在欧洲足球俱乐部中的加纳球员穿着印有加纳旅游推广信息的球衣。[7]

爱尔兰是一个更成熟的目的地，也采用了类似的战略，希望能够在2012年吸引780万旅游者。爱尔兰旅游办公室发现了人们对爱尔兰旅游的兴趣，尝试将这种兴趣转化为真正的旅行行为。爱尔兰在英国、法国和德国购买了电视广告；在美国、西班牙和意大利发行印刷品；在英国投放了室外广告，通过这些方式向6000万消费者进行了营销。爱尔兰营销战略有两个特别之处，一是将目标市场定位为北美的爱尔兰裔人，二是将印度、中国和中东旅行者纳入新爱尔兰免签计划之中。[8]

国际旅游营销市场复杂且竞争激烈，不断保持并且提升竞争力是目的地成功的关键。保持竞争力意味着与其他目的在价格和质量、盈利能力、可持续性及满足顾客需求上相比占据有利地位。保持竞争力包括创造新的供给、更新现有供给及保持可持续性。目的地若要提升自己的竞争地位，需要对所有的相关部门政策进行综合考虑。提升旅游竞争力依赖于不同机构之间的合作，例如交通、文化资源、公共土地、财政等。增强社区竞争地位不仅仅需要营销。

三、财政政策问题

旅游专业人员常常慨叹旅游推广和发展资金的缺乏。对于政府的旅游办公室来说，该组织的预算是立法或行政政策的直接结果。一种提高旅游办公室预算的方法是通过第8章中介绍的成本效益分析或其他政策分析方法来证明政府对旅游投入的有效性。另外也有其他方法可以用来为旅游发展机构提供更多资金。其中一些正如本章中介绍的,包括税收立法、国际发展援助、贷款和债券,以及拨款。

1. 税收立法

旅游和税收问题是旅行者最关注的这一产业中的问题。旅行者只愿享受旅游的好处,但是他们并不愿支持基础设施建设。为支持旅游而向居民征税也会像其他税种一样招致不满;因此,政府官员常常通过酒店住房税来向游客征税,但这一税收不仅仅来自游客,而是来自所有在酒店租房入住的人。政客们推崇这一税种,认为它在不增加本地选民负担的情况下增加了税收收入。旅游企业可能并不喜欢加在自己消费者身上的新税种,但这些税收中的部分资金被用于旅游推广也能让旅游企业感到欣慰。不过,旅游管理者和政客们必须弄清楚游客总成本的升高将会对目的地竞争力产生多大程度上的负面影响。如果旅游规划者不熟悉或者不愿意进行深度的政策分析的话,就很容易忽略这一问题。

弗吉尼亚州的里士满向我们展示了另一个旅游税收的应用例子:"额外的税收应该被用于发展和改善里士满的弗吉尼亚表演艺术基金会的基础设施,推广里士满中心,以及推广旅游、旅行或在里士满城市中心进行促进旅游和旅行的商业活动"。[9] 弗吉尼亚的其他地方,例如威廉斯堡向维吉尼亚历史名胜三角地区,即威廉斯堡、詹姆斯敦和约克敦的推广活动征收固定的 2 美元费用。虽然不少政治家和旅游专家都喜欢旅游税,但这仍是个有争议的话题。一方面,它们能够产生用来资助旅游业的收益;另一方面,旅行者日益厌烦不断增加的旅行成本。在一些地方,租车税可能占到租车费用的 40%。

2. 国际发展援助

旅游发展需要来自国际的资金支持。世界银行已经成为可持续旅游项目的重要资金来源。通过国际开发协会(IDA:International Development Association),世界银行提供长期无息贷款和资助以支持经济发展、减少贫困和改善生活条件:"国际开发协会提供长期无息贷款,旨在为平等的和环境可持续的发展制定政策、建立机制、建设基础设施、提供人力资源。国际开发协会为已经负债累累的或者遭受 HIV/AIDS 或自然灾害困扰的贫困国家提供资金支持"。[10]

三个因素决定着援助的对象：

- 相对贫困，即人均国民生产总值（收入）低于基准线，目前是每年965美元；
- 不具备市场借贷的信誉保证，因此需要条件宽松的资金来源支持本国发展项目；
- 良好的政策实践，即经济和社会政策的实施有助于促进增长和减少贫困。

莫桑比克的保护和旅游发展中有两个得到世界银行与国际开发协会支持的项目。在第一个项目中，"国际开发协会提供了2000万美元的贷款以支持生物多样性的保护、自然生态系统的保护，以及在莫桑比克社区对自然资源的可持续利用基础上促进经济的增长和发展"。[11] 这展示了旅游与其他市政功能的关联——并因此要求政策的制定跨越不同的部门界限。国际开发协会支持的另一个项目从生态和商业可持续性两方面在黑山共和国的沿海城市推进可持续的固体垃圾回收和处理服务，以保证这些地区拥有干净和具备环境吸引力的海岸："该项目还有助于发展部门的机制、政策和监管框架"。[12] 此外，该项目也有望通过消除当前影响海岸上环境敏感型旅游地区的固体垃圾的回收和处理问题而使旅游发展的前景更好。

3. 贷款和债券

其他资金来源还包括贷款和债券。当贫穷国家已经用尽了国际开发协会的资金支持后，可以选择这些融资渠道。贷款是绝佳的资金来源，发展中国家常常向发达国家寻求资金帮助。有直接贷款——银行提供浮动的资金和债券，而后被用作贷款的抵押。日本国际合作银行已承诺通过国际开发协会为埃及的伯格埃拉伯国际机场现代化项目提供共计57.32亿日元（约合5287.4万美元）的贷款。该项目包括亚历山大港西南40千米处的一个吞吐量为每年100万乘客和4000吨货物的机场航站楼建设与相关设施的改善。[13]

关岛是美国在太平洋上的领土，发行的债券能够享受联邦、州和当地所得税豁免优惠。用基建军费提供资金支持的基础设施改进项目无法应对关岛所有的关键基础设施、核心服务的改善及经济发展的需求。关岛无法吸引到足够的流动资金来支持其项目，也不具备足够的债务限额来担保基础设施改善所需要的贷款量。发行债券所获得的收入能够以贷款的形式再次发行，从而支持项目的再建设。在2006年4月举办的偏远地区跨机构小组会议上，人们讨论了债券银行的概念，协调联邦政策向关岛、美属萨摩亚、美属维京群岛和北马里亚纳群岛倾斜。[14]

4. 补助金

补助金无需偿还，因此是更受喜爱的获取资金方式。不过，一个前提条件是必须筹措到相应的金额以获取补助。其他规定还包括伙伴关系或其他支持机制。莫桑比克的项目不但获得了国际开发协会的资金，也获得了补助金。全球环境基金（GEF：Global Environmental Facility）委员会批准了该项目的信贷，使其从日本政策和人类资源发展基金处获得了370万美元的补助金。[15]

四、人权政策问题

很多观点认为，人权是全人类的最基本权利。人权包括宗教自由、结社自由及不受歧视。人权问题是许多旅行者选择旅行目的地的重要考虑因素。下文将主要阐述旅游政策与重要人权问题的关系，包括劳动权和性旅游问题。

1. 劳工问题

旅游是一个劳动密集型产业，一般雇用较低经济阶层的成员，不同产业的工作人员都是有机组成部分，因此旅游人力资源的管理面临公平待遇和人权问题的独特挑战。旅游业工人的公平待遇也非常重要，因为旅游服务和提供服务的人员之间具有不可分割性。如果从业人员不好客、缺乏知识、不够快乐的话，旅游者的体验也不会达到最佳。旅游管理者和规划者不仅仅要管理，还要发展旅游人力资源。经济合作与发展组织指出，很多国家越来越难雇用到拥有某些专业能力的员工，如管理能力，因此倡导制定包含教育和培训项目的长期政策和规划。[16]这些培训不仅仅要包括大学层面的管理培训，也要包括对当地文化和好客的顾客服务具有重要性的技术培训。

一些国家已执行具有创造性的政策以招聘和发展其旅游劳动力。例如，苏格兰在2004年推行了一个新人才计划以应对下降的人口。苏格兰的移民政策允许从苏格兰大学毕业的国际学生毕业后在苏格兰工作两年。该政策让苏格兰大学在招生时具有竞争优势，而旅游业也因此在招募高质量和高技能的人员时拥有了竞争优势。不过，该项目开始后不久就被英国边境管理局接管并纳入英国的打分系统，用来确定不同层级的移民对英国社会和经济可能的贡献。虽然该项目由于政治原因在苏格兰持续的时间不长，但其他更多独立国家可以很容易对该项目进行模仿，迅速创造出旅游人力资源的竞争优势。

劳动关系在所有产业中都是人力资源管理的重要问题，它常常涉及与工会的合作。欧洲在食品、农业和旅游部门的工会联合会代表着100多个工会和超过250万名成员，涉及35个国家的食品和旅游业。跨国酒店公司的商业结构非常复杂，且由于跨国酒店公司具有多种结构形式——例如租赁权、管理合同或特许权等——所以管理劳动力的工作环境可能难度很高。例如，某个国家的酒店品牌可能是希尔顿，但该酒店的所有者则可能是来自另一个国家的集团公司，酒店所有者会雇用总部位于第三国的管理公司进行管理，而该管理公司可能雇用当地人在酒店工作。[17]邮轮的所有权和经营权可能更加复杂。所有权模糊性可能为员工带来严重的问题，而处理劳动关系也是大多数国家需要处理的重要政策问题。本章的案例研究所示为过去几年中影响旅游的罢工事件，以此说明旅游业目前面临的劳资问题的挑战。

2. 性旅游

公选官员所制定的政策能够反映出他们在旅游中的道德路线选择。一些国家从性旅游需求中获得了大量收益。性旅游包括以性活动为目的的旅游，甚至牵涉儿童。"在1998年，国际劳工组织公布了自己的计算结果：在印度尼西亚、马来西亚、菲律宾和泰国，有2%～14%的国内生产总值来自性旅游。此外，包括泰国、印度和菲律宾在内的一些亚洲国家长久以来都是儿童性旅游的主要目的地，但近年来，越来越多的旅游者也前往墨西哥和中美洲进行性旅游"。[18]一些急需外汇收入的国家对本国的这一现象故意视而不见。

西方政府，包括美国在内，出台了允许对性旅游进行起诉的法律，即便这些性旅游发生于国外。当前法律禁止以和未成年人发生性关系为目的而进行的旅游，新法律的提案中，在其他国家与未成年人发生性关系也将面临起诉。政策的制定和执行不但很复杂，也常常遭遇挫败，因为这些活动发生于国际范围内，受害者和加害者来自不同的国家，在许多情况下，司法管辖权仅能够对犯罪活动产生部分的效力。包括美国在内的一些国家都尝试针对在国外进行性旅游的个人和国际旅游经营者实行更为严格的惩罚措施。[19]

旅游业自身也致力于杜绝儿童性旅游。

- 欧洲航空公司在长距离飞行中播放录像以告知旅游者法律禁止儿童性旅游。世界旅游组织（WTO）建立了儿童卖淫和旅游监督特别小组，目的是"预防、揭露、孤立和根除"性贸易对儿童的剥削。
- 妇女旅行组织国际联合会（IFWTO：International Federation of Women's Travel Organizations）在美国和全球开办课程，向其成员普及儿童性旅游问题及他们可以提供的帮助。
- 1994年，世界旅行社协会联合会（UFTAA：Universal Federation of Travel Agents' Associations）成为第一个应用"儿童和旅行代理许可"的旅游业组织。1996年，国际航空运输协会（IATA：International Air Transport Association）一致通过了对儿童商业性性剥削的惩治决议。
- 世界范围内积极预防和消除儿童卖淫的产业组织一致使用"禁止儿童性旅游"的标签。该标签可以从妇女旅行组织国际联合会处获得。
- 1996年，国际酒店和饭店联合会通过了一个反对儿童性剥削的决议，发行了小册子来敦促其成员帮助制止儿童性旅游。
- 在欧洲，旅游经营者接受了机构行为准则以反对性旅游。[20]

虽然这些努力并未使用法律的力量，但是这些方法包括了对产业和消费者两方面的道德劝诫。已经有多种方法被用来抵制性旅游，实现政策目标。

五、具体国家的旅游政策例子

经济合作与发展组织对全球各个国家的旅游公共政策进行了全面分析[21]，

结果显示目前许多旅游政策问题都与竞争力和可持续性问题相关。下文将从小样本国家中选择新西兰、比利时、挪威和希腊的旅游政策作为例子。

作为新西兰 2015 年旅游战略的一部分，旅游部门在兼顾保护和加强自然环境与保持私营企业的生存上扮演了领导性的角色，共同努力实现了 100% 纯正新西兰的品牌承诺。该战略的部分目标是让旅游业经营者在品质认证（Qualmark）项目中获得认证，这是一种衡量和宣传旅游企业质量的方式。新西兰政府开发了一个项目，为毛利文化旅游业的经营者提供指导。毛利人是新西兰的波利尼西亚土著人。毛利文化旅游业发展项目指派一位合格的商业指导者为毛利企业主提供一对一的支持，帮助企业主制定商业计划，为其参与国际营销竞争发现商业机会。

通过旅行参与中心，比利时实施了一个名为"普及旅游"的项目，为收入有限的那部分比利时人创造旅游机会。旅游机会可以是一日游、过夜游、团体游或是个人游。该项目获得了产业的大力支持，因为政府项目不仅仅创造了稳定不断的需求，也创造了潜在的未来客户参与不受补贴的旅游。该项目支持了比利时的政策基础，即旅游为社会经济发展做出重要贡献。

除了必要的关注旅游利益相关者合作的旅游战略计划，挪威最近的政策致力于通过创造全年需求来实现全年就业，最终稳定乡村地区的旅游。政府进一步扩展了可持续旅游的一般范围，将社会责任相关问题也包含在内，例如产品创新、服务质量、保护文化环境及创造财富。

虽然希腊在 21 世纪第二个十年经历了巨大的经济震荡，但这个地中海国家在其丰富的文化遗产上创新旅游政策，致力于旅游的发展。希腊是一个全面的目的地，它多样化的休闲和文化产品可以抵御旅游季节性的波动。最近的政策包括：有关露营地技术规范的总统令；酒店员工的技能要求；针对中小型旅游企业的生态标签认证项目，以及针对旅游企业下调税收。

六、结论

通过观察全球目的地的公共政策，不难发现各种需求之间的矛盾，因此需要采取有效的行动和进行有效的评估。旅游政策为合适的行动提供方向。

这对于发展中国家和其他需要处理经济、社会文化和环境可持续性问题，例如水污染、人口拥挤、生态退化和资源耗竭的地区来说尤其相关。需求的增长不断产生对社区的新要求，例如对商业活动、电信、可持续性和土地使用的新要求，旅游政策和规划也需要随之变化。

对于旅游政策和规划的研究来说，今日旅游政策的制定和实施中具有中心地位的各种矛盾问题将对未来人口产生何种影响是一个重要问题。出台能够维持自然、物质、人类及人造旅游环境的可持续性的旅游政策将是政策制定者对旅游的未来做出的最大贡献。

> **本章复习题**
>
> 1. 旅游全球道德规范对旅游有什么作用？
> 2. 旅游政策问题为何具有复杂性？请举例说明。
> 3. 当前旅游政策中有哪些议题？
> 4. 为何性旅游充满了问题？当前人们采取了哪些措施来进行治理？
> 5. 为什么国际发展援助非常重要？有哪些组织提供援助？
> 6. 比利时采取了哪些措施来推动旅游和旅行？
> 7. 在本章中选择两个国家，对其旅游政策进行比较和对比。
> 8. 旅游政策评估为什么重要？
> 9. 为什么旅游团体对税收立法的立场各不相同？

案例研究 3：旅途中的三次罢工——劳资纠纷与旅游中断

该案例研究的作者是《旅游政策与规划：昨天、今天与明天》（第一版和第二版）的作者之一，贾森·R. 斯旺森博士，案例基于作者在旅行时的个人观察。

* * *

正如本章开头所指出的，劳工问题是当今一个重要的旅游政策和规划问题。虽然一些旅游政策问题直接关注旅行和旅游，但其他一些问题的首要关注点却并非与旅游直接相关。例如，为政府性质的国际旅游营销活动提供资金的问题和为发展中的酒店提供税收补贴的问题虽然是直接针对旅游的。而另一方面,边境管理则是以国土安全和防范外来威胁为首要关注点的政策实例之一。出入境管理对旅行和旅游有很大影响,但这些法规的出台原因并不涉及旅游并不是为了旅游。

劳资关系或工会成员的就业管理问题可以成为有趣的有关冲突的研究,管理层想要支付尽可能低的工资,而工人则想尽可能多挣钱。由于专业训练的经理人和胜任的员工是旅游发展中两个重要的组成部分,因此这一冲突也得以产生。员工和管理层之间的争论持续不休,世界上的工人运动也带来了许多积极的结果。例如,20世纪80年代的波兰团结运动是第一个不是由东欧社会主义国家的共产党控制的工会组织,加速了苏联社会主义的解体,激发了21世纪初的"阿拉伯之春"。一些人认为许多国家的工人运动有助于中产阶级的崛起,因为富裕的雇主不能再像以前那样迫使较低阶层的工人在严酷的环境中工作或是得到低廉的工资。

影响旅行和旅游消费者的劳资问题常常并非与旅行和旅游企业直接相关。众所周知,制造业和房地产等许多产业都对旅游系统的投入产生贡献。当这些支持性产业的雇员采取集体行动时,有可能造成旅行的严重中断。本案例研究阐释了旅游支持性产业的工人罢工如何给旅游带来严重的影响。直接的影响通常是负面的,但是长期来看,罢工带来的旅游影响可能是积极的。1912年英国的全国煤矿业大罢工、挪威2012年夏天的社会工作者罢工和2007年迪拜建筑工人大罢工集中体现了这些影响。在案例研究的最后列出一些关键的问题以供讨论。

(一)1912年英国全国煤矿业大罢工

几乎每个人都会说1912年4月泰坦尼克号沉没的原因是它撞上了加拿大沿海的冰山。冰山是引发船体龙骨裂缝的原因,而从裂缝灌入的海水则导致船体最终沉没在新斯科舍的哈利法克斯以东1324千米的大西洋底。超过1500人丧生的事实在很大程度上是由于在面对船体裂缝时如何处理裂缝等紧急情况的管理实践的不足和管理政策的缺乏。泰坦尼克调查指出,冰山只是问题的一部分,撞上冰山前船速过高则是更为重要的问题。[22]这艘当时最大的邮轮，怎么会以超过 21 节（39 千米/小时或 24 英里/小时）、接近全速的高速夜航在布满冰山的海域？毕竟，这艘轮船的建造目的是为了奢华而非速度。当时的报告[23]称这是标准惯例，因为没人能想到这艘堪称以当时最先进的造船工艺建造的轮船能够在开放海域被自然所打败。然而，该事故的官方调查发现，鉴于当时的冰山状况，是船体本身的速度过快了。该调查还揭露出在轮船离港的前一天储煤仓库中的煤已点燃[24]，所以一些人认为煤只够用到轮船沉没的时候。[25]

一些人认为，在这艘邮轮首航时发生的一场罢工是导致沉船的原因。从1912年2月26日到4月11日（泰坦尼克号启航后的第二天），英国的煤矿工人一直在罢工，要求用标准的最低工资制取代基于产量的浮动工资制。接近100万名工人参加了这次罢工，轮船和火车运营受到严重干扰。这场罢工最终平息下来并促成了新的立法，即1912年的《煤矿业最低工资法》。

煤矿工人罢工的影响之一是有人担心泰坦尼克号的煤炭储备无法满足其每天650吨的耗煤量，因此无法支撑其穿越大洋。轮船主决定使用其他轮船来向泰坦尼克号邮轮运送煤炭。然而，将煤炭四处转运可能导致了火灾，人们认为部分煤炭在运送进泰坦尼克号储煤仓的过程中意外起火。在堆放煤炭的时候，上面的煤炭放在燃烧堆的顶部，因此很难扑灭。只有当轮船沉没在大西洋之后，船上的煤火才最终熄灭。

在泰坦尼克号这样的轮船中，蒸汽机的速度由产生蒸汽的燃料量来进行控制。对于泰坦尼克号来说，这种燃料就是煤炭。煤炭越多火越大，蒸汽越多速度也就越高。控制火的方法是一个工人持续不断地用铁锹向锅炉中添加煤炭。正是这一原因导致轮船在航行时达到了最高速度。泰坦尼克号的煤储存在吃水线以下的煤仓中。煤仓中的火可能加热了钢铁，降低了船体龙骨的硬度，而冰山撞击的位置恰好是着火的位置。

泰坦尼克号的悲剧带来了邮轮旅行的一系列变化。英国轮船失事委员会调查建议：提交泰坦尼克号失事报告，必须配备适当数量的救生船，组织乘客操练救生船的使用，24小时对在航轮船通信系统进行监控。[26]国际冰情巡逻队得以建立，旨在评估北大西洋安全的轮船航道。其他形式的公共政策包括《国际海上生命安全公约》，目的是为各国海域航行的船只如何使用旗帜制定统一的指导原则。

我在新斯科舍的哈利法克斯旅行时参加了泰坦尼克号沉没一百周年纪念活动,在那里我了解到泰坦尼克与当年的全国煤矿工人大罢工之间的联系。当年人们在哈利法克斯部署了很多救援船,也是许多死难者遗体安息的地方。一些新闻报道,包括我所看到的有关罢工的报道,让我开始思考即将到来的波罗的海邮轮蜜月行。我想自己不需要担心,在100年后的今天,罢工应该不会对我的度假产生任何影响。

(二) 2012 年挪威社会工作者罢工

2012年6月,当乘客们都登上这艘穿越波罗的海的邮轮时,船长通过广播对大家进行了强制性的召集。船长解释说这是《国际海上生命安全公约》的要求。正如上文所述,这些法规中的要求正是对泰坦尼克号沉没调查后所产生的结果。当我站在甲板上想着所有海上可能发生的悲剧,我想起了在哈利法克斯了解到的英国全国煤矿工人大罢工。我进而意识到我们的邮轮和泰坦尼克号的共同点比我想象的还要多。

在我们登船前的那天清晨,我醒着躺在床上倒时差时迅速浏览了一下自己的电子邮箱。在原计划中,我们应该在下午5点驶离奥斯陆港,途经奥斯陆峡湾,驶向波罗的海。下午晚些时候通过奥斯陆峡湾的那段旅程应该是此次行程的一个亮点,因为7天邮轮行中有3天都在海上,因此我们能够看到的景观不多,只有无边无际的大海、远处的风轮机,以及船上廉价的酒吧歌手。因此,从包房的阳台观看峡湾风光将会成为旅程美妙的开始。

但是我从电子邮件中得知我们将不会乘坐游轮穿过冰川谷,而是在下午乘坐大巴车走奥斯陆和瑞士哥德堡之间的多车道高速公路。我们的轮船会在那天早上停靠在哥德堡而不是到达计划中的目的地——奥斯陆。在那里,船上原有的乘客在清晨下船,而包括我们在内的新乘客将会登船。而引起这一计划变化的原因是一场罢工。

在到达挪威前一周,社会工作者——大约30 000人——进行了罢工,目的是希望将自己的工资提高到和私营企业的同等水平。当地政府和国家政府的工作人员参与了这场罢工。[27] 这次罢工起始于学校、日托中心和疗养院,进而快速扩展，最终波及港口引航员。

　　港口引航员负责登上大型轮船，引导轮船从开放海域驶入港口，引导轮船停靠。引航员也负责将轮船从港口引入外海。引航员对当地的港口了如指掌，在大多数海港，法律要求必须配备引航员。引航员不为商业轮船主工作，其职责是维护公共利益。如果没有引航员，邮轮和其他大型船只无法进入或离开奥斯陆港。港口引航员加入罢工的影响尤其重大，因为邮轮旅游季才刚刚开始。数千名滞留的愤怒的游客和这种情况通过社交媒体和传统媒体获得的国际关注都增强了罢工的力量。

　　罢工不仅影响了邮轮的离港和到达，也使邮轮在挪威港停靠时无法将其乘客及其金钱送上岸去临时消费。少了这些突涌而至的客流，零售商店、饭店、博物馆、旅游公司和其他旅游企业及旅游工作者，每天都因罢工而承受大量损失。公主邮轮公司（Princess Cruises）的翡翠公主号（Emerald Princess）无法按计划在奥斯陆停靠，而被迫仅仅能够让乘客在船上欣赏奥斯陆峡湾的风光，[28]因此乘客无法在挪威进行任何消费。在这一例子中，为公共部门雇员争取更高工资的罢工者充分利用了旅游业的知名度和经济重要性来达成其目标。

　　除了港口引航员，护照控制和移民官也参与了罢工。因为罢工，连火车站的储物柜也都上了锁，这意味着在奥斯陆港口只有几个小时游览时间的邮轮乘客无法寄存行李，也无法在等候夜间航班时去市区简单参观。许多人不得不带着行李坐在火车站，从而错过了奥斯陆的美景。除了旅游，货运轮船和石油运输船也无法在挪威境内的港口停靠。这将会导致消费品和燃料价格的提高。

　　我们到达奥斯陆港口的时间并没有变。原本我们可以在中午12点和下午4点之间的任何时间登船。我们一直喜欢在中午到达，这样就能够早点儿在这个临时漂浮之家上安顿下来。罢工的新闻并没有改变我们早晨的计划。在中午到达码头前，我们在奥斯陆市中心进行了简单的游览。早餐后的第一站是游客中心。我们在那里得到的通知是邮轮被取消了，正在进行的罢工导致轮船无法靠岸和出港。如果不是我早上查看了邮件，这就是我们首次得知这一消息——而且还是一条错误的信息。我们向游客中心的人说明了计划的变动,并告诉他们邮轮并未被取消。清晨的另一站是奥斯陆的 Deichmanske 公共图书馆,那里一位友好的保安人员告诉我们哥德堡距离奥斯陆有四小时的车程。这是我们第一次意识到海上第一天可能没有期望中的那么舒适。最终,在中午过几分的时候,我们到达了码头。

据我们所知,登船程序没有任何变动,就好像船还在那里一样。但船并不在。唯一一点不同寻常的线索是有一群临时行李员在堆积如山的拉杆箱和行李包之中学习游泳一样穿梭。而这些行李并没有被运送进轮船的传送带,而是被运到了等候的运货卡车。

当我们挤过了行李区,办理了登船手续,在站外散步时,我们收到了一份盒饭和一份旅途愉快的祝福。我们的巴士在等待,此外还有 40 辆巴士组成的车队在等待我们身后的其他游客。图 3.1 显示了当时的情形,这本应是我们的最后一站是受到罢工影响的奥斯陆。载过这些乘客的瑞典巴士此刻正

图 3.1 作为邮轮替代品的部分巴士车队(贾森·斯坦森 摄)

等待着，即将载着 2000 名新乘客开往回程。我们坐在巴士上，无法确定我们将去哪里以及需要多久。不过对于我们来说没什么关系——我们在度蜜月而已！而其他乘客是上了年纪或有小孩的。一个带着两岁孩子登上巴士的家庭不得不将手推车、玩具和其他儿童必需品放在巴士的货仓里。他们以为自己不需要这些东西，但他们也不知道的是在达到轮船之前，这将是一个长达四小时的车程。

我们坐在巴士上，缺乏必要的信息，感觉自己像是海军新兵而非度假者。我们终于到达了轮船并在船上用了晚餐，此时在我们后面的乘客也终于到达了轮船。但是在我们能自由活动之前，我们必须参加因泰坦尼克号事件而规定的强制性集合。通过和船员聊天，我们了解到这一周的罢工对经营产生的其他影响，包括零售商店存货和饭店食品储存的耗尽。

（三）2007 年迪拜建筑工人罢工

邮轮上的员工来自世界各地。一个客房服务员或船上侍应生在这里的收入要远远高于在其家乡的收入。我们与船上的一位酒吧侍应生聊天，他向我们说明了这一点。这位侍应生来自印度，我们和他聊起了奥斯陆大罢工对我们邮轮启航的影响。他向我们讲述了他自己参加过的另一场罢工——迪拜建筑工人罢工。

迪拜是位于波斯湾东南岸的石油国，也是阿拉伯联合酋长国的七大酋长国中人口最多的一个。由于石油价格的急速上升，迪拜和阿联酋的许多其他地方在 21 世纪初期经历了经济的快速发展。迪拜也因此成为国际商业的主要参与者，开始兴建大量的建筑。地标性的建筑项目包括迪拜塔（世界最高建筑，里面包含一个酒店）、迪拜世界中心国际机场（世界最贵的机场）、棕榈岛度假村（世界最大的人工岛），以及迪拜购物中心（世界最大的购物中心）。

这些发展很大程度上来自对廉价建筑劳动力的使用，这些劳工来自印度、斯里兰卡、孟加拉国和巴基斯坦等地，他们的工资低至每月 300 美元。在发展鼎盛期，迪拜共雇用了 70 多万亚洲建筑工人。像邮轮一样，这些工人离开自己的家乡，来到这些能带来比自己家乡更高收入的地方工作。许多拥有大学学位的人在家乡可能成为银行职员或电脑技术人员，但是他们发现短暂地离开家乡更有利可图和更好地自谋生路，于是他们应聘这些技能要求不高而薪水更为可观的工作。

虽然他们的收入较高，但外国工人还希望被尊重。2006年3月，迪拜塔的建筑工人进行了罢工，希望改善医疗保险，并受到工头更好的对待。虽然其中掺杂了一些暴力事件，但停工持续的时间并不长。由于罢工和工会在迪拜属于违法行为，因此当政府威胁说要将罢工工人驱逐出境时，建设工作便又重新开始了。不过，罢工的影响并没有因此停止。

在第二年10月，暴乱再次发生。[29]当政府威胁说要将暴乱者驱逐出境时，工人们组织了停工运动。他们出现在工作地但是并不拿起工具进行工作。这是一场更为和平的示威，旨在引起当局的重视。此外，与这次罢工相伴随的三个独特事件也影响了政府的反应。首先，阿联酋的货币迪拉姆开始贬值。这意味着外国工人寄回家乡的钱比以前要少。其次，印度开始进入经济繁荣期。这意味着印度工人有了更多的相似选择，他们可以回到家乡工作谋生，这开始引发了迪拜的用工荒。最后，一个独立的、致力于保护人权的组织，即人权观察组织，从2006年3月的首次罢工起就开始关注迪拜的状况，此时开始呼吁阿联酋政府停止这种不公正的用工做法。

意识到带来这次罢工的外部力量可能对建筑的完工产生巨大影响及罢工可能对旅游发展和其他部门产生的消极作用，政府开始做出妥协。2007年11月，罢工问题得到了解决。迪拜的政治领导，穆罕默德·本·拉希德·阿勒马克图姆改善了工人的工作条件。警察也负责对那些未满足最低健康和安全标准的雇主进行了公诉。[30]

人权观察组织认为，工人的工作条件依旧是阿联酋的问题之一，这里超过88.5%的居民都是外国工人。印度工人的自杀率很高，2011年至少报道了26起自杀事件。大多数的自杀者因为不公正的对待和无法返回家乡的现实而感到绝望。阿联酋政府在2011年第一季度报道了34起工人抗议——涉及拖欠工资、没有加班费及工资过低等，这比2010年的第一季度减少了一半。阿布扎比酋长国是迪拜的邻国，该国最大的开发商是旅游发展和投资公司（TDIC）。2011年5月，TDIC与最大的国际审计公司普华永道签订了合同，目的是监督其主要的旅游建筑工程——萨迪亚特岛上的工作条件。[31]虽然迪拜和其他阿联酋旅游中心的工作条件仍有待改善，但随着旅游开发商看到停工给新兴的旅游部分造成的影响后，工作条件将会持续得到改善。

七、关键问题总结

　　如本章案例研究所示，罢工既能够对旅游产生短期的重大影响，例如挪威大罢工，也能够产生长期影响，例如迪拜的建筑工人罢工。罢工还能对旅游产生严重的间接影响，例如1912年英国全国煤炭工人大罢工。煤炭工人的罢工与泰坦尼克号的沉没紧密相关，直到今天依旧对我们的旅行方式产生着影响，例如轮船和游艇上必须进行的集体说明会和其他救生程序。

　　2011年，仅仅在美国，超过1000人参与的罢工就多达19次，造成了总计超过113 000名工人的参与和100万个工作日的损失。[32]世界范围内的许多罢工都直接或间接地影响到了旅行和旅游业。显然，劳资关系如今已成为一个旅游政策和规划问题。只要人们还在平等和利润之间博弈，那么该问题就会一直存在。在阅读了本章的案例或是老师和学生自己想到的案例后，可以对有关问题进行充分的讨论。

　　从旅游的视角看待劳资问题有助于我们思考一些发人深省的问题，包括政策、规划，以及旅游作为公共关系工具的作用。在政策方面，工人和管理人员的冲突在公共政策范围内处于何种地位？政府是否应出台针对劳资关系的政策？如果是，那么政策应偏向工人还是管理人员？这些问题的答案因不同的视角而有所不同，而这些视角又受到目的地政治和社会系统的影响。以规划为例，旅游管理人员和政府官员在制定营销或产品开发项目时，该如何为工人考虑？新的旅游项目会导致罢工吗？

　　公共关系活动包括维护良好的公共形象，是旅游发展的重要工具。例如，常见的公共关系战略包括目的地的东道主媒体对旅程的宣传或对旅游带给东道主社区居民的减税额的宣传。不仅公共关系可以成为旅游工具，旅游业也可以成为公共关系的工具。在我们遇到挪威罢工的邮轮经历中，旅游信息官员该如何更好地解决问题？如果政府的旅游办公室或私营企业，例如游轮公司提供了错误的信息该怎么办？在本章的案例或其他例子中，劳工团体是如何利用旅游来实现自己的诉求的？人权冲突如何影响旅游需求？如果对旅游产业中与劳工组织相关的政策进行支持（或不支持），益处和坏处分别是什么？如何利用旅游作为双方谈判的工具？当人权组织因某地对工人不人道的对待而建议人们避免前往该地旅游时，旅游就成为了它们用来说服政府领导做出改变的工具。

注释

1. http: //dtxtq4w60xqpw. cloudfront. net/sites/all/files/docpdf/gcetbrochureglobalcodeen. pdf.
2. http: //www. econ-pol. unisi. it/opts/DOC%5B1%5D. %20Agenda%2021%20-%20 26%20Set%20bozza%20communicaion. pdf.
3. Patrizzi, M., Velasquez, L., Uhlein, A., Aranha, P., & Goncolves, J. (2001) "Environment, Tourism and Land-Use Planning-Riachinho Basin, Brazil." *Environmental Management and Health*, (*12*)1: 57.
4. Gumbel, R. (2004). Making a Living Off the Land Vacationers Are Increasing Turning to the Pastoral Pleasures of Rural Holidays-and Europe's Farmers are Reaping the Benefits. *Time International* (Atlantic ed.), (*164*)6: 70.
5. www. oecd. org/cfe/tourism/innovationandgrowthintourism. htm.
6. Organisation for Economic Co-operation and Development(2010) *Tourism Trends and Policies*.
7. www. ghanahero. com/Ghana_Hero_Docs/Tourism_Ghana/Ghana_National_Tourism_ Marketing_Strategy-MAPS. pdf.
8. www. tourismireland. com/CMSPages/GetFile. aspx? guid=9ca1193b-6c7d-4ac4-8a15-92875e54f32b.
9. Virginia Tax Code, § 58. 1-3823.
10. WorldBank. org.
11. M2Presswire, 12/2/05.
12. M2Presswire, 9/12/03.
13. Anonymous (2005) "JBIC Supports Airport Modernization in Egypt." *The Middle East*, May: 49.
14. McConnell, A. (2006) "Gueam Representative Urges Pooled Bond Bank for Territories." *Bond Buyer*, March 3: 6.
15. M2 Presswire, 2005.

16. OECD's regular publication, *Education at a Glance*.
17. www. effat. eu/files/19935469b716b5bba90480c124e048a9_1328626213. pdf.
18. Nair, S. (2006) "Child Sex Tourism." www. justice. gov/criminal/ceos/sextour. html, retrieved March 10, 2006.
19. equalitynow. com, 2006.
20. ECPAT, 2006.
21. Organisation for Economic Co-operation and Development (2010).
22. www. titanicinquiry. org/BOTInq/BOTReport/BOTRepSpeed. php.
23. Mowbray, Jay Henry (1912) *Sinking of the Titanic*. Harrisburg, PA: The Minter Company.
24. www. titanicinquiry. org/BOTInq/BOTInq04Barrett02. php.
25. www. youtube. com/watch? v=Ny3s3iK0Mv0.
26. www. titanicinquiry. org/BOTInq/BOTReport/BOTRepRec. php.
27. http: //www. bbc. co. uk/news/world-europe-18188917.
28. www. travelweekly. com/print. aspx? id=239469.
29. www. nytimes. com/2007/10/28/business/worldbusiness/28iht-labor. 4. 8084022. html.
30. news. bbc. co. uk/2/hi/business/7074917. stm.
31. Human Rights Watch (2012) *World Report-Events of* 2012.
32. www. bls. gov/news. release/wkstp. nr0. htm.

第四章　作为商业和经济活动的国际旅游

　　国际旅游者，包括以娱乐、休闲或商业为目的的旅游者，其支出对于一国的外汇收入和收支平衡来说具有重要作用。二战后，全球休闲时间和收入增加，发达国家和发展中国家人们旅行的欲望也日益增强。实际上，缩短的工作时间，增加的个人财富，更快速和廉价的交通，以及科技的进步都使得旅游成为世界上发展最快的商业和经济活动之一。

　　今天，旅游在许多国家已经是一项具有重要经济意义的活动了。它带来收入和就业，是许多国家维持收支平衡的重要因素，因此也吸引着政府、地区、当地权力机构以及其他经济发展相关部门的注意。然而在今天，许多经济政策的制定者才逐渐缓慢地，甚至在很大程度上还没有意识到旅游的经济效益。此外，由于国际旅游的经济效益是在全球基础上渗透于一国的经济，因此无论是富裕还是贫穷的国家，大国还是小国，发展中国家还是发达国家，都能够从中受益。国际旅游对全球社会和经济进步来说，具有变革性的影响。

　　要了解国际旅游的商业和经济影响，先要理解旅游的全球重要性，旅游如何成为一种经济发展的工具，应用于旅游的关键经济学概念及旅游在追求共同目标的过程中具有何种竞争力。上述问题都会在本章加以讨论。本章最后所附的案例研究将会通过南极洲的例子来说明在一个与众不同的环境中，旅游的商业和经济活动是什么样的。

一、旅游作为一种经济发展工具

第二章指出，来自国际旅游者的收入有益于一国的贸易平衡，并且影响着一国总体的经济政策。实际上，对于当地社区来说，旅游能够促进其经济发展，使其收入增加，创造就业，创造多元化经济，增加新产品，带来额外收入，孵化新企业，有利于整体经济融合，同时丰富公私合作关系并改善当地居民的生活质量。图 4.1 展示了旅游的商业和经济活动为利益相关者带来的好处。

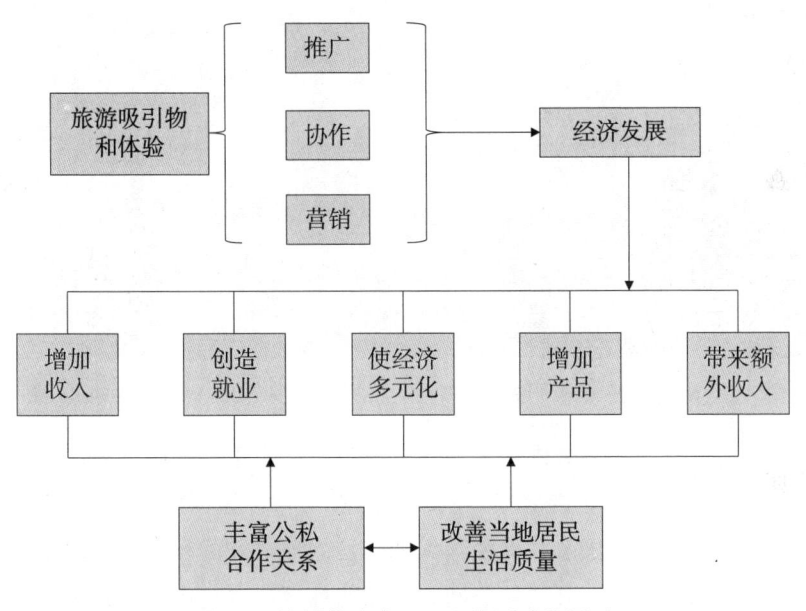

图 4.1 旅游作为商业和经济活动的图示

通过旅游者购买商品和服务，旅游带来了大量的资金，大约贡献了全球国内生产总值的 9%[1]。旅游为服务业带来了额外的就业机会，例如航空、邮轮、租车和出租车；接待业服务；住宿业，包括酒店、简易旅馆和度假村；娱乐活动，例如游乐园、运动项目、赌场、音乐厅和剧场；餐饮机构；以及购物中心。图 4.2 展示了大量的旅游供给部门，例如体育场、邮轮码头、酒店、景观步道，以及集中于一处的其他娱乐设施。旅游对制造业和建筑业也具有重要作用，例如飞机制造、机场和邮轮及邮轮港口建设，娱乐中心和其他满足国际旅游者期望的设施建设。旅游还支撑着其他产业，例如为游客提供食物的农业和渔业。

图 4.2　南非开普敦港周围地区多种类型的旅游供给部门（Brian Bulla 摄）

　　对于世界上的大多数国家来说，旅游都是一个重要的收入来源。如果能够很好地制定和执行旅游战略，旅游就能够为一个地区或国家注入经济流，并且渗透于该地区或国家，促使其保护本目的地最好的东西——风景优美的海岸线、壮丽的高山、开阔的空间、美丽的社区、乡村小镇、野生动物栖居地、历史名胜建筑，以及当地遗产和文化。如果将旅游恰当地融合于当地经济战略，那么它就能为当地社区带来经济的发展，环境的可持续性及社会效益。想要最大化地利用旅游作为经济发展工具的作用以促进社区福祉，就必须有设计合理的旅游政策和适宜的战略以规避潜在的负面影响。目的地的领导者、政府、企业、社区、教育机构及非营利组织需要各司其职，以实现一个均衡的路径，才能帮助目的地在国际旅游市场上分得更大的一杯羹。最终，当地就能更有效地利用国际旅游者的贡献来促进本地区的商业和经济发展了。

第四章 作为商业和经济活动的国际旅游

本书的作者之一，戴维·L.埃杰尔于1990年在其《国际旅游政策》[2]一书中就如何最大化地利用旅游这一经济发展工具的问题做出过宏观的描述。他指出，旅游产业在一国的经济和科技发展中扮演着重要角色。旅游具有以下作用：

- 刺激基础设施的发展（例如机场、港口、道路、管道和电力）；
- 促进旅游相关的民族产业的发展（例如交通、农业、食品加工、商业捕鱼、伐木和建筑业）；
- 吸引国外投资（尤其是酒店业）；
- 有助于促进技术和技术诀窍的转移。

尽管全球经济形势近年来发生了变化，但以上论述仍旧适用于大多数有意通过旅游来发展经济的地区。发达国家和发展中国家都已经意识到改善本国旅游设施的必要性和潜在的利益。例如，在机场建设上实现技术进步是接纳新型飞机的必要保证。因此，建筑工人的职业技能需要提升，新的建筑材料需要投入使用，员工需要更好的训练，需要有人操作飞机，有人能够胜任塔台工作，掌握新的计算机技术以制订高效的飞行计划和线路，兼顾新旧飞机和相关作业。旅游相关产业仍将持续地需要那些经过良好培训的员工。

旅游对全球经济的贡献，为发展中国家和乡村地区带来的经济发展，都是在理解旅游作为经济发展工具这一功能时需要考虑的方面。本章的余下部分将会对这些方面进行讨论。

1. 旅游的全球经济贡献

今天，旅游在全球都是具有很高经济重要性的活动。最近的研究证明了一个假设，即旅游随着全球经济的扩张（或萎缩）而扩张（或萎缩）。这一趋势在2008年和2009年的世界经济衰退中尤为明显，2009年的国际旅游到达量也出现下降，这是自2001年美国遭遇恐怖袭击后的首次下降。联合国世界旅游组织（UNWTO）发布的数据显示了国际旅游在国际旅游者到达和国际旅游收入方面的影响[3]，见表4.1和表4.2。

表 4.1　国际旅游者到达数量变化趋势

	国际旅游者到达数（单位：百万）							市场份额（%）	变化率（%）		年平均增长率（%）
	1990	1995	2000	2005	2009	2010	2011*	2011*	10/09	11*/10	'05–'11*
世界	435	528	674	799	883	940	983	100	6.4	4.6	3.5
发达经济体	296	334	417	455	475	499	523	53.2	4.9	4.9	2.4
新兴经济体	139	193	256	344	408	441	460	46.8	8.2	4.3	5.0
UNWTO 区域											
欧洲	261.5	304	385	440.7	461.7	474.8	504	51.3	2.8	6.2	2.3
北欧	28.6	35.8	43.4	56.1	56	56.1	59.3	6.0	0.2	5.6	0.9
西欧	108.6	112.2	139.7	141.7	148.5	153.8	159	16.2	3.6	3.4	1.9
中欧/东欧	33.9	58.1	69.3	90.4	92.6	95.7	103.5	10.5	3.3	8.1	2.3
南欧/地中海欧洲	90.3	98	132.6	152.5	164.5	169.1	182.2	18.5	2.8	7.7	3.0
欧盟 27 国	230.1	265.9	323.7	352.4	356.8	364.9	385	39.2	2.3	5.5	1.5
亚太地区	55.8	82	110.1	153.6	181.1	204.4	217	22.1	12.9	6.1	5.9
东北亚	26.4	41.3	58.3	85.9	98	111.5	115.8	11.8	13.8	3.8	5.1
东南亚	21.2	28.4	36.1	48.5	62.1	69.9	77.2	7.8	12.5	10.4	8.0
大洋洲	5.2	8.1	9.6	11	10.9	11.6	11.7	1.2	6.1	0.9	1.0
南亚	3.1	4.2	6.1	8.1	10.1	11.5	12.4	1.3	13.6	8	7.2
美洲	92.8	109	128.2	133.3	141.7	150.7	156.6	15.9	6.4	3.9	2.7
北美洲	71.7	80.7	91.5	89.9	93	99.2	101.7	10.3	6.6	2.5	2.1
加勒比地区	11.4	14	17.1	18.8	19.6	20	20.8	2.1	2.2	3.9	1.7
中美洲	1.9	2.6	4.3	6.3	7.6	7.9	8.3	0.8	3.9	4.8	4.7
南美洲	7.7	11.7	15.3	18.3	21.4	23.6	25.8	2.6	10	9.4	5.8
非洲	14.8	18.8	26.2	34.8	45.9	49.7	50.2	5.1	8.5	0.9	6.3
北非	8.4	7.3	10.2	13.9	17.6	18.8	17.1	1.7	6.7	−9.1	3.5
撒哈拉沙漠以南的非洲	6.4	11.5	16	20.9	28.3	31	33.1	3.4	9.6	6.9	7.9
中东	9.6	13.7	24.1	36.3	52.8	60.3	55.4	5.6	14.2	−8	7.3

* 初步资料

资料来源：联合国世界旅游组织。

第四章　作为商业和经济活动的国际旅游

表 4.2　国际旅游收入变化趋势

	本国货币，固定价格变化（%）				市场份额（%）	美元收入（单位：十亿）			美元收入（单位：十亿）		
								每位游客			每位游客
	08/07	09/08	10/09	11*/10	2011*	2010	2011*	2011*	2010	2011*	2011*
世界	1.6	−5.6	5.4	3.9	100	927	1030	1050	699	740	750
发达经济体	1.7	−6.4	5.7	4.8	64.5	589	664	1270	444	477	910
新兴经济体	1.4	−3.9	4.9	2.2	35.5	338	366	800	255	263	570
UNWTO 区域											
欧洲	−0.9	−6.5	0	5.2	45	409.3	463.4	920	308.8	332.9	660
北欧	−2.5	−4.1	2.7	5	6.8	61.4	70.3	1190	46.3	50.5	850
西欧	−2.2	−6.6	1.1	3.7	15.6	142.2	160.4	1010	107.2	115.2	720
中欧/东欧	4.3	−8	−2.9	7.9	5.4	48.1	56.1	540	36.3	40.3	390
南欧/地中海欧洲	−0.6	−6.9	−1	5.7	17.1	157.6	176.7	970	118.9	126.9	700
欧盟 27 国	−2.7	−7	0.7	4.3	36.6	335	377.5	980	252.7	271.2	700
亚太地区	4.6	−0.6	15.5	4.4	28.1	255.3	289.4	1330	192.5	207.9	960
东北亚	8.2	1.9	21.4	3.8	13.9	128.6	143.1	1240	97	102.8	890
东南亚	−0.8	−7	15.1	9.3	7.9	68.6	81.9	1060	51.7	58.8	760
大洋洲	3	5.2	−1.9	−7.3	4	39.2	41.6	3560	29.5	29.9	2560
南亚	7.7	−4.6	16.5	14.6	2.2	18.9	23	1850	14.3	16.5	1330
美洲	4.8	−10	4.2	5.7	19.3	180.7	199.1	1270	136.3	143	910
北美洲	6.9	−12.2	6	6.6	14.1	131.2	145.1	1430	99	104.2	1020
加勒比地区	−4.1	−6.4	−0.1	1.3	2.3	22.7	23.9	1150	17.1	17.2	830
中美洲	0.3	−5.4	4.8	0.9	0.7	6.7	7.2	860	5	5.2	620
南美洲	3.1	0	−2.1	6.5	2.2	20.1	22.9	890	15.1	16.5	640
非洲	−2.5	−5.8	1.7	2.2	3.2	30.4	32.6	650	22.9	23.4	470
北非	−3.9	−4.7	0.2	−6.7	0.9	9.7	9.5	560	7.3	6.8	400
撒哈拉沙漠以南的非洲	−1.7	−6.4	2.6	6.3	2.2	20.7	23.1	700	15.6	16.6	500
中东	5.5	1.2	17.2	−14.4	4.5	51.7	45.9	830	39	33	590

* 初步资料

资料来源：联合国世界旅游组织。

2. 发展中国家的旅游经济发展

旅游作为经济发展的工具，其功能在欠发达国家和地区体现得尤为明显。由于旅游比其他很多产业能更快促进经济发展，它可以吸引当地急需的金融资本，让该国更加意识到本国作为旅游目的地的潜力，改善基础设施，提供新的就业机会。旅游乘数效应的影响能使旅游发展为发展中国家带来最佳的利益。也即说，如果该国能够满足旅游者对高质量旅游体验的需求，那么该国的当地和民族经济出口便能得以改善。无论是目的地之间的还是政府机构间的合作，即竞争合作（coopetition，这一概念将在本章进行详细讨论），都有助于增强旅游的经济影响。要意识到，世界上的每个国家和社区都拥有一些旅游者感兴趣的东西，无论它是景观瀑布、宏伟的高山、独特的动植物，还是建筑物或独特的文化节日。前往某地的参观者可能拥有广泛的共同兴趣，从赏鸟到远足，从参观历史遗迹或小社区到参与特殊节日或庆典，不一而足。

政府进行政策调整，使用旅游作为推动经济发展工具的有趣例子是非洲的加蓬。2002年，加蓬总统意识到了该国对石油产业的过度依赖，认为需要开发新的产品以替代这种依赖，于是划拨出10%的国土用来建设国家公园。这次政策变化，部分原因是加蓬了解到中美洲国家哥斯达黎加的成功经历，因此有志于成为非洲的生态旅游目的地。在石油产业最终很可能衰落的前提下，这些新的公园朝着可持续旅游的方向发展（包括生态旅游），它开发了加蓬的森林以支持伐木业。目前，加蓬还没有特别成功，或许是因为缺乏开发力度或是对政策和战略计划的执行不足。

多米尼加是一个美丽的加勒比小岛国。它可以归为乡村面积大，旅游发展机遇多的一类发展中国家。多米尼加拥有大片的山地雨林，生长着许多珍稀植物和鸟类，拥有美丽的海岸线和友好的人民。过去，该国主要依赖农业生产。如今，虽然农业依旧重要，但由于该国需要更多的外汇收入，因此它全力以赴地将旅游作为经济发展的工具以创造就业和收入。与其他加勒比国家相比，多米尼加的旅游产业还处于初级阶段，但也已经赢得了"自然海岛"的美名。从旅游政策和经济发展的角度看，多米尼加正在发掘其独特的利基市场，即生态旅游。它拥有丰富的文化和遗产，能够提供徒步和探险机会，并且力图维持和保护其自然环境（生态旅游的支柱）。本书第十一章将会进一步讨论多米尼加的案例。

第四章　作为商业和经济活动的国际旅游

另一个将旅游作为首要经济发展工具的发展中国家是伯利兹。这个中美洲国家在扩张其旅游部门上已经取得了巨大的进步。伯利兹拥有美丽的海岸线，包括一个自然旅游目的地，即安伯格里斯岛（Island of Ambergris），它是仅次于澳大利亚大堡礁的世界第二大珊瑚礁。伯利兹还拥有一个迷人的丛林区，里面满是异域风情的动植物，它的玛雅遗址作为玛雅之路（la ruta maya）的一部分，很可能比墨西哥、危地马拉和洪都拉斯的遗址数量都要大。伯利兹最近在制定旅游发展战略时启动了一项可持续旅游政策。[4] 对于伯利兹来说，旅游为它的人民提供了许多就业机会，增加了外汇收入，支撑着其国际贸易。如果伯利兹要在未来实现繁荣，那么旅游将会是这一过程中主要的经济发展部门。

哥斯达黎加是一个很好的例子，该国一贯的旅游政策和规划聚焦于生态旅游，并以此获取出口收入。这个拥有大量农田和农场的国家在许多年前启动了生态旅游，发现国际观光客不仅是国际收入的重要来源，还增加了本国贸易平衡的可持续性。肯尼亚和坦桑尼亚是有效利用其自然风光（见图4.3）、

图4.3　肯尼亚大草原上的枝状大烛台树（Junghee 'Michelle' Han 摄）

野生动物、文化与地理环境的著名例子，尤其是野生动物狩猎旅游为曾经以畜牧业为主的乡村地区增加了旅游。还有很多其他实例是乡村地区利用旅游，通过国际观光客的消费来增加外汇收入。

3. 乡村地区的旅游经济发展

旅游是一个经济发展工具，尤其是国际旅游，但它却常常被世界上许多乡村社区所忽视。而实际上，许多乡村地区能够提供最为多样化的美景、体验、文化、遗产以及服务。通常，乡村地区成功开发国际旅游的关键在于对自身旅游开发能力的认识，能有效地计划和管理旅游经济，以及能最大化地获取游客支出。要在乡村环境中有效利用旅游这一经济发展工具存在一个主要的问题，即这些地区常常缺乏关键的人力、资金和技术资源。

今天的乡村社区正在寻求其他经济发展方式，而不是以往作为主导的农业、畜牧业、伐木业和采矿业。许多地区追求更具可持续性的资源作为发展的工具。一些地区为旅游相关产品的开发制定了完善计划，发展旅游业成为其正确的选择。

乡村地区最大的困难可能在于让当地居民认识到利用旅游作为经济发展工具的潜力。接下来的任务是教会乡村居民发展旅游业所需要的技能。旅游作为经济发展工具的优势之一就是旅游的实现依赖于当地独特的文化、历史、民族、地理和自然特征。大多数乡村地区都拥有这些资源，而且它们是可再生资源，也能够增强本地人的自豪感，从而向国内外的观光者展示它们的社区。

二、核心经济概念

作为全球社会财富生产、分配和消费的重要组成部分，人们很自然地会从经济视角来审视旅游。这一角度至关重要，因为从观光者身上获得的收益和他们跨越国界的消费，影响着一个国家的贸易平衡，关税和财政政策，并对汇率产生影响。这些对于发展中国家来说尤为重要。核心的经济概念和变量——包括供给和需求、比较优势、就业率、收入、乘数效应以及出口——

它们都与旅游相关,下文将进行详细讨论。

1. 旅游的需求侧

旅游的需求决定着多少人在某一给定价格下对产品、服务和地点感兴趣。它包括旅游者潜在的兴趣和动机。此外,在需求分析中还包括产品、价格、定位和促销等营销要素。如果一个目的地已经拥有一个旅游者感兴趣的,位于适宜位置的产品,并且通过最有效的营销媒介进行了推广,那么剩下的问题就是确定参观者愿意为该体验付出多少成本了。

与旅游产品需求相关的一个特殊问题是季节性的影响。一个目的地可能拥有绝佳的产品,位于合适的地点,定价合理,也通过最有效的传媒和营销工具进行了推广,但仍旧不太成功。其原因就在于旅游季节太过短暂,因此当地还来不及获取足够的利润和长期雇用员工。旅游的季节性是发展旅游政策和制定战略规划以促进经济发展的主要挑战之一。旅游的季节性导致失业和设施利用不足的问题,从而降低生产率。在许多国家,家长常常带着孩子度假,所选择的时间通常是孩子放假的暑期。因此,应该考虑的是如何让人们在其他三个季节中也能前往目的地。一些目的地通过在淡季创造独特的节日和庆典或大力打折的价格政策来延长旅游季。

旅游政策的另一个关注点是观光者对原始环境的需求。越来越多的高学历旅行者追求那些未受污染的度假地。世界上许多著名目的地已经遭受了空气污染、水污染、噪音污染等多重伤害。这已经成为旅游政策的主要关注之一,本书将用一章的篇幅——第六章,"管理可持续旅游"——重点讨论可持续性问题。

以未来的旅游为基础,预计或预测需求及其对政策的影响是人们关注的主要问题。人们早已经拥有了预测旅行和旅游的模型与工具。早期的旅游预测出现在一篇名为《论改良后的场景研究在美国旅游预测中的应用》的文章中。[5] 此后,《国际旅游政策》[6] 一书则使用了特殊假设和当时发现的基本决定因素作为旅游预测的基础。如今,已经产生了复杂的预测模型来预测旅游的到达数和收入。一些简单的方法也存在,例如将趋势分析与执行判断结合起来,可以获得合理的预测结果。许多因素影响着旅游的预测,例如经济状况、政治形势、燃料问题、品味的变化以及其他因素。德尔菲法是在一组专家中寻找共识的方法，属于另一种重要的预测方法。戈尔德纳（Goeldner）和里奇（Ritchie）[7]称赞道："在预测旅游需求时，将多种数理统计方法与德尔菲法结合起来，能够产生任何给定情况下最为可靠的需求预测"。

如今，电子商务工具的使用便捷性对旅游需求产生了极大的影响。大多数人都会使用网络来制订旅行计划。网络让旅行者获得更多信息，拥有更多选择，从而有力地影响着旅游者对度假目的地的选择。它还允许潜在旅行者预览目的地和当地设施。此外，有效的网页设计能够有力地影响旅行者对目的地的选择。由于创建网页的成本低廉，因此它也使得那些小型目的地和景观有机会与大型旅游实体进行竞争，从而平衡旅游需求。然而，这也导致了旅游目的地像其他购买选择一样，展现出拥挤的互联网格局。

面对指尖上的海量信息，聪明的旅行者能够在预算内对各种目的地进行权衡和选择。如今的许多旅行者在选择目的地时追求多样性和灵活性。无论是上年纪的旅行者（超过60岁的旅行者），还是年轻人，都是如此。如今，上年纪的旅行者在做决策时看重旅行日程中列出的活动和选择。多数情况下，这一代旅行者拥有更多闲暇、金钱和旅行的兴趣。他们也会在淡季出行，因此成为那些严重受到需求高峰和低谷影响的目的地的重要市场。这一现象使得许多目的地的价格竞争压力更大。正如已经指出的，观光者也追求那些能够提供干净和原始环境的可持续性目的地。

2. 旅游的供给侧

旅游业中存在着一个问题，或说是一个误解，即"只要我们建了，他们（旅游者）就会来"。在目的地提供必要的设施以满足旅游者需求之前就等待旅游者来实现需求，这符合逻辑吗？或是还是应该让目的地先给出供给要素以刺激需求呢？显然，最好的情况是实现需求和供给之间的平衡。同时也要注重数量和质量。如果某个目的地未能提供适宜的供给要素，那么它的竞争者就能够抓住机会，抢占市场。

一些供给要素很难定义。例如，供给可能是诱人的自然美景、文化、宜人的气候、植被、或是海岸线。但是目的地同时还需提供基础设施、设备和游客服务。必须有可到达目的地的交通方式。如果是驱车前往的目的地，就必须有良好的路况和显著的路标来帮助游客找到目的地。如果是户外目的地，则必须有停车位、饮用水、垃圾处理系统、休息室和其他设施。另外，旅游供给可能还包括机场、铁路车站、码头和船坞设备——旅游的期望几乎是一个无穷无尽的清单。对交通设施，住宿、就餐、吸引物和其他需求也必须准备好。服务的质量并不容易判断。例如，员工态度友善并且彬彬有礼吗？文化活动或户外休闲足够丰富吗？

如果不能为目的地的观光者提供足够的高品质资源，不能满足参观者的期望，那么回头生意就会减少。通常来讲，游客对自己参观的特定目的地有着特定的期待。例如，许多前往欧洲的游客寻求的是独特的就餐体验。许多国际观光者发现美国是购物的好地方。中东的历史遗迹是目的地的额外吸引力。一些地方因运动而出名——阿尔卑斯山的滑雪，中美洲的背包旅行和亚洲的登山运动。

机票、住宿和食物的供给价格变得非常重要。旺季的价格可能让许多参观者望而却步，但淡季的价格又有很大的折扣。游客利用网络或旅行中介机构来寻找性价比最高的交通和住宿。通过合适的旅游供给元素来满足预期需求对许多旅游地经营者来说都是一个不小的挑战。此外，正如之前所讨论的，季节性是供给方的重要问题。在不污染自然环境的前提下为观光者提供最好的设施对于一些目的地来说可能很难，尤其在每年特定时期需求量很大的时候。与需求一样，供给也存在很多未知。而这些未知也必须被满足，才能给观光者带来高品质的体验。

当目的地忽略了一些重要变量时，就可能引发对旅游供给的批评。这些元素包括：

A. 价格
- 前往目的地的交通费用是否可负担
- 一国货币与另一国货币之间不利的汇率
- 旅行者可支配收入的下降

B. 质量
- 宜人的住宿
- 丰富的活动
- 卓越的服务

C. 当地信息
- 良好的当地交通
- 地点的安全性
- 游客信息的可得性

在考虑旅游供给的损失时，一个重要的因素是漏损。当甲地的旅游收入在乙地被用来购买非甲地所生产的商品和服务时，对于甲地来说，漏损就出现了。例如，一位观光客在西班牙海岸上的当地海鲜餐馆点了一份鱼，如果这条鱼不是当地捕捞和加工的，那么餐馆为了买这条鱼而付给外地供应商的钱就是旅游收入的漏损。广义上说，当酒店集团不属于当地社区时，就存在着漏损情况。在这种情况下，酒店经营者的利润就流出到外地了。当旅游业雇佣非本地员工时，员工会将在该地挣来的钱寄往家乡或在家乡进行消费，那么也产生了漏损。

旅行者想要体验新环境，但也常常希望在目的地能买到国外或进口商品。在许多时候，今天的旅行者仍旧喜欢那些他们习惯的或者令他们感到舒适的东西，希望目的地提供"家一般的舒适"。这种限定范围可能颠覆性地影响当地的经济和资源。为了接待这样的国际观光客，目的地必须到目的地之外去寻找观光者期望的特殊产品，因此也将当地的利润漏给了外地资源。漏损趋势是发展中国家旅游业的主要问题。然而，下一部分即将讨论的比较优势则可以在许多情况下说明经济漏损是必要的。

3. 比较优势

旅游业中的比较优势并非一个新概念。但从供给角度而非需求角度来看待旅游中的比较优势则是一个新的视角。比较优势的概念由古典经济学家大卫·李嘉图（David Ricardo）于1817年提出。比较优势的经济理论认为，一国应该在自己相对于他国有优势的产品上实现专业的生产和出口，这些优势体现在土地、劳动力和资本上。总之，根据大卫·李嘉图的解释[8]：

第四章 作为商业和经济活动的国际旅游

……经济实现专业化,就能从贸易中获得收入。如果一个国家的红酒制造比羊毛制造相对更好,那么就应该把资源更多地投入到红酒制造,出口红酒而进口羊毛。即使该国是世界上最好的羊毛生产国,这一理论依然适用。因为通过贸易,该国能够获得更多的红酒和羊毛。该国在任何事情上都不必做到最佳,仍旧可以通过贸易获得收入。这些收入源于专业化,即在世界价格的前提下,该国在某些活动上相对地更好,甚至不必在这些活动上拥有绝对优势。由于重要的是相对优势,因此不能说某国在任何事物上都不具有比较优势……

换言之,如果一个国家拥有石油、铁矿石、适合鱼类生长的水域或类似的资源,那么该国就可以集中于这些资源的开发、生产、投资和管理,并在这些领域实现出口。在过去,比较优势只体现在产品或商品的需求上。而如今,比较优势也可被用于国际贸易的服务业,包括旅游业。

一些国家在旅游资源、服务和设施上拥有比较优势,并且制定了良好的旅游政策以指导旅游发展,这些国家通常都会从旅游中获得经济利益。美丽的海岸和高山、历史古迹、先进的交通系统和其他供给要素都有潜力成为旅游产品,即便是对那些生产和出口有形产品,例如羊毛和钢铁的国家来说也具有重要意义。

实际上,在某些情况下,旅游是一个绝佳的出口产品,因为它的大多数生产力来自可耗尽性低的资源,对环境带来的破坏和污染也较少。尤其是当旅行者越来越多地使用网络时,明智的旅行者在家里的电脑上就能够看到目的地供给的产品,从而对目的地进行选择。这样的观光者在出发前就知道自己对目的地的供给是否感兴趣,查看好当地的住宿和其他设施。

那些环境未受到工业破坏的地方适宜发展旅游,因此具有比较优势。通常,这些地方拥有美丽的自然风光及一些促进旅游发展的基本设施,但它们并不知道如何将本地作为一个有吸引力的旅游目的地进行组织和展示。例如,发展中国家可能在自然环境上具有比较优势,但在提供设施以满足旅游者需求上则存在不足。如今的旅行者都受过良好的教育,更加老道,经常旅行;因此,目的地需要识别旅行者的欲望(需求),并找到满足旅行者需求的方式,这样才能从旅游发展中获得经济利益。比较优势有时能够帮助一国在某一产品上更快速地获得外汇收入。例如，在大多数加勒比海国家，70%的外汇收入都来自国际观光者。许多国家丰富的自然资源带来了巨大的旅游发展潜力，例如很好的海滩、茂盛的植被、美丽的花草、独特的树类，以及丰富的休闲选择。这些供给要素就是相对于其他国家的比较优势。但是要获得成功，这些目的地还必须满足观光者在自然风光之外的设施需求，例如商业吸引物和娱乐设施。

美国既拥有丰富多彩的自然风光，也拥有建设重要旅游项目所需的人工资源，但是政府政策却缺乏对旅游产业的支持与投入。虽然没有国家层面的旅游政策（见第二章），美国在国际旅游市场上也占有相当大的份额。但是，美国有机会将旅游作为经济发展战略更好地加以利用，尤其是旅游在创造就业和改善美国全球形象上的功能。美国在旅游上具有很强的比较优势，因此很有必要制定旅游政策和战略规划，以充分重视旅游在经济发展中的重要性。最近，美国在发展国家旅行和旅游战略上取得了小步的前进，久而久之，这将有助于增强国家的比较优势。

4. 就业

从经济角度看，旅游之所以如此重要，一个重要的原因是它与其他许多产业相比，更是一个劳动密集型的产业。旅游就业主要集中于服务部门而非商品生产部门，服务部门中人与人之间的接触更加频繁，正如第一章所述，根据世界旅游及旅行理事会（WTTC）统计，全球旅游业共提供了2.55亿个岗位。

旅行和旅游在为青壮年、少数族裔、女性、青少年，以及在一些国家很难找到工作的移民提供就业机会中发挥着重要作用。它也能帮助发展中国家在传统产业，例如农业、伐木业和采矿业之外创造工作机会。旅游也不仅是劳动密集型产业，它还具有牵动效应，因此创造就业的潜力很大。这意味着，花费在不断增长的旅游部门上的每一分钱，都能比其他大多数经济部门创造更多的就业。

旅游不仅需要大量的工人、受过良好训练和教育的经理人，也为那些工作难找的低技能人员提供了岗位，这是它在提供就业上的一大优势。通常，正是这些职位存在很高的失业率，这也是宏观财政和货币政策很难解决的问题。另一方面，旅游由很多不同的部门组成，包括交通、住宿、餐饮服务、旅行安排、通信、娱乐等。这些不同的部门需要具有创新性和创造力的经理人，他们受过良好的教育，能够适应旅游市场中不断变化的环境。

此外，因为旅游业具有牵动性和多样性，它所创造的需求是多种多样的，就业市场的机会也很广泛。几个例子可以说明旅游就业的动态性。技术部门需要能够理解并满足游客信息需求的经理人，其实现形式包括移动电话、互联网、智能手机应用，或是像全球定位系统（GPS）那样的导航系统。邮轮、节日和庆典是快速增长的旅游部门，能够提供大量的就业，需要其员工具有创造力和创新性。可持续旅游正在改变着一些旅游部门的发展方式，也带来了新的工作类型。当未来的太空旅游出现时，一个全新的领域将会打开前所未有的就业机会之门。

旅游依赖于高品质的服务，因此比其他产业更需要训练精良的接待业员工。从根本来看，全球旅行和旅游业的成功取决于其专业化的程度。如果出现了更为专业化的旅游劳动力队伍，那么就需要进一步加强旅游教育和培训项目。重点是这些学术项目的质量和方向。全球有许多卓越的项目满足着不同水平的需求。从1979年开始，夏威夷大学的旅游高管发展研究所（Executive Development Institute for Tourism，EDIT）就拥有一个非常卓越的项目，致力于为旅行和旅游专业人员提供教育，提升他们的知识和技能，帮助他们更有效地适应变革和创新的环境。EDIT项目的课程中有一部分是专门针对国际旅游政策的。它关注政策问题的相互关联性，协同工作以整合政策发展的必要性，本书将会对其大量内容进行介绍。EDIT的训条包括：

- 理解政策协调；
- 学习各组织中政策如何产生；
- 理解整合政策发展中潜在的收益；
- 充分利用各部门投入的创造力和专业能力；
- 制定政策时考虑利益相关方和社区的意见。

5. 收入

旅游是全球大多数国家重要的收入来源之一。正如先前指出的，从旅游者花费所获得的国际收入正在持续增长。这些收入带来了新的就业机会。除了创造就业，国际旅游同时也是重要的国际收入来源。国际观光者在商品和服务上支出量很大，因此也能够带来持续的收入增长。旅游者既喜欢购买高品质的商品，也喜欢当地制造的产品、美食、一般性的观光和文化活动，这都将带来可观的外汇收入。

从广义上讲，旅游涵盖了旅行者所有的商品和服务消费。这可能包括旅行者签出的支票及在交通、住宿、吸引物、就餐、饮料、娱乐、纪念品、观光旅游，以及个人装扮上的费用。这些消费涵盖了各种各样的旅游支持产业所生产的产品，例如保险、银行、信用卡、汽车俱乐部、出租车、巴士、照相机和胶卷、预订系统、电脑、电视和移动电话。此外，还不能忽视国际旅游者对航空、邮轮、铁路和汽车租赁的支持。

之所以在国际和国内观光者之间更看重吸引前者，首要的原因是国际观光者通常会在商品和服务上花费得更多。这些花费作为新型的出口收入，为一国经济注入了大量的外汇收入。这一外汇收入来源对于发展中国家来说尤为重要，因为比起许多制造业产品来说，旅游者支出对改善一国的经济状况的影响更加迅速。下一部分将会详述旅游是如何通过乘数效应为某一地区的经济带来涟漪效应的，因此旅游对总体经济的影响要大于商品和服务的实际消费。

不仅外汇收入对一国的总体收入有着重要作用，旅游业从业人员的收入也对东道国的经济有着重要的影响。当旅游增长时，从业人员获得的收入流也增长，总体的经济就会有所改善。此外，从业人员需要交税，会购买与国际观光者需求不同的一系列产品。这些花费都有助于当地和整个国家的经济。也有助于创造新的企业，尤其是支持旅游产业的小企业和服务于当地社区的间接业务。因此，当地社区和国家的总体经济都会得到改善。

6. 乘数效应

旅游中的收入乘数效应可以通过以下方法计算：首先将某一给定目的地

所有的旅行者支出相加，然后将所得之和与一个系数相乘，这一系数即乘数，所得到的乘积就是这些支出所带来的额外收入。下面是一个乘数效应的例子。甲先生在乙女士的酒店住宿了一晚，支付给她100美元。乙女士用这100美元中的一部分给酒店员工丙女士支付了工资。丙女士将工资的一部分支付给肉铺的丁先生，丁先生又从面包师戊女士处购买了面包。因此，最初来自甲先生的钱通过经济系统产生了超过100美元房费的更多经济活动。对于乘数的估测有很多种算法，不同的国家，甚至同一个国家之内也有所不同。不过，最常用来估测直接和间接影响的乘数系数在1.5到1.7之间。换言之，每一美元、人民币、卢比、日元、欧元或是比索币，在经济中产生的影响都要乘以系数1.6。例如，一地区的经济可能强一些或者弱一些，因此也影响着分析的估测结果，不过，该乘数很少会小于1.4或者大于1.8。

有关乘数问题的一个重点是，一国的经济福利通常是以国民收入来衡量的，即所有收入流的总和。收入乘数也用于出口收入。国际旅游收入代表的是从经济体系之外流入的新货币，与其他出口一样，在改善国民经济上具有重要影响。国际旅游受到一国货币与另一国货币当期汇率的影响。国际旅行者想要计划一个舒心的旅行，就必须考虑汇率问题，旅行社也必须通过对冲使购买交易保值。例如，如果欧元强劲，那么欧盟目的地对于非欧盟旅行者来说，就可能变得更加昂贵。

虽然收入乘数被视为宏观经济政策测量的一部分，但它却常常可能因为不同的原因而波动。经济学家指出，乘数是一把双刃剑。当经济环境良好，乘数效应为正时，一国的经济通常向好。但是，当投资突然下跌，出口收入或旅游收入减少时，也会导致国民收入成倍减少。一国旅游收入100万美元的下降会导致该国国民收入超过100万美元的下跌。这种下跌不仅影响旅游业的销售、利润和就业，也影响着旅游支撑产业的财富。另外一个影响乘数充分利用的因素是，人们需要很长的时间去收集信息和数据以确定最终的结果，因此结果常常过时，从而导致国家领导人经济决策的滞后。

7. 旅游出口

旅游具有高度多样性，它涉及公共和私有部门，由许多产业和公司组成。

有许多知名度很高的企业拥有连锁酒店、航空公司、邮轮线路、租车机构、主题公园和机场餐饮机构。同时，还有更多小企业在参与旅游业竞争，包括家庭旅馆、餐馆、礼品商店和其他机构。这些不同的企业都更喜欢作为出口的旅游，因为国际旅游者的花费要大于国内观光客。然而，在一些圈子里，人们认为旅游是不如制造业的一种产品。但是就贸易平衡来说，旅游作为服务出口，与商业产品具有同等地位。

正如第一章所指出的，旅游作为一种出口产品，常常被视为是脆弱的、反向的出口、无形的，并且是自上而下进行营销的。它的脆弱性在于其保质期很短。如果一件制造业产品当天没有销售出去，它可以进入库存以待日后销售。而服务是不可储存的，航空座位、餐馆桌子或是酒店房间都无法放入库存。要么当下销售出去，要么就是永远地损失。因此，旅游产品是脆弱的，并且必须立即售出。

旅游作为一种反向出口的说法是指与制造业比起来，旅游业出口常容易引起混淆。制造业产品一旦被卖出或运送到另一个国家的买方手中时，它就被认为是实现了出口。而对于旅游来说，出口是相反的。国际观光者到了目的地国家后才能被认为是出口的实现。想要简单地理解旅游的出口特征，可以思考出口活动中货币的流向。例如，一辆日本产的尼桑汽车被西班牙居民购买时，日本就实现了出口。在这个例子中，钱从西班牙流向了日本。同样地，当一个西班牙人在日本参观，钱也是从西班牙流向了日本。此时，旅游也是日本的一件出口产品，虽然没有像汽车那样的东西被运送到西班牙。在这两种情况下，钱都是从西班牙流向日本的，因此尼桑车和西班牙人在日本的旅游体验都是日本的出口产品。

旅游有时被称为"无形"产品。其原因在于作为一种出口产品，旅游不被制造、包装、运输或像其他实体消费品那样被收货。旅游时，消费者自己来到销售点，对产品（例如服务或体验）进行支付，并在未来的某一时刻或是当下接受服务。此外，虽然旅游被销售到国外，但它的消费过程却发生在卖方国家之内，因此会产生销售其他商品和服务的额外机会。

旅游的另一个独特性是它与其他出口产品的推广方式不同。例如，在一个出口贸易展销会上，大多数制造业产品都可以被展示、被顾客碰触和感知，而旅游业产品则不可见，也不可触。在旅游贸易展销会上，代表目的地的机构通过视觉辅助方式来进行宣传，例如小册子、海报、互联网、幻灯片、网页或是视频。

8. 合作竞争

合作竞争（coopetition）有时被写作 co-opetition，它是一个结合了合作（cooperation）和竞争（competition）的合成词。雷伊·诺达（Ray Noorda）是 Novell 网络软件公司的创始人，被认为是在商界中使用该词的第一人。当公司、目的地或其他群体在交互的部分一致关系中都取得利益时，合作竞争便产生了。戴维·埃杰尔是第一个将合作竞争引入旅游中来的人，他认为这是促进旅游中经济和竞争增长的重要手段[9]。旅游业中对该词的定义是指在旅游目的地之间进行合作，以更有效地促销旅游产品，同时应对地区或全球层面上进行的竞争。换言之，旅游实体之间相互合作，以求在市场中获得更高价值的竞争优势。通过协作，这些实体能够分享知识和研究成果，以超越单打独斗无法打败的竞争对手。图 4.4 和图 4.5 并置显示的是通过竞争合作将其资源整合起来的两个不同实体，图 4.4 展示了大型实体之间的相互交织关系，而图 4.5 则表现了它对小型实体如两个目的地的适应性。该模型经调整后适用于任何数量的实体和/或联合，即使是对于小规模的社区，一个地区内两个或多个旅游地想要促进其经济，也同样适用。

1996 年，哈佛大学的亚当·勃兰登堡（Adam M. Brandenburger）和耶鲁大学的巴里·奈尔巴夫（Barry J. Nalebuff）合著了一本名为《合作竞争》（Co-opetition）的书，对这一概念进行了阐发："当一个新的商业战略出现时，就必须有新的词语能够体现其价值。例如合作竞争这个词就是代表了一种方法，它超越了旧规则中的竞争和合作，将二者的优势结合了起来。合作竞争是一个首创，一种利用商业关系的高效方法。"[10]

戈尔德纳（Goeldner）和里奇（Ritchie）在他们的《旅游》一书中则注重伙伴关系，他们认为[11]："这种（伙伴关系）强调目的地所有利益相关者的相互依赖，以及建立合作联盟和工作关系——既与竞争者也与同事——的需要。埃杰尔的合作竞争概念……以一种独特的方式揭示了伙伴关系的价值"。埃杰尔在从事一系列乡村旅游项目时首次应用了合作竞争的概念。他说服了一些曾经相互竞争的乡村旅游目的地结成伙伴或是联盟，以更好地营销它们的旅游产品，吸引更多远方的观光者。

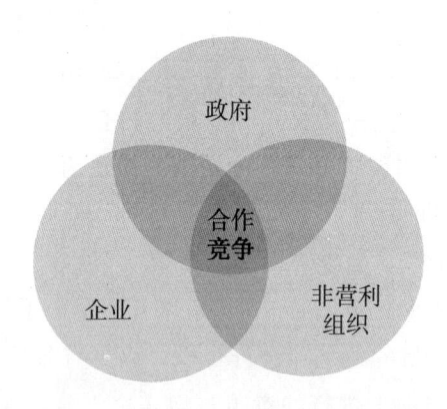

图4.4 政府、企业和非营利组织的合作竞争维恩图

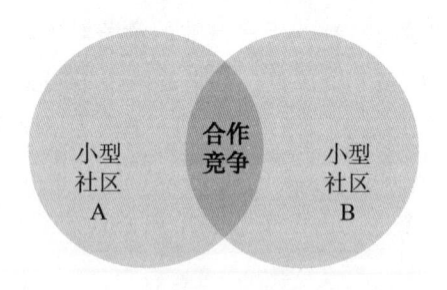

图4.5 小型社区实践合作竞争维恩图

伙伴关系的建立是合作竞争概念中更为重要的部分。例如，预订机票时，订票人员或网站常常会询问是否需要其协助租车或预订酒店。《合作竞争》一书列出了以下航空公司的例子："泛美航空、达美航空……竞争者和互补者，或者……都在争抢乘客、停机坪、登机口，但是在调试波音新飞机时又进行着合作"。旅游企业、目的地和社区之间的紧密协作有助于政策的改善，以强化和丰富旅行者的体验，提升综合目的地的经济活力。对于那些不属于主流旅游目的地的区域来说，合作竞争被证明是增加游客量的有效工具。伙伴

关系的建立有助于将竞争转变为健康的、能带来高利润的合作环境。合作竞争能够为所有参与者创造双赢的结局。

本章讨论了国际旅游作为商业和经济活动的广泛影响。除了本章中所讨论的例子，案例研究4以南极洲的旅游商业活动为例，进行了对政策挑战的全面分析。

本章复习题

1. 旅游为什么是许多国家重要的收入来源之一？
2. 为什么对于乡村来说，旅游是很好的经济发展工具？
3. 在一国的经济发展中，旅游扮演着什么样的角色？
4. 一国将旅游作为经济发展工具的例子有哪些？
5. 季节性如何影响旅游？
6. 旅游供给的要素有哪些？
7. 什么是旅游的"漏损"？请举例说明。
8. 在一些国家，为何旅游比制造业具有比较优势？
9. 解释乘数效应。
10. 旅游为何是一种脆弱的出口商品？
11. 解释合作竞争，解释合作竞争概念中伙伴关系的使用。

案例研究4：南极洲旅游作为商业活动的政策挑战

本案例研究的作者为新西兰基督城坎特伯雷大学的南极洲研究中心的丹妮拉·利格特（Daniela Liggett）博士。

* * *

评估南极洲旅游的商业和经济活动揭示了独特的旅游政策和规划挑战。除了南极洲大陆的地质勘探工作之外（例如探寻新药品所需要的新的有机化合物），旅游是南极洲大陆的唯一商业活动。渔业等其他活动则主要从南极大陆周围的海域获得经济收入。自从南极洲探索开始，商业捕鱼活动就已经存在了。而南极洲旅游则开始得较晚。作为一项纯粹的商业活动，南极洲旅游在20世纪60年代站稳了脚跟,继而默默地发展了几十年,这期间有过与政府间的南极洲公约体系(ATS)的合作,但大多数时候在此框架之外,这些问题下文将会详细介绍。南极洲旅游与世界上大多数地方的旅游有所不同,因为它处于所有国家的主权管辖之外。

从20世纪80年代开始,南极洲旅游得到的政治和媒体关注才日益增加,这在很大程度上得益于它在20世纪90年代和21世纪初所出现的史无前例的指数式增长和多样化过程。前往南极洲的游客快速增长,对其旅游管理和经营也带来了巨大的影响。在20世纪后半期通过南极洲公约体系而形成的,对旅游管理的自由主义态度日益被一系列关注旅游经营的管理机制所替代。然而,南极洲公约协商国组织(ATCP)的旅游监管是否成功还是个问题,例如有批评认为它们在南极洲公约地区进行的旅游管理是多变且非战略性的。这一案例研究介绍了南极洲旅游的主要特征及其相关问题,简要地介绍了其历史,探讨了南极洲旅游开发可能带来的影响。

(一)南极洲旅游的特征

在探讨南极洲旅游时,首先要明确定义。为方便探讨,我们同样使用南纬60度这一地缘政治界来划分南极洲旅游,这也是南极洲公约体系在确定南极洲治理范围时所使用的划分标准。在20世纪90年代的早期南极洲旅游研究中,南极洲旅游被宽泛地定义为"除了直接与科研和政府官方活动之外的所有人类活动"。[12] 然而,当我们需要区别基地人员的娱乐活动,例如滑雪、远足等和不在此驻扎的参观者的类似娱乐活动时,问题就出现了。我们发现需要研究基地人员的娱乐活动,以研究其潜在的环境影响和管理意义。因此,出于管理上的需要,我们需要在狭义上对传统的南极洲旅游进行定义。并且,所有的南极洲旅游的定义都要能够反映出大多数南极洲旅游探险所含有的商业影响,无论该定义是产品供给(例如从中获利的人)的视角还是需求(例如对其消费的人)的视角。在这个前提下,南极洲旅游可以被定义为"以追求娱乐和/或教育活动为主要目的、在南纬60度的南极洲公约区所进行的所有人类活动"。[13]

第四章 作为商业和经济活动的国际旅游

图 4.6 邮轮乘客参观科研基地（图片来源：CIA）

季节性是南极洲旅游的显著标志。南极洲旅游季集中在 11 月至次年 3 月，此时的海冰范围最小，温度相对温和，许多野生动物处于繁殖期。近年来，旅游季有所延长，一些机构在 10 月和 4 月也会组织前往南极洲的旅游。南极洲旅游季节延长是需求增加的结果，也是气候变化影响的结果，它导致了以南极半岛地区为主的海洋冰面的减少，而这一变化又增加了旅游运营商组织南极洲商业探险的可能性。[14]

南极洲旅游最为显著的特征之一是其非常依赖轮船作为主要交通方式。绝大多数的南极洲旅游者通过轮船旅游。虽然只有少数人以陆地参观和空运为主，但从监管和管理的角度看，这一部分旅游者也同样重要。不过，轮船旅游依旧吸引了更多注意，这一部分旅游在过去的二十多年中获得了史无前例的指数式增长。图 4.7 展示了上世纪后半期南极洲旅游的增长情况。该图表明，不仅探险游轮旅游获得了增长，纯邮轮旅游也在 20 世纪 90 年代成为南极洲旅游稳定的一部分。陆地旅游和空中交通在旅游人数上并无显著增长，这一数字甚至有所下降。从图 4.7 可以看出，飞越南极的旅游市场在20世纪70年代末经历了突然的崩溃和消失，直到1994年才重新出现。这一发展完全是供给驱动的，在本书有关航空旅游的部分将会进行详细阐释。

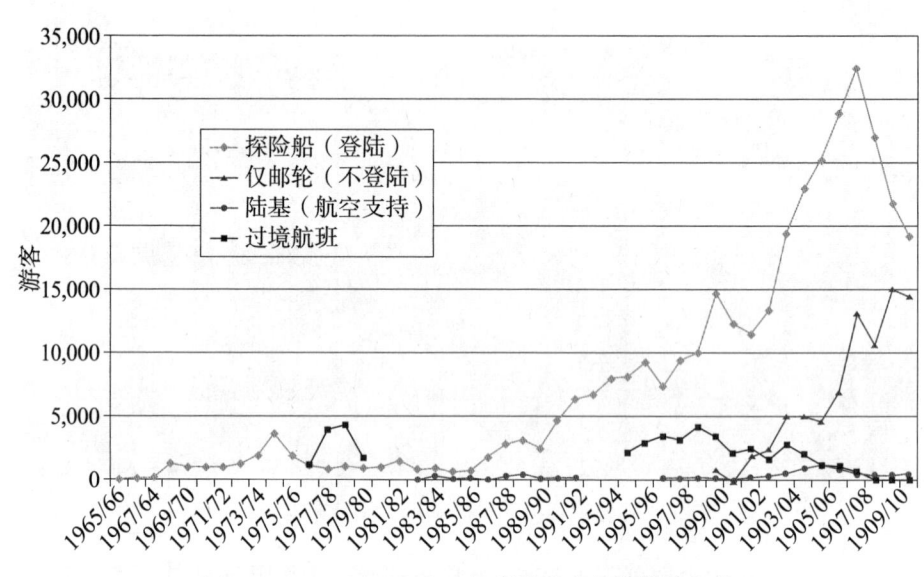

图4.7 1965—2009年南极洲旅游者的估算数字[15]

1. 船载旅游

南极洲的船载旅游是南极洲游轮旅游中最古老的组成部分，可追溯至19世纪晚期或20世纪早期。19世纪50年代产生了第一艘仅供旅游的南极洲游轮。目前，对于一个典型的南极洲旅游者来说，游轮都从世界五大港口之一出发（阿根廷的乌斯怀亚港，智利的蓬塔阿雷纳斯港，澳大利亚的霍巴特港，新西兰的克赖斯特彻奇或利特尔顿港，南非的开普敦港）。出发后，旅游者将穿越南海探索南极岛屿和南极大陆的沿海地区。

近90%的南极洲船载旅游都要通过南美的门户港口，带着游客前往南极半岛。[16] 对于旅游者来说，南极半岛是一种追求，它接近南美，拥有多样化特征和诱人的景色与动物。巴布亚企鹅、南极企鹅、阿德利企鹅栖居地，海象和海豹生活在岩石海滩上，数不清的海鸟集聚地，锯齿状的冰山隐约可见，这些都是旅游经营者有力的法宝。此外，南极半岛还拥有大量历史遗迹和小屋，超过50%的南极科考站也在岛上。[17] 许多南极科考站欢迎参观者的到来和探险，因为这些参观促进了南极科研站研究成果的展示，也有可能通过纪念品的销售带来更多的支持资金。

图 4.8　一只南极企鹅正在观察一艘即将带领游客上岸的邮轮（图片来源：CIA）

从 2009 年开始，南极洲约有 10% 的著名商业轮船有能力搭载超过 500 位乘客。虽然就船的数量来说，这一数字只占了南极洲船载旅游的十分之一，但这些大型轮船从 2009 年至 2011 年运送了近三分之一的南极洲游轮旅客。实际上，在过去的十年中，使用承载力超过 500 人次的大型轮船的纯邮轮旅游经历了快速的增长，如今已成为南极洲旅游市场的重要组成部分（图4.7）。纯邮轮旅游也带来了一些问题，例如远距离搜救大量游客和船员的困难以及潜在的环境破坏。

2. 机载旅游

机载旅游零星出现于20世纪60年代。美国波士顿的理查德·E. 博德·波拉尔（Richard E. Byrd Polar）极地中心在麦克默多站附近争取到了一个临时的美国机场，并组织了75名乘客进行了一次非商业观光。[18] 从1968年至1987年，固定翼飞机大多在南极洲周围进行短距离飞行，但也有少量商业航班朝着更南前进，降落在罗斯海的美国麦克默多站或南极洲半岛地区的阿根廷马兰比奥站[19]。第一次著名的机载旅游是Fuerza Aérea de Chile（FACH，智利空军）在1982年2月组织实现的，游客在该行程中乘坐飞机穿越德雷克海峡，继而在乔治王岛登上邮轮[20]。不久，固定翼飞机向陆地探险的游客敞开了前往南极洲的大门。

从1987年开始，机载旅游就支持着陆地探险旅游，这一进程主要是通过探险网络国际（ANI：adventure network international）及其专利公司南极物流及探险公司（ALE：Antarctic logistics expedition）而实现的。ANI在1987年首次将轮式飞机降落在蓝冰跑道上，这不仅取代了不经济的、高消耗低效率的、需要滑雪装置的飞机，也扩展了机载旅游的范围，降低了其成本，促进了对南极洲的进一步深入。[21]

在20世纪70年代末，航空飞越之旅开始流行，澳洲航空和新西兰航空组织了一系列航班，运送了近10 000名乘客。[22] 这些航线探索罗斯海地区、阿黛利海岸和维多利亚地。[23] 然而，当新西兰航空DC-10于1979年11月在埃里伯斯山坠毁并导致237名乘客和20名机组人员死亡后，飞越航班就突然销声匿迹了。[24] 这一事故导致新西兰航空和澳洲航空停止了南极洲的飞越航线，直到10多年后，澳洲航空才在1994年重新开始了南极洲飞越。虽然新西兰航空的坠机事件带来了严重的后果，但智利航空LADECO从1980年开始，也偶然会开放飞越航线。[25]

3. 陆基旅游

虽然探险邮轮旅游包含一系列以陆地为主的体验，例如海岸边的短途漫步和过夜扎营，但其主要交通和住宿方式仍旧以轮船为基础，游客的大部分时间是在轮船上度过的。相反，南极洲陆基旅游注重陆上活动和体验，轮船或飞机只是用来帮助运送游客、探险人员和设备穿越南大洋。通常，南极洲陆基旅游都包含着探险活动（例如存在风险和不确定性的活动）[26]。

1983年，乔治王岛上的智利Teniente Rodolfo Marsh科考站为商业和私人飞机开放了其空中航线[27]，并鼓励Marsh站上的陆基旅游，其提供给付费游客的住宿地是政府经营的极地星酒店。1987年，探险网络国际在南极爱国者山建立起了半永久营地，为广泛而积极的探险旅游经营提供方便。探险网络国际是南极洲探险旅游市场上最大的供应商，提供从"安全的"私人飞机、摄影旅游和滑雪探险到更具挑战的登山探险。[28]南极洲马拉松是另一项陆基活动[29]，不仅在南极洲半岛，甚至在更遥远的、南纬80度的埃尔斯沃斯山脚下的内陆地区都会举行这一活动。[30]

4. 南极旅游的影响

旅游会给所有的目的地环境和东道主社区带来不同程度的正面和负面影响。南极洲的生态系统非常脆弱，同时缺乏本土居民，因此旅游带来的影响不同于任何其他目的地，如果不能谨慎地规划和经营旅游，那么潜在的负面影响将会大大超过其正面影响。南极旅游最为显著的利益可能是它为阿根廷、智利、澳大利亚、新西兰和南非的门户城市带来的经济利益。每年夏天这些城市都会为南极输送大量的游客和船员。南极科考站也能通过出售纪念品[31]而获得经济利益，或者从南极旅游经营者处获得物流支持。南极旅游经营者有时会为科学家提供前往或离开南极的免费行程，在紧急情况下提供帮助或为一些南极科考站提供急需的饮用水。南极旅游的隐形利益是将旅游者转变为南极大使，不过这一说法存在着争议[32]，其他利益还包括旅游者和经营者为环境和遗产保护所进行的捐赠[33]，以及一些南极公约国通过支持旅游业而获得的具有争议的政治利益[34]。

南极旅游潜在的负面影响则更为明显。南极是一个遥远并且具有潜在危险的目的地，本地植物的生长率低，垃圾或污水降解缓慢。因此，需要谨慎地评估人类活动可能为南极环境带来的任何影响，并在最大程度上消除或最小化这些影响。下文列出了各种潜在的负面影响，包括南极旅游所带来的环境、社会和文化影响[35]。

环境影响包括：
- 对野生动物的干扰导致其行为的改变或繁殖鸟类数量的减少；
- 杂物和垃圾丢弃（无意或有意的）；
- 对动植物的践踏；
- 步道的出现、水土流失和土壤压实程度的加重；
- 疾病或非当地物种的引入（例如通过轮船的压舱水，或通过游客背包或衣服不经意带来的种子和孢子）；
- 海洋污染（例如燃料和石油泄漏）；
- 飞机、轮船和小艇带来的空气污染；
- 暂时性的噪音污染。

社会影响包括：
- 对研究活动的干扰，例如基站人员不得不为身处绝境的探险者提供帮助时所造成的社会成本；
- 具有科学价值的未勘探地区所具有的潜在危险；
- 拥挤在几个有限的着陆点对旅游者有关南极环境的认知产生的负面影响；
- 广义上一切对其他利益相关者活动的干扰；

文化影响包括：
- 由于参观造成建筑内部气候环境变化带来的破坏性影响；
- 对历史文物的损坏或占用；
- 游客靴子上沾着的异物（雪、冰、石子等）被带入历史遗迹内；
- 参观和人类活动对南极原始价值观的不利影响；

经济成本可能源于各国的国家南极项目，例如参与搜救个人探险者或商业旅游团体成员。[36]政治影响可能来源于南极旅游管理中各南极洲公约协商国地位的不一致（即南极事务最终的政治决策者）。因此，南极旅游可能引起新的国际争端，威胁南极洲公约体系的稳定，重新引发主权和领土问题。[37]

5. 海洋事件和事故与负面影响的关联

在陆地上进行的活动，例如滑雪、远足、登山等深入南极大陆腹地的活动可能会给南极环境带来比船载旅游更为严重的负面影响，[38] 因为这些游客在陆地上的时间更长，同时也比船载旅游更深入南极大陆内部。不过，也必须认识到大多数陆地活动远离敏感的海岸线，而这些海岸线正是海洋巨型动物群落的繁殖地。

海洋事件和事故包括南极旅游游轮的搁浅和与鲸或冰山相撞，这些可能导致严重的环境灾害，例如 1989 年巴伊·亚帕拉号的搁浅和沉船所带来的严重的石油泄漏，或是 2007 年为了营救沉没在布兰斯菲尔德海峡的探索者号上的所有乘客所付出的努力。从 1968 年至 2011 年初，至少有 24 起涉及载客轮船的事件和事故，这也说明了南大洋运营旅游轮船的危险性。平均来看，一条船每两年就要搁浅或沉没一次，有时还会引起燃料泄漏和人员伤亡。从 2010 年至今，已经报道了至少四起事故，这也说明随着需求的增加，事故的数量也在增加。许多事故或由于人为差错或对水域的认知不足所导致。科考站常常派出救援人员来处理旅游船只事故。[39]

6. 对影响的批判及其评估

着重对南极旅游的环境影响进行量化和验证的研究还并不多见。这其中至少有两方面的原因，一是高昂的成本，二是要测量人类影响，尤其是其累积效应需要长时期的观察与投入。由于南极的极端天气，南极植物的更新换代缓慢，因此研究南极旅游所带来的累积影响具有重要意义。

1959 年的南极公约并未正式同意南极旅游，仅明确将南极大陆用于科学和和平目的。因此南极政策制定者很容易采取激进的，也常常是不当的方法来对南极旅游进行管理，且不违背南极公约的规定。我们必须记住的是任何人类活动都会对南极环境产生重大影响，科学和科学相关活动也要和南极旅游活动一样，接受同样的检查评估。虽然，目前夏季旅游者的数量多于科学家和相关工作人员，但每个旅游者平均在南极大陆停留的天数仅仅是科学家和工作人员的 5%。[40] 在国家南极项目下包括 50 多个南极站，而南极大陆上并不存在永久性的旅游设施。因此，我们需要思考与旅游活动相比较下的科学活动足迹。贾布尔（Jabour）很好地总结了这一方面和之前段落中提到的其他问题：[41]

所有的人类都有影响，这一点毋庸置疑，虽然科学家拥有待在南极"正当的"原因，但这不能将他们的影响正当化。类似地，也不能说在南极公约国组织监管下的南极旅游带来了比科学工作更坏的影响。如果要采取措施的话，那么国家管理者可以效仿他们写给旅游业的书，对其进行调整以制订出适合南极站的指南，其中应包括操作的环境准则，长期监测项目，共同的术语，精密的地图和类似于南极研究科学委员会（SCAR：Scientific Committee on Antarctic Research）这样的组织介入，以促进对当地环境的敏感性的校验。

（二）南极旅游的监管和管理

南极旅游的管理和监管主要通过两个不同的组织来进行——南极旅行社国际联合会（IAATO）和南极公约协商国组织（ATCPs）。在旅游运营商所制订的自我监管体系和政府通过ATCPs所进行的管理之间存在着重叠的部分，但也体现了高度的协同关系。[42]ATCPs注重对南极的人类活动进行高水平的监管，而IAATO则重点关注旅游经营，承担该领域的管理职能。此外，一些条例和指南则对南极旅游进行着间接管理，例如国际海事组织发布的航运条例，世界旅游组织发布的全球旅游道德准则等指南。

1. 旅游监管的产业方法

在很大程度上，南极旅游监管利用了南极旅游运营商的志愿组织和动机两方面的力量。1991年，七家南极旅游运营商共同成立了南极旅游运营商国际联合会（IAATO），该联合会为实现负责任的南极旅游制定了一系列方针。在过去的20年中，IAATO已经从一个志愿经营的小组织成长为多元化的国际组织，拥有100多名成员，包括轮船旅游运营商，陆地旅游运营商，飞越航班运营商，旅行组织者，轮船和旅行中介机构，以及关注南极遗产和环境的非政府组织。IAATO已成为"环境管家"，致力于"提倡、促进和实践安全的、环境友好的和负责任的私人南极旅游"。[43]同样，IAATO采取积极主动的措施来管理成员活动，同时致力于制定和实施最佳实践的运营方式方针。IAATO也在南极治理的框架下代表其成员组织的利益。

第四章 作为商业和经济活动的国际旅游

IAATO 所提出和采用的方针涵盖多种程序，包括"上岸数量、观看野生动物、小船和直升机经营、活动报告、乘客、机组人员简报，意外和紧急事故医疗教育计划，以及现场参观的协调程序"。[44] 现场参观的协调通过一个基于网络的船舶调度系统得以实现。在该系统中，每个操作者能够将自己的行程计划录入 IAATO 系统，以"预订"某一时刻的、不与其他操作者发生冲突的靠岸地点。IAATO 在 20 世纪 90 年代所发布的"南极访客指南"如今已经被翻译成（除英语外的）八种语言，其在线版本和印刷品都得到了广泛传播（例如分发给邮轮乘客的）。1994 年，南极公约协商国组织将这一指南确立为"建议 XVIII-1"。

除了这些一般性访客指南，IAATO 成员还要严格遵循去污染条例。这些条例要求旅游运营商确保参观者在进入南极大陆时不携带任何疾病或外来物种。经营者必须确保每一个下船踏上南极陆地的人的靴子都要洗净且消毒，这一步骤通常在着陆之前和再次登船前都要进行一次。

一般来讲，任何形式的自我监管的范围仅限于那些因归属某一团体和专业机构而受此监管约束的个人或机构。因此，IAATO 的自我监管只适用于那些 IAATO 的成员。IAATO 的成员身份是非强制的，同时还伴有一定的成本（例如会员费）和义务（例如遵守内部章程和其他规则与方针；参与年度大会和决策）。而成为 IAATO 会员的好处则包括：拥有代表自己论坛，有权参与决策，积极的广告和公司形象的推广，以及一系列运营利益。虽然成为 IAATO 成员拥有明显的好处，但并非所有的商业旅游运营商都愿意加入 IAATO。自愿加入的机制和对南极旅游不全面的涉及范围都降低了 IAATO 的管理力量和自我监管的影响。目前，大多数商业化的南极旅游运营商都是 IAATO 的成员，未来或许还会发生变化。

通过 IAATO 而实现的自我监管取决于该组织的迅速反应能力及通过整合 IAATO 成员的经验和专长而获得的，应对环境变化的创造力和知识。此外，IAATO 较低的等级化程度和多数成员决策的制度也保证了其能够迅速应对不断产生的新问题、新情况或不断变化的要求。保持运营商所"出售"的南极环境的原生态特征符合运营商的利益，因此他们会留意其他经营者的行为，互相进行监督。

2. 通过南极公约体系的旅游监管

在南极公约体系（ATS）的框架下，存在两个层面上的旅游监管。一是从环境保护协约到南极公约这一层面，它们调控着南极所有的人类活动，二是在年度南极公约协商大会（ATCMs）上所通过的一系列建议、决议、决定和措施。从1966年至2011年，ATCPs通过了33个直接针对旅游的调控机制，其中1991年之前的仅有8个，21世纪之前仅有13个。旅游机制数量的快速增长说明了ATCPs对旅游问题日益增长的担忧和由此产生的紧迫感。ATCPs所通过的大多数机制都是建议或决议，其特征以激励为主，可将其理解为"指南"，鼓励旅游经营者采纳。2011年之前，只产生了两个针对旅游的、具有强制性的机制：

1. 措施4（2004）：关于保险和应急计划
2. 措施15（2009）：关于登陆操作

目前，这两个强制性措施都还未能生效。措施15（2009）以IAATO实践为基础，提供了一个在南极登陆的操作框架。这一措施做了如下规定：

- 任何时候、任何一个地点只能有一艘轮船靠岸；
- 同时登陆的乘客数不能超过100人；
- 登陆的导游和游客比例不应超过1:20；
- 载客数超过500人的轮船不能靠岸。

在IAATO的支持下，ATCPs也针对南极半岛地区的27个热门地区制定了具体的指南。这些地点指南中包括一张该地地图，列出该地的主要特征，详细说明了具体的登陆要求，并且告知运营者和旅游者禁入的地区，潜在的影响和需要采取的预防措施。所有这些现场指南也规定了参观者的行为准则。

ATCPs被视为最终决策者和南极治理的权威机构。因此，ATCPs的南极旅游监管具有效力，并且能够通过国家立法得以确认和强化。然而，ATCPs的共识性决策体系却阻碍了其旅游监管，因为在对旅游发展的新情况做出反应时，在协商、采用和批准管理机制并使其生效时，ATCPs需要很长的时间。此外，由于缺乏资源和南极旅游经验，在ATCPs旅游运营受到的监管和合规的执行程度在ATCPs内部也有所不同。

三、关键问题总结

南极旅游的商业和经济方面是一个有关政策和监管的有趣案例。从20世纪90年代开始，南极旅游经历了快速增长和多元化的过程。它未来的发展将依赖于全球经济形势，同时要预计到市场的变化，包括亚洲市场的进一步开放。除了需求的变化，还需要考虑到供给结构的变化。国家南极项目在支持和便利南极旅游过程中的角色，例如为旅游经营者开放其渠道或自身提供旅游服务，将会影响南极旅游的总体印象和经营方式。科学和旅游之间日益模糊的界限可能带来重大的地缘政治效应，可能增大南极公约协商国成员之间已经存在的差异。

个人和独立探险者和非南极公约成员国的旅游经营者可以通过ATCPs和IAATO来试探旅游监管的限度。对于个人探险者来说，首要问题是操作安全和风险管理。国家南极项目是否有责任来营救危险中的个人探险者，尤其是当他们无视所有建议和警告时？ATCPs和IAATO是两个仅对其成员国或成员经营者负责的组织，那么当经营者不属于ATCPs和IAATO时，该如何控制其行为和影响？

消费者也扮演着重要的角色。参观者期待何种体验？他们想要看什么？他们想要走多远以探寻世界上最后的原生态景观？随着消费需求的不断增加，当相互竞争的旅游经营者把自己的经济利益看得比环境更为重要而不再愿意合作并导致环境问题时，会发生什么？

注释

1. World Travel & Tourism Council (2012) Presentation by David Scowsill, President and CEO of the World Travel & Tourism Council Global Summit in Tokyo.
2. Edgell, Sr., David L. (1990) *International Tourism Policy*. New York: Van Nostrand Reinhold.
3. UNWTO (2012) *Tourism Highlights*. Madrid: United Nations World Tourism Organizaiton.
4. Belize Tourism Board (2009) "Sustainable Tourism Programm (2060/OC-BL) Initial Baseline Report," July 2, 2009, Belize City: Belize Tourism Board.

5. Edgell Sr., David L., *et al.* (1979) "Use of Modified Scenario Research in Forecasting of Tourism in the United States." *Travel Research Journal*, 1st Quarter.
6. Edgell (1990).
7. Goeldner, Charles A. & Ritchie, J. R. Brent (2012) *Tourism: Principles, Practices, Philosophies*, 12th edn. Hoboken, NJ: Wiley, 295.
8. Samuelson, Paul A. (1983) *Economics: An Introduction Analysis.* Cambridge, MA: Harvard University Press.
9. Edgell, Sr., David L. & Haenisch, R. Todd (1995). *Coopetition: Global Tourism Beyond the Millennium.* Kansas City, Mo: International Policy Publishing.
10. Brandenburger, Adam M. & Nalebuff, Barry J. (1996) *Co-operation.* New York: Doubleday.
11. Goeldner and Ritchie (2009), p. 419.
12. Hall, C. M. (1992) "Tourism in Antarctica: Activities, Impacts, and Management." *Journal of Travel Research*, Spring 1992, 2-9. Quote taken from page 4.
13. Liggett, D. H. (2009) *Tourism in Antarctica: Modi Operandi and Regulatory Effectiveness. Saarbrücken*: VDM Verlag, 48.
14. Lamers, M., Hasse, D., & Amelung, B. (2008) "Facing the Elements: Analysing Trends in Antarctic Tourism." *Tourism Review, 63*(1), 15–27.
15. Based on historical records published by Enzenbacher, D. J. (1993) "Tourism in Antarctic: numbers and trends." *Tourism Management, 14*(2), 143–146; Headland, R. K. (2005) *Chronological List of Antarctic Expeditions and Related Historical Events.* Cambridge: University Press; Reich, R. J. (1980) "The Development of Antarctic Tourism." *Polar Record, 20*(126), 203–214; as well as annual reports by the International Association of Antarctic Tour Operators (IAATO).
16. Liggett (2009); Mason, P. A. & Legg, S. J. (2000) "The Growth of Tourism in Antarctica." *Geography, 85*(4), 358–362.
17. Cessford, G. (1997) "Antarctic Tourism: A Frontier for Wilderness Management." *International Journal of Wilderness, 3*(3), 7–11; Mason & Legg (2000).
18. Stonehouse, B. & Snyder, J. (2010) *Polar Tourism: An Environmental Perspective.* Bristol, UK: Channel View Publications.
19. Swithinbank, C. (1993) "Airborne Tourism in the Antarctic." *Polar Record, 29*(169), 103–110.
20. 同上。
21. 同上。
22. Bauer, T. (2007) "Antarctic Scenic Overflights." In J. Snyder & B. Stonehouse (eds),

Prospects for Polar Tourism. Wallinford: CABI, 188-197.
23. Stonehouse & Synder (2010).
24. Bauer (2007).
25. Swithinbank (1993).
26. Lamers, M. & Amelung, B. (2007) "Adverture Tourism and Private Expeditions in Antarctica: Framing the Issue and Conceptualising the Risk." In J. Snyder & B. Stonehouse (eds), *Prospects for Polar Tourism*. London: CABI, 170-187.
27. Swithinbank (1993).
28. Murray, C. & Jabour, J. (2004) "Independent Expeditions and Antarctic Tourism Policy." *Polar Record*, *40*(215), 309-117.
29. Mortimer, G. & Prior, E. (2009) "Antarctic Tourism: An Operator's Perspective." In K. R. Kerry & M. J. Riddle (eds), *Health of Antarctic Wildlife: A Challenge for Science and Policy*. Dordrecht, Heidberg, London, New York: Springer, 231-240.
30. Donovan, R. (2011) "Antarctic Ice Marthon." Retrieved October 31, 2011, From Document1 www. icearathon. com.
31. Snyder, J. (2007) *Tourism in the Polar Regions: The Sustainability Challenge*. Paris: UNEP.
32. Powell, R. B., Kellert, S. R., & Ham, S. H (2008) "Antarctic Tourists: Ambassadors or Consumers? " Polar Record, *44*(230), 233-241.
33. Snyder (2007).
34. Enzenbacher, D. J. (2007) "Antarctic Tourism Policy-Making: Current Challenges and Future Prospects." In G. Triggs & A. Riddell (eds), *Antarctic: Legal and Environmental Challenges for the future*. London: The British Institute of International and Comparative Law, 155-189.
35. Liggett (1999).
36. Snyder (2007).
37. Enzenbacher (2007).
38. Kriwoken, L. K. & Rootes, D. (2000) "Tourism on Ice: Environmental Impact Assessment of Antarctic Tourism." *Impact Assessment and Project Appraisal*, *18*(2), 138-150.
39. Ligett, D. (2011) "From Frozen Continent to Tourism Hotspot? Five Decades of Antarctic Tourism Development and Management, and a Glimpse into the Future." *Tourism Management*, *32*, 357-366.
40. Jabour, J. (2009) "National Antarctic Programs and their Impact on the Environment." In K. R. Kerry & M. J. Riddle (eds), *Health of Antarctic Wildlife: A Challenge for Science and Policy*. Dordrecht, Heidelberg, London, New York:

Springer, 211-229.
41. 同上, p. 228.
42. Scully, T. (2008) *Chairman's Report from the Miami Meeting (March 17-19, 2008) on Antarctic Tourism*. Kiev, Ukraine: Information Paper (IP) 19, XXXI Antarctic Treaty Consultative Meeting (ATCM).
43. IAATO (2011) "Home-International Association of Antarctica Tour Operators." Retrieved October 27, 2011, from http: //iaato. org/home.
44. Mortimer & Prior (2009), p. 235.

第五章 旅游的政治和外交政策影响

　　旅游的政治意义是与其经济结果紧密相连的。因此，旅游不仅仅是政策的延续，也是世界政治经济不可分割的一部分。简而言之，旅游可以成为经济和政治的工具。显而易见地，大多数国家出于经济上的考虑会大力推行入境旅游。正如第四章所讨论的，外国参观者的支出增加了一国的收入和就业，是外汇收入的重要来源。政府会采取很多措施吸引外国人来本国参观。大多数重要旅游目的地国家的推广部门通过大量广告宣传来吸引游客。几乎每个地方都设有旅游局，包括地方的、省级/州级的、区域的或国家级的。

一、旅游便利化

　　在过去的几十年中，全球发生了各种各样的恐怖袭击和恐怖活动，因此政府也在调整签证制度和入境要求。安全和治安成为首要问题。许多国家要求签证内置不可分割的生物芯片，以确认旅行者的真实身份。最常用的生物识别技术是面部识别和电子指纹识别。当二者结合使用时，身份确认的准确性可以达到90%以上。

　　美国免签计划（VWP）允许37个国家的国民无须签证而在美国停留90天。美国免签计划不仅包括英国、法国、日本和其他类似的大国，还包括安道尔、文莱、列支敦士登和摩纳哥等小国。这一计划始于1986年，如果在美停留的主要目的是商务和旅游，这一举措的目的在于促进美国和该计划参与国之间的友好关系。此类旅行占海外入境美国旅行的三分之二以上，所以有必要过渡到生物识别技术。被纳入免签计划的国家只需要发给有意前往美国旅行的国民一个含有数码照片和生物芯片的机读护照，并不需要进行签证。运输公司如果运送了不符合免签计划要求的游客，那么将面临高达3300美元／人的罚款。

　　类似地，为了实现便利旅行与安全问题的统一，美国国土安全部启动了一项游客登记计划（RTP）。该游客登记计划允许指定的常旅客在机场安检时具有优先权，但前提是他们提供更为详细的个人信息。这一项目从航空公司精选的几千个常旅客开始，在六个机场开始实行。此后，美国交通安全管理局（TSA）对此项目进行了评估，且由于它得到旅行业、主要机场和旅行公众的强烈支持，该项目得以扩展。

　　目前，有关安全措施的讨论日益增多。在旅游业的讨论中，首要问题是如何在不过于破坏旅行的前提下寻找最有效和实用的安检方法。正如美国免签计划和游客登记计划，要想取得预期的政策效果，严谨的计划和参与国之间的协作必不可少。此外，政府也在寻找方法，来促进旅游者所需要的基础设施、道路、通信、机场设施及其他供给侧必需品的建造。人们致力于保护自然美景，发展和维持度假区及观光吸引物。地区和国家政府常常鼓励独特的节日、运动盛事、娱乐和文化活动，以吸引游客前往当地旅游。随着参观数量的增加，对政府的其他旅游支持性服务的需求也逐渐增加，例如政治保护和犯罪控制、健康维护和卫生条件，以及良好的通讯设施等。因此，政府必须具有凝聚力才能确保采取最佳的实践方式为旅行者提供服务。

　　一系列政治、经济和社会因素都会影响政府针对旅游所采取的行动和管理方式。由于政治原因，时不时地会出现旅行禁令，这并不罕见。例如，政府会禁止自己的国民前往战区或者敌对国旅行，因为它无法在这些地方保证自己国民的生命和财产安全。国家会发布旅行警告和领事信息表，提供旅行建议，警告前往特定国家或地区的国民考虑到那些不利的环境。

　　当出现传染性疾病时，例如SARS（非典型肺炎）和西尼罗病毒，或是其他潜伏疾病，例如禽流感，也称为H5N1，还需要特殊的预防措施。2006年3月3日，世界卫生组织报告了埃及H5N1疫情的爆发："埃及是目前经实验室确认的、第九个在人类身上发现此传染病的国家，这一疫情最初在2003

第五章 旅游的政治和外交政策影响

年的越南发现。该年度共有四个国家发现此疫情，包括土耳其、伊拉克、阿塞拜疆和埃及。"[1]另一个需要预防的问题是食物的传递和加工，要减少肠道疾病和／或致命的传染病。国际旅行组织的网站上会发布警告和建议的信息。虽然这些措施可能会导致游客的失望或不信任感，但它们能够确保游客在目的地进行愉快的旅行，也能够减少因旅行者在全球流动而导致全球性传染病的可能。

航空业作为全球乘客安全和治安的典型，有着最为繁琐的实践条例（详细的行李检查，随身行李限制）。对于这些复杂的程序，许多旅行者可能会尽力避免，从而放弃旅行，或是选择在离家较近的目的地进行旅游以乘坐其他交通方式，例如火车、公交车或自驾车。也有一些人并不会受到安全措施的影响，并将其视为探险旅程的一个部分。这些都取决于个人旅行者的动机。

许多政府长久以来都关注移民问题。几乎所有的国家都会严格控制移民的入境，并出台法律以禁止非法入境。出于对无业移民的同情而产生的社会压力和工作岗位稀缺的情况下当地劳动力对外来移民的反对是问题的两个极端。同样，政府不得不要求各种手续及其准确性以保证本国国土安全。让外国游客入境并为他们的旅行提供便利是一项政治行动；因此，一国的国际旅游方案成为其外交政策的一部分，也是其经济和商业政策的一部分，需要谨慎的计划。

有关旅游的政治和外交政策的影响的例子不计其数。旅行的历史包含大量的政治寓意。从马可·波罗对东方政治绘声绘色的描述到欧洲早期探险者对非洲"黑色大陆"的不确定性、知识缺乏和神秘感的描绘，都是这样的例子。

不同文化之间日益增加的接触会促进知识增长和相互理解，有助于国家之间关系的缓和。第二章所提到的格言"和平兴，旅游昌"值得重申。国际组织如国际共济会和扶轮国际，都认识到了这一事实，并支持人员和文化的交流。20世纪80年代的开放政策使俄罗斯在90年代开放了门户，因此增加了入境旅游的数量。此后，1989年柏林墙的倒塌对东西欧的旅行产生了直至今日的重大影响。这是世界人民互相理解更加深入的结果，增加了商业交流，也向国际合作迈进了一步。如今，俄罗斯与世界其他国家的关系与以往有所不同，展现了更加集中的政府职能。其他积极影响还明显地体现在教育之中。

例如美国的东卡罗来纳州立大学，已经认识到俄罗斯学者的贡献，支持本校教师前往俄罗斯访问，也在校园内接待俄罗斯来访者。

二、旅游和外交政策

旅游所具有的巨大经济潜力常常会影响政府的对内政策。在世界上的一些地方，入境旅游是政府或执政党展示政绩的渠道，也用来增进其他国家对本国政府政策的理解。这一方法有时能够取得成功，有时则不然。关键是旅游能够扩大旅游者的视野，是东道主政府或社区展示自身的独特机会，能够影响来自国外的旅游者，反之亦然。此外，包括美国在内的许多国家都在资助许多交流项目、文化项目、培训服务等，以促进世界上其他国家的人民对本国习俗和生活水平的了解。

同时，一国必须保障旅游活动的安全。国内冲突和骚乱（例如北爱尔兰和英国的冲突）会给旅游带来不利的影响。在1999年的军事骚乱前，前南斯拉夫每年能接待超过1000万旅游者，而1999年的旅游则几乎停滞。委内瑞拉及世界其他一些地区当前的政治问题都阻碍着旅游活动。以斯里兰卡为例，本章将会详细讨论战争对旅游的影响。

此外，持续存在的恐怖主义威胁也对美国的入境旅游产生了很大影响。纽约、宾夕法尼亚和华盛顿特区的恐怖袭击严重地影响了2001年的美国入境旅游，并且2002年和2003年入境旅游持续下降。幸运的是，这一趋势从2004年开始转变，目前美国入境旅游已呈现增长趋势。2007年，美国的入境游人数甚至超过了2001年恐怖袭击之前。

让-莫里斯·瑟洛特（Jean-Maurice Thurot）以研究旅游广告而享有盛名，他认为旅游者创造了东道国对游客来源国的经济依赖性。这种依赖性会影响东道国对游客来源国的外交政策。尤其是对于那些需要外汇收入或硬通货币以促进发展的国家来说，这一点尤为明显。处于经济发展中的国家需要从工业国家购买关键项目，尤其是主要设备和技术以促进自身的增长。反过来，它们会向发达国家出售旅游产品。国际旅游通过提供重要的外汇来源成为经济增长的发动机。大多数前社会主义国家和经济欠发达国家为了自身增长，都需要旅游收入，尤其是"坚挺"的、稳定的西方货币。这些国家的政府持续地寻找吸引旅行者来本国旅游的方法，调整政策以更好地适应旅游发展。

三、旅游作为一项和平政策

国际和平领袖罗纳德·里根（Ronald Reagan）认为，旅行有助于"国民之间的交流，增进理解和协作"[2]。不过，在今日社会，旅游可以缔造和平吗？或者旅游只不过是和平的受益者？以民主和平论为基础来观察近期的世界冲突和非和平运动，这两个问题的答案都可能是肯定的。

民主和平论的前提假设是民主国家很难发生战争或军事冲突，因为它们具有共同的价值观。虽然也存在一些冲突的例子，但是民主国家通常不会相互对抗的确是民主和平论的经验事实。[3]然而，这并不能使民主和平论免于质疑。美国独立战争，第二次世界大战中英美与芬兰的对抗，1995年秘鲁与厄瓜多尔的边境战争，这些是将近十多个具有争议的民主战争中的三个例子，而其他例子则可追溯至公元前5世纪到公元前4世纪的希腊战争[4]。

因为民主国家不会相互对抗，因此民主国家会致力于推广全球民主以加强国家安全，促进世界和平——即便要通过战争来创造长久的和平，这一点也仍旧成立。这是民主和平论的独特论点。

民主和平论建立在伊曼努尔·康德（Immanuel Kant）于1795年在其论文《永久和平论》[5]中提出的原则之上。在这篇论文中，康德提出了永久和平的三个要素：

1. 每个国家的公民宪法都应该是共和制；
2. 国家法律应建立在自由邦省的联盟之上；
3. 世界公民的法律应符合普世友好的条件。

共和主义的公民宪法确保了在发动战争之前需要得到全体公民的许可和对全体公民意志的代表。当公民要承担战争所带来的财政和人员负担时，他们就不太可能支持不必要的战争。民主领导者为了保住自己的位子，也就不会卷入不受选民支持的战争。通过自由国家形成的联邦，国家能够获得一系列高于任何单个国家的法律制度体系。如果这一系列法律将战争排除在外，那么各国就必须遵循法律，通过和平方式解决争端。当联邦扩张时，和平的原则也得以扩张。普世友好是指外国访客应该得到友好的对待——而不是敌人般的对待。因为地球的大小有限，其居民必须和平共处，人类才能可持续地发展。

从产生的那天起，康德的理论已经经过了两个多世纪的演化，以下便是能够让民主国家参与战争的三个一般理由：（1）为保护本国领土而进行的自卫；（2）阻止其他国家公然侵犯人权；（3）为将国内的价值观输出到国外创造条件。[6]这一理论也至少提供了两个理由来解释民主国家不与其他民主国家就和平问题进行妥协的原因。这两个理由是规范的外化和互相理解与尊重。图5.1所示为民主和平的基础。

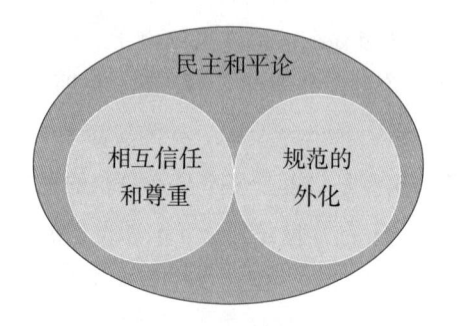

图 5.1　民主和平理论的构成要素

假设民主理念的传播能够带来和平，那么两个拥有类似民主规范和价值观的国家就不用将自己的价值观强加于其他国家。因此，拥有类似价值观的国家之间将不会发生战争。相互信任和尊重意味着当两个民主国家发生冲突时，它们会相互协调，避免采取强硬的政策。民主国家信任那些与自己相似的国家所做的判断。

苏联各国民主的扩张印证了康德的理论，即民主国家追求相互和平。换言之，只要苏联或其遗留政权采用民主制度，那它将不再是美国的敌人。

1. 一个维持和平的理由

国际旅游对全球贸易具有至关重要的作用。旅游增长与全球 GDP 增长也呈正相关关系。当全球经济增长时，可支配收入也会增加。通常来看，国际旅游到达数量的增长要超过 GDP 的增长。然而，由于旅行需求弹性的存在，如果经济形势变得紧张，那么旅游消费也通常会下降。[7]

战争的代价是阻碍国际贸易和投资，和平的缺乏会阻碍全球贸易。当全球贸易受到阻碍时，旅行就会减少，从而导致全球 GDP 的更大幅下降。因此，旅游从和平中受益，而全球经济则从旅游发展中受益。

2. 政治稳定、安全和旅游

当安全和治安受到他国扩张主义政策的威胁时，民主国家就可能打破和平[8]。民主和平理论指出，民主会带来政治稳定。政治稳定会给民主国家带来安全和良好的治安。当安全和治安受到威胁时，就会诉诸战争来确保未来的安全和良好的治安。

康德明确指出，前往外国的参观者"在到达其他国家时不应被当成敌人对待"[9]。正如前文所指出的，只要参观者在目的地采取和平的行为方式，就不能以敌意对待参观者。不幸的是，今天的旅游者可能发现这并非事实，许多国家都遭受过恐怖主义袭击，因此政府官员高度紧张，不仅仅是对当地市民感到担心，也是对整个国家感到忧虑。

在制定度假或者会议计划时，旅行者会将安全和治安问题视为关键要素，63% 的前往美国的国际旅行者都认为目的地安全和治安非常重要。如果目的地不能保证安全和治安，商务和休闲旅行都会受到负面影响。"安全和治安"在 2012 年世界十大重要旅游问题中排第二位。[10]这再次证明旅游从和平中受益。

和平的缺失即便不总是，也是经常性地对旅行和旅游产生不利影响。这一影响不仅反映在陷入冲突的目的地，也影响着全球的旅行。斯里兰卡是一个战争影响一国旅游业的典型案例。从 1983 年到 2003 年，斯里兰卡处于长久的内战中。冲突的起因是"泰米尔猛虎解放组织"想要在该岛国的东北部建立独立的国家。虽然冲突在 2003 年正式结束，但 2005 年 8 月斯国外交部长的暗杀事件几乎重新挑起争端。除了外交部长，战争已经导致了大约 60 000 人死亡。

图 5.2 到达斯里兰卡的国际游客

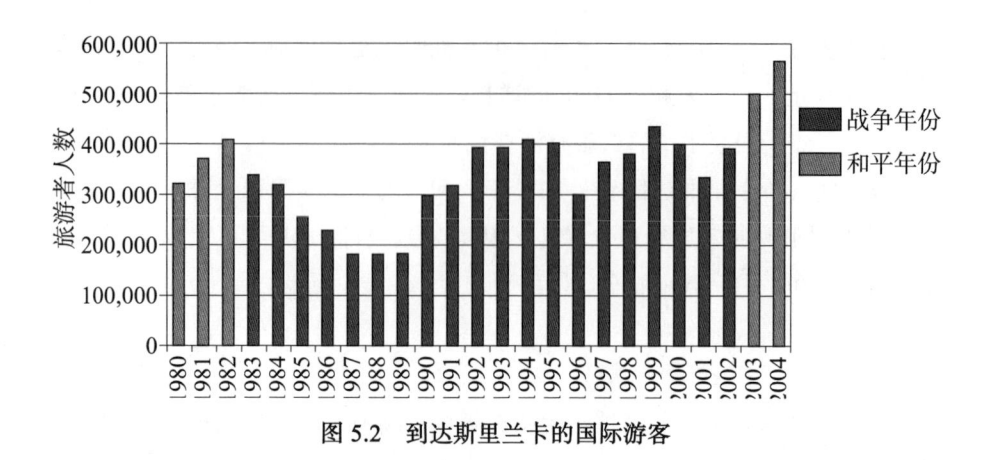

在战争之前的年代中，该岛国接待的国际旅游者数量保持着增长。如图 5.2 所示，国际旅游者数量在 1983 年——冲突的第一年，下降了 17.1%。在 20 年的战争期间，国际旅游人数平均为 326 064，从 1987 年的 182 620 人次到 1999 年的 436 440 人次不等。在这 20 年中，参观者人数仅有一次超越战前水平，即 2003 年和 2004 年战争结束时，国际旅游者数量显著增加，第一年增加了 27.3%，第二年增加了 13.1%[11]。内战将斯里兰卡的旅游扼杀了 20 年。

3. 旅游创造的文化互信和尊重

旅游常被行业组织称为文化传播的媒介。联合国世界旅游组织就这一问题阐述了自己的立场："通过旅游而实现的跨文化意识和个人友谊是增进国际理解的重要力量，为世界各国的和平做出贡献。"[12] 实际上，围绕通过旅行促进和平这一概念，旅游在这方面已全面发展。国际旅游和平促进会建立于 1986 年，致力于促进和推动旅游活动，以求通过旅游来创造和平的和可持续的世界。

不仅仅是旅游行业组织认同旅游提高觉悟的能力，近代历史上的世界领导者也意识到了旅游的好处。圣雄甘地说过："我看到所有国家的文化吹拂在我的房子周围，好风吹来和平的种子，因为旅行是和平的语言[13]。"1963 年，约翰·肯尼迪指出，"旅游已经成为我们时代促进和平和理解的最大力量……我们正在建立的国际理解能够有效改善世界和平的氛围。"[14]

第五章 旅游的政治和外交政策影响

2006年4月，美国国务卿康多莉扎·赖斯（Condoleezza Rice）在"全球旅行和旅游峰会早餐会"上发言，盛赞旅游的力量，"旅行促进相互理解建立尊重。国民在他们的私人旅行中获得的知识和经验对于21世纪的外交和国际理解有着至关重要的作用"。

旅游的繁荣少不了政治稳定和安全，而这二者又以和平为前提。没有和平，旅游就会减少；因此，旅游是和平的受益者。通过产生文化意识，旅游可以促进和平。然而，跨文化意识下的旅游既能促进和平，也可能被用来施加暴力和旅行者或东道主国所持有的其他类似意识形态。

如图5.3所示，和平能够带来政治稳定，为目的地创造安全和良好的治安，从而为旅游带来便利。根据旅行者的动机和目的地结构，旅游能够产生文化理解。理解其他国家的人民是实现规范外化及创造互相理解和尊重的关键要素，正如本章已经提到的，这是民主和平论的主要组成部分。

旅游发展——通过营销创造需求，通过投资扩大供给——是地缘政治稳定战略的一部分，它还包含对和平的促进，经济发展及文化意识。无疑，一个以和平为目的的、良好的政府战略应不仅建立在旅游的基础之上。

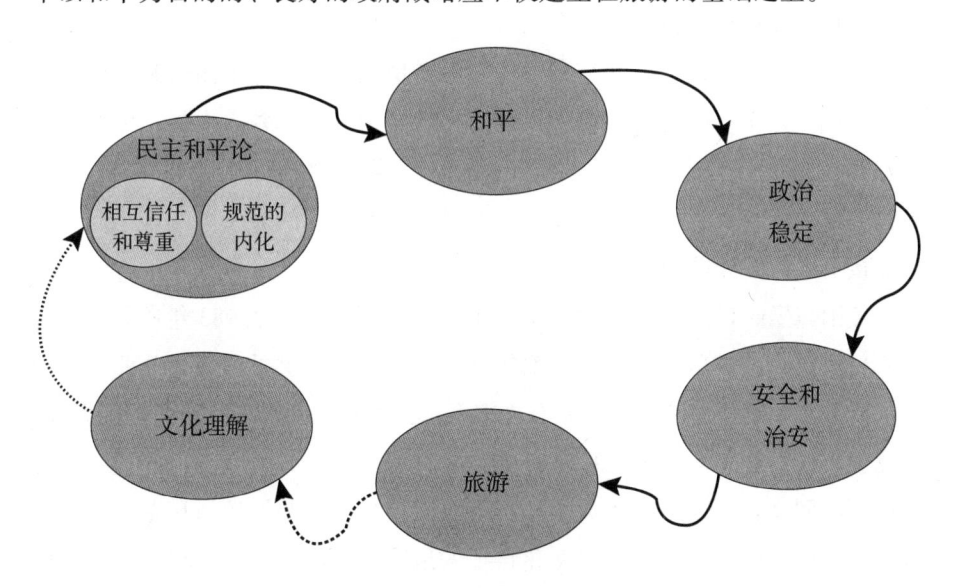

图5.3 旅游与和平的关系

四、旅游协议

在过去的 30 年里，美国已经与许多国家签署了旅游协议。虽然这些旅游协议主要是为了促进旅游贸易，但这些协议也同时服务于国家的政治目的，例如增进国际理解，建立友好关系和亲善。美国所签订的旅游协议关注以下标准：

- 目的在于促进双边旅游；
- 支持国家旅游组织推广部门的努力；
- 提升旅游的便利性；
- 鼓励对国家旅游产业的互惠投资；
- 促进研究成果、数据和信息的分享；
- 认识到旅游者安全和治安问题的重要性；
- 倡导国际旅游中政策问题的双边合作；
- 为旅游事务提供定期的咨询服务；
- 认可旅游教育和训练的益处；
- 增进互相理解和友好亲善。

美国与其贸易伙伴的两个典型国际旅游协议分别是与墨西哥和委内瑞拉所签订的。两个协议都将旅游部门的官员认定为外交和领事人员，为两国间数据和信息的交换提供便利。有趣的是，这些及其他协议都指出美国将会加入世界旅游组织，然而实际上美国并非世界旅游组织的成员国，这一问题将会在接下来的部分进行阐述。

美国与墨西哥在 1989 年 10 月签订了新的协议以取代 1983 年所签订的协议。新协议为穿越国界的汽车运输等地面运输方式提供了方便，并要求两国共享有关汽车责任的信息。由于有许多人都会驾驶私人汽车穿越两国国界线，因此理解这些有关地面运输的政策对于参观者来说非常重要。其他条款包括：发展两国间文化活动以促进关系和提升旅游，免除旅游界教师和专家的签证费用，鼓励人们前往具有当地文化特征的地区进行旅游，发展和改善这些地方的旅游设施和吸引物，共同在第三国开展营销活动。本章的案例研究将提供美国和墨西哥 1989 年签订的旅游协议全文。

美墨协议明确规定，两国"将会酌情简化和取消程序和手续要求来为进入该国的旅游者提供便利"。这一规定减少了所有进入美国的手续要求，包括持有有效签证的美国公民。这也是对美国恐怖主义的回应，很好地展示了旅游战略和政策如何必须具有灵活性，如何不仅具有响应能力，还应具有对市场环境和国外政策变化的预判能力。

委内瑞拉和美国在1989年9月7日签订了旅游协议。该协议有趣的一点是，它要求两国的对应机构互相签订协议。例如，美国国家公园管理局要与委内瑞拉的国家公园管理局相互合作，制定有关旅游发展和设施的政策。这一协议注重交换和双边协作，包括鼓励旅游专家、志愿私营企业主和符合休公假要求的大学教授进行短期交换。这不仅促进了跨文化理解，也发展了国际旅游发展领域的知识体系。

五、政府间组织

有一些政府间组织专门处理国际旅游政策问题，其中两个世界级的组织是联合国世界旅游组织（UNWTO）和世界旅游及旅行理事会（WTTC）。区域组织包括经济合作与发展组织（OECD）、美洲国家组织（OAS）、亚太经济合作组织（APEC）和加勒比旅游组织（CTO）等。此外，还有许多其他组织，由于篇幅限制，此处无法全部罗列，这些组织都在其管辖范围内积极推动着旅游的发展。

1. 联合国世界旅游组织

联合国世界旅游组织（UNWTO）作为联合国的一个部门，是旅行和旅游领域的国际领导组织，总部位于西班牙的马德里。它的前身是成立于1925年的国际官方旅游运输协会代表大会（International Congress of Official Tourist Traffic Associations），二战后更名为官方旅行组织国际联合会（International Union of Official Travel Oganizaitons），后又在1967年进行了结构调整。1974年在赞比亚的卢萨卡，一项预算公式和法规的出台使UNWTO在第二年成为一个官方组织。它的第一次全体大会于1975年5月在马德里举办，此后，它逐渐成为世界旅游的核心组织。

2003年，UNWTO成为联合国的专门机构。它目前的使命陈述指出了自己的首要责任是"在推动负责任的、可持续的和全球可达的旅游的发展中扮演核心和关键角色，为经济发展、国际理解、和平、繁荣及全球对人权和基本自由的尊重与遵守做出贡献"。UNWTO为国家旅游管理机构和组织提供了一个旅游技术信息收集、分析和传播的平台，在私人和公共部门之间建立起合作关系，支持全球的旅游道德规范。其活动包括为全球对话提供便利，举办世界大会、论坛和其他有关重要的旅游发展问题和政策的活动。UNWTO的官方语言是英语、西班牙语、法语、俄语和阿拉伯语。

UNWTO的成员包括155个国家、7个准会员，以及由私营公司、教育机构、旅游协会和地区旅游组织和官方机构所组成400个附属成员。美国并不是UNWTO的成员国。1996年，随着美国国家旅游局评级的下降，其UNWTO的成员国身份也被取消；然而，UNWTO目前有意重新接纳美国成为其会员国。

UNWTO具有多层级的结构。其核心是成员国代表大会，每两年举行一次以讨论预算、项目和政策问题。执行委员会是UNWTO的理事会，由大会选举出的27个国家组成，每半年举行一次会议。秘书处位于马德里，其工作人员的职责是执行UNWTO的项目并回应成员的需求。有六个区域委员会（非洲、美洲、东亚和太平洋、欧洲、中东，以及南亚），其会议每年举行一次。UNWTO有九个委员会为其管理和项目内容提供建议，它们是：项目委员会、预算和财务委员会、旅游数据和宏观经济分析委员会、市场情报和推广委员会、旅游可持续发展委员会、质量支持委员会、UNWTO教育委员会、UNWTO商业委员会和世界旅游道德委员会。[15]

2. 世界旅游及旅行理事会

世界旅行及旅游理事会（WTTC）的结构比较独特，因为它是唯一一个代表全球旅行和旅游业私营部门的组织。它由全世界的商业领袖组成，包括来自100多个世界一流旅行和旅游公司的董事长、总裁和首席执行官组成，涉及产业的各个领域。WTTC将自己的宗旨定为"提升对世界最大的财富和工作岗位创造者——旅行和旅游的全面经济影响的认识"。WTTC 的建立者是一群来自产业的高管，他们致力于向政府传达旅行和旅游的战略重要性。WTTC 已经与政府合作超过 20 余年，其目的是要提升对产业经济利益的理解并说服政府重新评估旅行和旅游在其整体政策中的优先级别。WTTC 的一个执行委员会位于其英国伦敦的总部，管理行政事务。

2003 年 7 月，WTTC 发布了《新旅游蓝图》，"它号召政府和产业做出若干长期的承诺，以确保旅行和旅游的繁荣——这个世界上最大的产业创造了两亿个就业岗位，贡献了超过 10% 的世界 GDP"。然而恐怖主义、战争、经济衰退和流行病的存在却让旅行和旅游经历了衰退，因此需要采取必要的措施以扭转衰退局势，于是也就产生了这一号召。WTTC 的主席在 2003 年的全球旅行和旅游峰会上指出，"如今的政府已经意识到，它们不能对旅行和旅游袖手旁观。它们需要采取新的视角和战略，即在所有的利益相关者之间，包括公共组织和私人之间建立起合作关系，将未来的挑战转化成机遇。《新旅游蓝图》阐述了如何实现这一目标"。"新旅游"的指导原则指出了旅游全球意识的重要性，用新的角度来看待机遇和每个个体的合作利益——不仅仅是旅行者，也包括当地居民和社区在自然、社会和文化环境上能够获得的益处。

WTTC 成立了危机委员会以应对恐怖主义的影响，对未来可能的袭击加以准备。危机委员会需要对旅行和旅游中的此类事件的影响做出直接的预测，以帮助产业和政府领导者提前做出计划。已经开发出的一个模型就以灾难的真实影响为基础，包括海湾战争（1991）、克罗地亚和平运动（1996）、卢克索袭击（1997）、飓风乔治（1998）、美国 911 事件（2001），全球 911 事件（2001）、巴厘岛爆炸（2002）和香港非典型性肺炎的爆发（2003）。在 2005 年 7 月 7 日伦敦的地铁爆炸事件后，全球旅游业展示出了新的前瞻性准备能力。WTTC 危机委员会在 24 小时内预测了事件影响并提出了应对策略。在这个例子中，历史性的非和平事件让旅游业变得更具有前瞻性[16]。

3. 经济合作与发展组织

经济合作与发展组织（OECD）位于法国巴黎，具有双边结构。它是政府间协作的论坛，帮助政府有效地应对经济、社会和环境等问题所带来的相互依赖和全球化挑战。在"支持多边合作"的努力中，OECD 提供全球研究的数据、分析和预测以促进经济的增长和稳定，加强贸易体系，扩大财政服务和跨境投资，改善国际前沿的最佳实践。它起源于二战后用以协调马歇尔计划的欧洲经济合作组织，1961 年，它采用了现有名称，表明了自己跨大西洋的及最终的全球领域。目前有 34 个成员国和超过 70 个发展中和转型经济体与 OECD 进行合作，OECD 所持的理念是"致力于民主政府和市场经济"。

经济合作与发展组织的使命如下：
- 实现可持续的经济和就业增长，提升成员国居民的生活水平，维持财政稳定，从而为世界经济做出贡献；
- 支持成员国和其他国家在经济发展的过程中实现健康的经济扩张；
- 在多边和非歧视的基础上为世界贸易做出贡献。

经济合作与发展组织的旅游理事会由执行局带领，在为成员国减少旅行壁垒这一过程中发挥着领导作用。由于旅游在服务业中具有的重要地位，经济合作与发展组织的贸易委员会分别在 1979 年、1981 年和 1983 年更新和修订了目前隐形操作的自由化准则，对国际旅游存在的障碍进行调查，并向经合组织委员会提交了一份全面的报告。

1985 年，新的国际旅游政策发布，这在减少旅行障碍上具有里程碑式的意义，这一政策再次肯定了旅游对成员国的政治、社会及经济福祉具有的重要意义，同意采取正规程序以确定旅游障碍，进行合作以消除障碍。经合组织的旅游政策工具建议为旅行设置本国货币最低的进口和出口额度，为返回的居民和非居民设置免税额度。它还就旅行文件和其他手续提出了建议，力图使旅游更加便利。经合组织发现，回复的国家中最多且最受关注的是与市场准入和建设权相关的问题。这说明了在居住国接触到消费者的重要性，只有这样才能吸引旅游和旅行业务。如果没有当地的分公司或子公司，旅行中介、旅行社、航空公司及其他旅游业公司就无法将服务充分推向市场，从而处于竞争劣势。如今，经合组织也开始关注于可持续旅游和乡村旅游的新方向等相关的新议题。[17]

4. 美洲国家组织

美洲国家组织（OAS）的总部位于华盛顿特区，目前由以下成员国组成：安提瓜和巴布达、阿根廷、巴哈马群岛、巴巴多斯、伯利兹、玻利维亚、巴西、加拿大、智利、哥伦比亚、哥斯达黎加、古巴（根据1952年的决议，当时的古巴政府被排除在美洲国家组织之外）、多米尼加、多米尼加共和国、厄瓜多尔、萨尔瓦多、格林纳达、危地马拉、圭亚那、海地、洪都拉斯、牙买加、墨西哥、尼加拉瓜、巴拿马、巴拉圭、秘鲁、圣基茨、尼维斯、圣卢西亚、圣文森特、格林纳丁斯群岛、苏里南、特立尼达和多巴哥、美利坚合众国、乌拉圭和委内瑞拉。

该组织实际上始于19世纪20年代，源于西蒙·玻利瓦尔（Simón Blivar）对区域"团结一心"的愿景。1890年，美洲地区国家成立了美洲各国商务局，后来发展为泛美联盟，即现在的美洲国家组织。1948年该组织扩大至加勒比海地区的英语国家和加拿大，涵盖西半球。

美洲国家组织致力于西半球成员国人民的民主（所有人都拥有民主的权利）和国家的民主（国家有责任促进和维护民主）。"在此基础上，美洲国家组织支持良好的国家治理、强化人权、促进和平和安全、扩大贸易、关注贫困、毒品和腐败引起的复杂问题。美洲国家通过其组织的政治委员会制定的决策，其秘书处负责执行的项目，促进了美洲国家之间的合作和理解"。[18] 美洲国家组织倡导"和平、公正和美洲的团结"，正如其组织名称所示。可持续旅游是美洲国家组织关注的重要问题。

美洲国家旅行大会（IATC）建立于1939年，旨在通过研究以维持政府间和私人部门的对话，为旅游发展提供（技术和研究）支持，进而发展旅行和各种项目。如今，这依旧是该组织的焦点。美洲国家旅行大会的宗旨和职能有：

- 利用掌握的各种资源，尽最大努力协助和促进美洲国家出游旅行的发展和进步；
- 组织和鼓励技术人员和专家定期开会研究与旅行相关的特殊问题；
- 促进有关出游旅行的法律和法规的协调；
- 通过世界和区域组织从与出游旅行相关的私人企业的合作中获益，这些企业在联合国中拥有顾问地位或与美洲国家组织保持着合作关系；

- 促进与世界其他类似组织或区域组织的合作，包括政府间或私人组织，邀请这些组织作为观察员参加会议；
- 在与本半球相关的所有旅游事务中承担本组织及其机构的顾问团体。

在该组织中有负责旅游的部门间联合机构。鉴于旅游作为世界第一增长产业这一现实，该分支促进可持续旅游实践，提高旅游作为经济发展工具的重要性。其近来的活动"关注那些旨在鼓励国内、地区和国际层面的合作与运营关系的旅游发展计划和项目"。它充分利用互联网络和网络来发布其研究成果。

5. 亚太经济合作组织

亚太经济合作组织（APEC）成立于1989年，总部位于新加坡，旨在成为"促进亚洲太平洋地区的经济、贸易和投资增长的首要论坛"。亚太经合组织持有的一般观点是：强大的、重要的经济体仅有政府的支持是不够的，需要综合考虑政府和商业部门、学术界、产业、政治、研究机构和社区利益团体等关键利益相关方的需要。亚太经合组织坚持采取措施以确保其成员经济体在21世纪的公开对话和相互尊重，这些成员经济体包括澳大利亚、文莱达鲁萨兰国、加拿大、智利、中华人民共和国、中国香港、印度尼西亚、日本、韩国、马来西亚、墨西哥、新西兰、巴布亚新几内亚、秘鲁、菲律宾、俄罗斯联邦、新加坡、中国台北、泰国、美利坚合众国和越南。这些成员经济体共有超过25亿人口，占有世界贸易的46%。其独特性在于它是"世界唯一一个致力于减少贸易壁垒、促进投资，但同时并不要求其成员承担法定义务的多边组织"。

在此框架下，共有14个组织分别负责农业技术合作、反贪污与透明化、应急准备、能源、健康、海洋和渔业、人力资源发展、非法采伐、产业科技、关于女性和经济问题的政策伙伴、中小型企业、通信和信息、旅游和交通运输。旅游工作小组确立了四个政策目标以支持其功能，包括创造就业、促进投资和发展、改善全区域的旅游产业。这些政策目标是：

1. 为旅游业和投资扫清障碍；
2. 增加访客的灵活性和对旅游产品和服务的需求；

3. 对旅游产出和影响进行可持续的管理；

4. 增强对旅游作为经济和社会发展工具的认识和理解。

亚太经合组织旅游工作小组关注公私合作，目的在于促进成员经济体的旅游投资，探索电子商务应用在亚太经合组织区域内的中小型旅游企业的最佳实践[19]。

6. 加勒比旅游组织

加勒比旅游组织（CTO）建立于1989年，其前身是建立于1951年的加勒比旅游协会和建立于1974年的加勒比旅游研究与发展中心。加勒比旅游组织的总部位于巴巴多斯，是一个国际发展机构，也是推进和发展整个加勒比地区旅游的官方机构。该组织为成员国和非政府成员提供信息和协助以致力于可持续发展。加勒比旅游组织宣称，该组织及其成员共同合作，促进可持续旅游的发展，认为可持续旅游"对加勒比地区人民的经济、社会和文化具有敏感性，能够为加勒比地区的旅游者提供高品质的服务"。[20]

加勒比旅游组织在美国、加拿大、英国和巴巴多斯都设有办事处，在法国、德国、荷兰、美国和加勒比各地设有分会。它的成员不仅包括目的地国，还包括私营公司，例如航空公司、酒店、邮轮公司和旅行社。所有的加勒比国家都可加入该组织，此外，组织成员还包括英语、法语、西班牙语和荷兰语国家及安圭拉、安提瓜和巴布达、阿鲁巴、巴哈马群岛、巴巴多斯、伯利兹、百慕大、博内尔、英属维京群岛、开曼群岛、古巴、库拉索、多米尼加、格林纳达、瓜德罗普/圣巴特/圣马丁、圭亚那、海地、牙买加、马提尼克、蒙特色拉特、波多黎各、圣尤斯达求斯、圣基茨和尼维斯、圣卢西亚、圣马尔腾、圣文森特和格林纳丁斯群岛、苏里南、特立尼达和多巴哥、特克斯和凯科斯群岛、美属维京群岛和委内瑞拉。

加勒比旅游组织的核心目标是把加勒比地区作为度假目的地进行推广。随着时间的发展，加勒比旅游组织已经建立了高质量的网站，用来帮助旅行者做出更好的目的地选择。加勒比旅游组织成功且有效地利用数据库营销作为一种推广工具。该组织支持可持续旅游实践、发展旅游教育和意识提升项目，为其成员提供财务准则和技术支持[21]。

7. 太平洋亚洲旅行协会

太平洋亚洲旅行协会（PATA）是太平洋亚洲地区最重要的旅游和旅行官方机构。这一非营利机构建立于1951年，名称为"太平洋临时旅行协会"，1953年更名为"太平洋地区旅行协会"。1986年，该协会更名为现在的名称，以凸显亚洲在世界舞台上的重要性。太平洋亚洲旅行协会旨在"促进前往该地区、从该地区出发及该地区内的旅行和旅游可持续增长；以及旅行和旅游的价值和质量"。该组织拥有1000多个成员组织，包括政府旅游机构、航空公司、机场和旅行业公司。太平洋亚洲旅行协会在全世界有39个分会。太平洋亚洲旅行协会在1984年建立了太平洋亚洲旅行协会基金会以保护和鼓励文化遗产，目前其目标已扩展至环境保护、教育支持和旅游的可持续发展。在过去的60年中，太平洋亚洲旅行协会致力于发展负责任的旅行和旅游，既包括从亚太地区出发的，也包括前往亚太地区的旅行和旅游。太平洋亚洲旅行协会近期的目标包括：帮助成员创立业务、提供有价值的观点、进行预测和分析以帮助成员做出更好的商业决策，以及在亟待解决的旅行业问题上承担领导责任。

8. 中东和北非旅行联合会

中东和北非旅行联合会（MENATA）的总部设在英国，致力于促进阿拉伯地区的旅游发展。该区域包括阿尔及利亚、巴林、埃及、伊拉克、科威特、约旦、黎巴嫩、毛里塔尼亚、摩洛哥、阿曼、巴勒斯坦、卡塔尔、沙特阿拉伯、叙利亚、突尼斯、阿拉伯联合酋长国、也门、塞浦路斯、伊朗和土耳其。中东和北非旅行联合会的网站上列出的目标是：

- 将中东和北非地区打造为世界上最激动人心、最有特色和最物有所值的旅游地区；
- 将产业代表结合在一起，为共同利益而努力，促进中东和北非地区的旅游业，扩大其市场份额；
- 促进对中东和北非地区人民和文化的了解。

中东和北非旅行联合会为寻找中东和北非信息的旅行专业人员提供了入口。它同时也每年为其成员举办各种活动，促进成员之间的相互支持。[22]

9. 全球可持续旅游遗产联合会

全球可持续旅游遗产联合会（WHA）由联合国基金会创建。该组织拥有50名成员来自旅行产业和政府的成员，已经保护了全球7个国家的20处世界遗产。全球可持续旅游遗产联合会的目标有：

- 在联合国教科文组织的世界遗产地促进环境和经济可持续性的商业实践；
- 向旅行者宣传负责任的旅行；
- 支持这些特殊旅游地的社区发展[23]。

六、结论

就外交政策来说，各国政府对恐怖主义对旅游业的影响的反应超过了以往对安全关注的最高程度。日益增长的、复杂的暴力活动将旅游产业的元素视为工具或目标，对于这一点，旅游产业尚未做好准备。恐怖活动将旅游产业元素作为工具或目标的例子有：2004年3月在马德里的火车上对乘客进行的恐怖袭击，2002年10月巴厘岛夜总会的爆炸，以及2001年纽约、宾夕法尼亚和华盛顿的商务班机被劫持用作自杀炸弹的事件。随着安全问题重要性日益上升，世界旅行及旅游理事会等组织已经开始对危险事件采取预备措施。

鉴于最近的恐怖袭击，私营部门群体已经开始进行培训以应对潜在的恐怖活动。这些恐怖事件提升了服务组织、医学界和个人的意识。它们所采取的措施是有用的，但是也在很大程度上为休闲旅行者带来了担忧、紧张和不便。想要在未来避免过去三十多年中恐怖主义为旅行和旅游带来的问题，需要全球齐心协力的政策合作。这些努力会为国际贸易和发展带来便利，也有助于促进和平和理解。要促进这种合作的一个方法就是通过上文所提及的政府间的旅游组织及全球其他积极且高效的组织。

> **本章复习题**
>
> 1. 什么是美国免签计划？
> 2. 为什么很多国家都关注移民控制？
> 3. 国家安全如何成为旅游中需要考虑的问题？请举例说明。
> 4. 什么是民主和平论？
> 5. 什么会导致民主国家走向战争？
> 6. 斯里兰卡的内战是怎样影响旅游的？
> 7. 为什么和平对于旅游来说至关重要？
> 8. 美国签署旅游协议时，所遵循的标准是什么？
> 9. 介绍世界旅游及旅行理事会并说明其独特性。
> 10. 详细介绍亚太经合组织的独特性。

案例研究 5：美国和墨西哥的双边旅游协议

下文给出了美国和墨西哥 1989 年协议的全文，以说明在签署国家间的旅游协议时所具有的复杂性。如本书中的其他案例研究一样，该部分结尾会列出关键问题以启发思考和讨论。

美利坚合众国和墨西哥合众国关于促进旅游发展和便利旅游的协议

由于美利坚合众国和墨西哥合众国接壤，拥有漫长的国界线并且已经发展出紧密的睦邻和商业关系；

认识到国际合作和经济交流应有助于人类发展，增强对人的尊严的相互尊重及提升共同福祉；

承认旅游的推广是合法的外交和领事职能；

相信由于旅游具有社会文化和经济动态性，它是促进经济发展、理解、亲善及双方人民紧密关系的绝佳工具；

注意到一个有价值的旅游结构已经存在于两国之间，为未来的发展做好了准备；

美利坚合众国和墨西哥合众国的政府（以下简称"双方"）同意达成旅

游协议，在双方认可的法律框架内促进以下目标：

条款 Ⅰ

政府旅游机构和人员

1. 根据东道主方的法律、法规和程序，每一方：

   （a）可以在另一方的国土上建立和经营官方旅行推广机构；

   （b）同意将另一方的旅游官员作为外交或领事人员对待。

2. 这些旅游人员应该执行传统的外交或领事职能（例如，官员不能进行商业交易，包括制订航线或其他旅行安排，或执行其他类似的、通常应由旅行代理商负责的服务。）

条款 Ⅱ

旅游业和基础设施的发展

1. 双方都在其法律范围内为经营两国间旅游服务供应商提供活动上的便利和支持，这些旅游服务供应商包括在双方创造双向旅游的：旅行代理商、旅游批发商和运营商、酒店连锁、航空公司、铁路、大客车经营商及轮船公司。

2. 每一方应该，

   （1）为另一方的公共和私营航空运输、海上运输和陆上运输提供许可，允许其设立销售代理机构和指定代表，以方便其对自己的服务进行营销；

   （2）根据双边《航空运输协议》，鼓励另一方的运输企业通过本国国土上指定和授权的销售网点进行发展和推广，对另一方前来本国的旅游实行特殊票价以鼓励对方游客的旅行；

   （3）允许一方的运输商通过本国授权的销售点销售可在另一方国土上使用的促销交通票；

   （4）尽可能地鼓励双方《航空运输协议》中所规定的新航线；

   （5）根据双方的总体讨论和协商情况，就影响旅游的汽车运输问题进行实质性对话。

   3. 在规定的纳税范围内，一方有义务允许另一方的运输商或旅游企业的门票或零售材料进入本国销售，该国应该检查这些规定，在互惠原则的基础上在为对方某些材料的进入实行免税。

条款Ⅲ
便利化和文件材料

1. 双方都应努力酌情简化和取消手续和文件要求，为游客进入该国旅行提供便利。
2. 双方都应该在自身法律范围内为表演者和艺术家的进入提供便利，这些表演者和艺术家：
   （1）是另一方的国民；
   （2）被邀请参与在该国举行的国际文化活动。
3. 每一方都应采取所有必要措施以鼓励双边文化活动以增强联系和促进旅游。
4. 为满足双方旅游发展的需求，双方应就开放传统边界过境站和将这些过境站指定为优先级的问题进行磋商。
5. 双方将会促进本国入境处及其他各处的人员培训以保证旅游者的权益受到尊重及双方游客都能够受到礼遇。
6. 双方应考虑，在互惠基础上应官方要求适当地为教师和专家的旅游入境与出境减免签证费。
7. 意识到机动车事故和责任险对于两国之间汽车旅游的重要性，双方应向对方国民公布本国的汽车保险要求，可以通过各自的国家旅游局或其他适当渠道发布此类信息。
8. 双方都应在各自的设施和行政职能范围内意识到保障来自对方国家旅游者的健康和安全的必要性——无论是乘坐汽车还是其他交通方式的旅游者，并提供有效的医疗服务信息或敦促政府和非政府机构采取必要措施。
9. 双方意识到对美国和墨西哥的旅游投资进行推广和便利化的重要性。
10. 双方应相互协商，共同开展多边努力，适当地减少或消除国际旅游壁垒。

条款Ⅳ
文化和旅游项目

1. 双方认可和鼓励旨在加强两国人民联系和提高两国人民总体生活质量的文化和旅游活动，考虑推行与两国文化遗产相关的交流项目。

2. 双方将以促进到蕴含各国当地文化的发展中地区的旅游和开发与改善旅游设施与吸引物为首要任务。
3. 双方鼓励平衡且客观地对各自历史和社会文化遗产进行展示，提升对个人尊严的尊重和文化、考古与生态资源的保护。
4. 双方就各国展览和展示的设施使用情况交换信息。

条款 V
旅游培训

1. 双方鼓励各自的专家在以下领域交换技术信息和／或文件：
   （1）有助于教师和讲员在技术问题，尤其是有关便利性、酒店经营和管理等方面做好准备的系统和方法；
   （2）为教师、讲员和学生提供的奖学金；
   （3）为提供旅游服务的人员提供训练的课程和学习项目；
   （4）为酒店学校提供的课程和学习项目。
2. 各方都鼓励各自的旅游学学生和教授利用对方的学院、大学和培训中心所提供的研究机会。

条款 Ⅵ
旅游统计

1. 双方都尽可能提高两国边境和国内区域统计数据的可靠性和兼容性。
2. 各方同意建立双方有关机构共同参与的、有关旅游统计的技术委员会。
   （1）该委员会应致力于交换和协调用来衡量两国间旅游的统计数据和改善数据的收集；
   （2）该委员会进行合作研究；
   （3）该委员会应至少每年在美国和墨西哥轮流举行两次会议。
3. 各方认为应就两国实际和潜在的旅游市场的规模和特色交换信息。
4. 各方同意将世界旅游组织所发布的国内外旅游数据收集和发布的指导原则作为这一数据库的基本要求。

条款 Ⅶ
联合旅游营销

1. 受限于预算，各方应考虑在第三方国家联合开展营销活动。

2. 需要关注的活动包括：旅行批发商、旅行运营商和第三国新闻工作者的联合视察行程、电影节、旅行贸易展览和旅行宣传活动。

条款Ⅷ
世界旅游组织

1. 各方应与世界旅游组织合作，制定和鼓励出台政府采用后能为旅游提供便利的统一标准和建议措施。
2. 双方应就合作和有效参与世界旅游组织等问题进行互相协助。

条款Ⅸ
磋商

1. 双方同意应举行由双方官方旅游组织代表参加的磋商，就旅游和旅游事务进行适当讨论。该会议应至少每年一次在美国和墨西哥轮流举行。
2. 这些磋商应尽可能与美利坚合众国和墨西哥合众国的其他会议相协作。双方都将考虑建立工作小组以处理特殊议题或协议条款。
3. 该协议下的磋商是在美国-墨西哥双边委员会框架下改善双边合作的组成部分。因此，双方都应定期向双边委员会报告自己的项目、结果和建议。
4. 墨西哥合众国指定旅游秘书处作为其代表机构，首要责任是促进该协议在墨西哥的实施。
5. 美利坚合众国指定美国商务部作为其执行机构，首要责任是推动该协议在美国的实施。

条款Ⅹ
协定

1. 各方应通过各种协定执行本协议。协定可能包含的主题有：为旅游提供便利的合作活动、旅游培训、联合营销、收集旅游统计数据、资助、联合项目中遵循的程序及其他适当事项。
2. 该条款下所有的活动支出应取得双方一致同意。这些活动花费应根据适行法律和法规及人力和财力的情况进行分担。

条款Ⅺ
废除1983年的旅游协议

本协议废除和取代双方在1983年4月18日签订的旅游协议。

条款 XII
有效期

1. 当一国完成了必要的法律要求后，应通过外交照会告知对方以使当前协议生效。对方收到此外交照会后，协议随即生效。
2. 协议一旦生效，有效期将持续五年，并在五年到期后自动续期五年。如果任一方对协议续期产生异议，应在协议到期前三个月通过外交渠道书面提出。
3. 如果任一方发出终止协议的书面意向声明，那么该协议将在九十天后终止。

条款 XIII
通知

本协议生效后，双方应告知世界旅游组织总秘书处这一协议及其后续修正之处。

该协议于1989年10月3日签署于华盛顿，原文一式两份，以英语和西班牙语拟定，二者具有同等效力。

七、关键问题总结

在阅读了案例研究并将其与本章其他有关旅游的政治和外交政策的例子进行联系之后，我们可以提出一些问题来进行讨论并思考有关参与国际旅游协议的基本理论。其他问题可用来分析今天的政治和经济蓝图中多国旅游协议的适用性及其实际操作。

丰富的讨论问题包括：如果与他国合作意味着要牺牲本国的旅游需求，那么一国该如何证明合作的必要性？旅游竞争有益于当地社区，但是它对于国家之间的社区的益处能多有效地产生？当两国签署了协议，是否会出现搭便车问题？这些问题又该如何解决或避免？当国际旅游协议中的缔约方出现了争端，谁负责解决？最后，该如何强化这一特殊的双边旅游协议？这一协议中缺少了什么？其中包含了哪些多余内容？

注释

1. www. cdc. gov, 05/01/2006.
2. Reagan, R. (1985) Correspondence to 25th Session of the Executive Council of the World Tourism Organization, The White House, Washington, DC, April 18.
3. Rosato, S. (2003) "The Flawed Logic of Democratic Peace Theory." *American Political Science Review*, 97: 585-602.
4. White, M. (2000) *Democracies Do Not Make War on One Another…Or Do They?* Retrieved October 22, 2012, from http: //users. erols. com/mwhite28/demowar. htm.
5. Kant, I. (1975) *Project for Perpetual Peace*. Retrieved October 22, 2012, from www. mtholyoke. edu/acad/intrel/Kant/Kant1. htm.
6. Rosato (2003).
7. WTTC (2005) *World Travel & Tourism Economic Research*. Retrieved November 20, 2005, from www. wttc. org/2005tsa/pdf/World. pdf.
8. Rawls, J. (1999) *A Theory of Justice*. Oxford: Oxford University Press.
9. Kant (1795).
10. Edgell, D. (2012) *The Ten Important World Tourism Issues for 2012*.
11. Sri Lanka Tourist Board (2004) *Annual Statistical Report of Sri Lanka Tourism*. Colombo, Sri Lanka: SLTB.
12. Cited in Strausberg, M. (2012). *Religion and Tourism: Crossroads, Destinations and Encounters*. New York: Routledge, p. 5.
13. Cited in Theobald, W. (ed.) (1994) *Global Tourism, the Next Generation*. Oxford: Butterworth-Heinemann, p. 44.
14. Kennedy, J. F. (1963) *The Saturday Review*, January 5.
15. 本节部分参考内容来自 www. world-tourism. org/aboutwto.
16. 本节部分参考内容来自 www. wttc. org.
17. 本节部分参考内容来自 www. oecd. org.
18. www. oas. org.
19. 本节部分参考内容来自 www. apec. org/about.
20. www. doitcaribbean. com/info/index. html. en-US.
21. 本节部分参考内容来自 www. onecaribbean. org.
22. 本节部分内容选自 www. menata. org/about-menata.
23. 本节部分内容选自 www. unfoundation. org/what-we-do/campaigns-and-initiatives/world-heritage-alliance.

第六章　管理可持续旅游

和过去一样，今日旅行的最大动机之一来自人们对本国或他国的自然环境、遗产、艺术、历史、语言、风俗和文化的兴趣。对许多参观者来说，能够观察其他人如何在其环境中生活、思考和交往是一种强大的吸引力。旅行者可能会追求体验当地艺术、雕塑、建筑、庆典和节日，或是对食物、饮品、音乐和其他旅行和旅游接待中的特殊活动展现出文化兴趣。该吸引物可能是一个拥有重要历史建筑或独特博物馆的人造环境，或是拥有美丽风光、宜人海岸、壮丽高山、秀美森林、区域动植物的自然环境，又或是与当地居民在其环境中的简单的社会互动。正是环境的这些方面——自然栖息地、人造结构、文化遗产、历史，以及社会互动——在良好的政策和管理中会将旅游持续地带向未来。

保护和维持这些可持续资源对保证后代人的享用是至关重要的[1]。以负责任的方式来管理旅游加强和丰富了自然、遗产和文化价值，满足了对其进行保护的需要，从而为社区和参观者带来了现在和未来的高品质旅游体验……如果管理得当，可持续旅游能够成为实现人类最高渴望的主要途径，即在追求经济繁荣的同时维持社会、文化和环境的完整性[2]。

如今，旅游被视为世界上增长最快的产业。在当前的旅游业中，可持续旅游日益成长为旅游政策和规划的前沿。这种快速的变化及并行的发展实践为可持续旅游的规划、政策和管理带来了特殊的压力。要认识可持续旅游，就要认识到旅游体验在某些情况下可能是正面的，在某些情况下则可能是负面的，认识到何时需要规划和政策的指导以确保旅游的增长带来的是均衡且正面的旅游体验。完整的规划决策和执行是政策制定过程的必要组成部分（有关规划与政策的关系将在本书后文中进行详述）。实际上，可持续旅游是人们意识总体转向的一部分，因为人们已经认识到在保证有秩序的经济增长的同时必须具有环境意识并重视生活质量的社会价值才能保证旅游产业的美好未来。

一、可持续旅游——本质

　　管理可持续旅游依赖于前瞻性的政策和良好的管理哲学，包括在当地社区、私营企业和政府的发展实践中建立起和谐的关系，在发展经济的同时保护自然和人造环境。如上文所述，可持续旅游实践可以成为提升社区或目的地生活质量的有效工具。大部分环境已经被各种产业、技术和未经规划的旅游发展所占用，余下可资利用的环境十分有限。既要保护环境资源，用旅游为社区带来积极的社会价值，提升当地生活质量，还要同时获取旅游的经济利益，这无疑是一个很大的挑战。

　　如图6.1所示，宜人的气候、奇妙的风景、美丽的海岸线和沙滩、雄伟的高山和峡谷、错落有致的森林点缀着一望无际的平原、壮丽的自然风光及大海的韵律都是自然环境的组成部分，吸引着全世界旅行者的大规模移动。人造建筑，无论是住宿地、博物馆、艺术画廊或是历史建筑，都是人造旅游环境的一部分。可持续旅游产品一个重要的部分是当地社区的不同文化、传统和遗产，这一点常常被忽略。

　　有观点认为可持续旅游"包含两个互补的方面：'自然环境'（生态旅游、地质旅游、探险旅游、农业旅游和乡村旅游）及'人造环境'（历史、遗产、文化、艺术和独特的建筑结构）。这二者有重叠之处——它们都符合可持续旅游的基本概念，也在定义的多种元素中有所交叉"。[3]最近的研究"强调积极的可持续旅游发展依赖于前瞻性的政策和新的管理哲学，既追求经济发展，也在发展实践中保护自然的、人造的和文化的环境，追求当地社区、私营企业、非营利组织、学术机构和各级政府之间的和谐关系"。[4]

　　一个关于可持续旅游的常见误解是认为它被观光者"消费"完后会即刻

再生。可再生的可持续旅游的关键是一方面保护好自然、人造和社会环境，另一方面借助于良好的可持续旅游项目的规划和管理来增加经济价值，并保持好二者之间的平衡。简而言之，可持续旅游意味着获得高品质的增长，不耗尽自然和人造环境，保护好当地社区的文化、历史和遗产以改善当地居民的生活质量。可持续旅游涉及自然环境和人造环境，其中蕴含着历史、遗产和文化对新的现代结构的综合影响。

图 6.1　联合国教科文组织世界遗产地，坦桑尼亚恩戈罗恩戈罗自然保护区马尼亚拉湖周围的自然风光（山姆·彼德森 摄）

1. 定义和理解可持续旅游

在本书中，两位作者在很大程度上采纳东卡罗来纳大学关于可持续旅游的定义："可持续旅游能够创造旅游相关的就业、收益和税收，同时能保护和增强目的地的社会、文化、历史、自然和人造资源，提高居民和参观者双方的福祉，因此有助于建立起均衡和健康的经济"。[5]本书后文也会介绍其他有用的定义，尤其是被联合国世界旅游组织所认可的定义，即可持续旅游是一种对所有的资源进行管理，以保证在满足经济、社会、审美需求的同时维持文化完整性、基本生态过程、生物多样性并有助于消除贫困的旅游。

可持续旅游的目标之一是有秩序的经济增长,关键是在参观者数量与特定环境(包括自然和人造)的承载力之间寻找平衡,实现最大化的互动和娱乐以及最小化的破坏。这一目标的实现需要旅游业与当地和全球其他产业进行合作。虽然这种合作的方式有很多种,但是通常认为第一步是要制定切实可行的旅游政策。从其直接的定义来看,承载力是指某个目的地在其环境和管理能力范围内,在保证有效和高效管理的前提下可承载的最大人数。当聚集在某地的人数过多而导致该区域无法控制人流时,就超过了该地的承载力,从而导致目的地环境的破坏,并对当地居民带来负面影响,最终导致经济的衰退。为避免这种情况,必须进行有效的规划,并与总体的政策导向相一致。

有人可能认为没有其他产业像旅游业这样与大量不同产业存在着因果关系。实际上,正是这种相互依赖性带来了旅游的多学科特征。例如,目前对石油业的担心(汽车燃油的可得性和价格)对旅行者的度假决定有着重要的影响。航空业也受到石油产业的影响,类似的还有机场在某一时刻开展的安全和治安管理规程。另一个旅游业依赖其他经济部门的例子是食品的生产,如农业、渔业和饮料业。

许多国家都以某种方式采用了独特的可持续旅游政策。例如,成立于1990年的肯尼亚野生动物局(KWS)制定了强有力的法律保护准则来保护其管辖的公园中的野生动物。KWS在受保护区域内和偏远的未保护区都拥有保护野生动物和管理实践的责任。KWS社区野生动物服务部门与毗邻地区的利益相关方进行合作,旨在开展积极对话和土地管理实践。KWS所提出的目标体现了这种支持可持续旅游概念的管理实践:"为了人类的利益,在保护区外与他人协作以保存和保护野生动物资源并对其进行可持续管理。KWS与他人协作开展的社区野生动物项目鼓励对野生动物来说至关重要的社区保护生物多样性,例如生物走廊和位于公园或保护区外的分散土地。这种信念的前提假设是'如果人们能够从野生动物和其他自然资源中获益,那他们就会保护这些资源,对其进行可持续的利用'。"

2. 可持续旅游的早期背景和趋势

人们很久以前就发现并识别出环境问题和理解文化遗产问题。例如，希腊社会就已展现出了对自然主义的兴趣。伟大的希腊旅行者和旅行作家希罗多德在他的书中介绍了很多自己在旅途中遇到的不同文化和遗产的例子，马可·波罗的游记则描绘了他所经过的自然区域，介绍了许多自己接触到的人、文化和生活方式。1709 年，英国探险家、旅行者兼旅行作家约翰·罗森（John Lawson）在他的书中图文并茂地描绘了北美的印第安部落和他走过的荒蛮土地上独特的动植物。之后，像巴伦·亚历山大·冯·洪堡特（Baron Alexander von Humboldt）和查尔斯·达尔文（Charles Darwin）这样的博物学家对自然进行了研究，让后代人能够更好地理解地球的丰富性。20 世纪早期，全世界的当地和国家公园体系都认识到了参观者对自然的兴趣，建立和发展起了保护项目以保护这些资源。

1962 年，蕾切尔·卡逊（Rachel Carson）在《寂静的春天》一书中第一次提出了对环境危机的现代担忧。她认为农药的毒副作用正在危害生命本身的可持续性，从而引起了世界对环境问题的关注。在接下来的 1972 年，全球智库小组"罗马俱乐部"发布了名为《增长的极限》的报告，分析了人类面对的关键问题，其中就包括环境问题。该报告共售出了 1200 多万份，引发了高层政治家、科学家、经济学家和其他群体对未来社会的担忧。旅游业的大多数研究者在讨论可持续旅游时会引用 1987 年世界环境与发展委员会上发布的布伦特兰报告。该报告为可持续问题的讨论指出了方向，旨在刺激旅游业采取切实的行动。[6] 不过，最近的大量有关可持续旅游的活动则源自 1992 年于巴西里约热内卢举办的联合国环境与发展大会所发布的一份报告，即 21 世纪议程。21 世纪议程中指出了可持续旅游的三个基本主题。第一，需要在公共和私营部门之间建立起伙伴关系（可参见前文有关竞争合作的讨论）；第二，在不损害未来人类福祉或地球的前提下保证现在的生活质量；第三，强调可持续的环境保护。

1995 年，旅游产业宣布赞同上述原则，并为 21 世纪议程增加了指导方针。世界旅行和旅游理事会（WTTC）、联合国世界旅游组织（UNWTO）和地球委员会（Earth Council）共同发起了一项计划，名为"旅行和旅游 21 世纪议程：走向环境可持续发展"，为行动提供了战略计划。正是该报告激发了全球旅行和旅游部门在可持续旅游事业上不断前进。

1999年，联合国可持续发展委员会第7次会议再次对上述活动进行了强化，更加强调可持续发展的经济和社会影响，尤其是在减少贫困方面。该委员会敦促政府"与所有的主要团体、原住民和当地社区合作，通过适当的战略，最大化地开发旅游在消除贫困方面具有的潜力"。就这项委员会倡议来说，联合国世界旅游组织和世界旅行和旅游理事会已经成为全球旅行和旅游业的主要组织。

大约同一时间（或更早），区域组织也在引领或模仿国际舞台上的可持续旅游走向。经济合作与发展组织（OECD）讨论了若干计划，包括对乡村地区可持续旅游的特别关注。加勒比旅游组织举办了一系列会议，使人们认识到加勒比地区的岛屿在环境的负面影响面前非常脆弱，因此非常需要可持续的旅游政策。亚太经合组织（APEC）的旅游委员会（本书作者之一戴维·埃杰尔曾是该委员会主席）致力于可持续旅游问题。在1996年，亚太经合组织秘书处发布了一项完整的可持续旅游研究，名为《亚太经合组织成员经济体中的环境可持续性旅游》。1995年，埃杰尔为美洲国家组织（OAS）经济与社会问题执行秘书处的区域发展部递交了名为《美洲国家组织可持续旅游发展政策和规划指导》的报告。该报告为美洲国家组织的35个成员国提供了有关可持续旅游发展的实践指南。此外，还有许多区域组织、国家组织、非营利组织、大学项目及私营企业致力于可持续旅游政策的讨论和实施[7]。在全球层面上，联合国世界旅游组织所完成的可持续旅游工作得到了广泛关注。2004年，联合国世界旅游组织给出的"可持续旅游发展的概念定义"如下：

> 可持续旅游发展指南和管理实践适用于所有的目的地类型中的所有旅游形式，包括大众旅游和各种利基旅游市场。可持续性原则涉及旅游发展的环境、经济和社会文化方面，必须在这三者之间找到恰当的平衡以保证长期的可持续性。因此，可持续旅游应该：
>
> 1. 对构成旅游发展关键元素的环境资源进行最优利用，维护基本生态过程，帮助保护自然遗产和生物多样性。

2. 尊重东道主社区社会-文化的本真性，保护当地人造和生活文化遗产与传统价值，为文化间的理解和包容做出贡献。
3. 确保可行的长期经济运行，在所有利益相关方之间公平分配社会经济利益，包括稳定的就业、获得收入的机会和东道主社区的社会服务，为消除贫困做出贡献。

可持续旅游发展既需要所有利益相关方的知情和参与，也需要强有力的政治领导来确保广泛的参与和共识的达成。可持续旅游的实现是一个持续的过程，它要求对影响进行持续关注，采取必要的预防和/或必要时的补救措施……

可持续旅游还应该保持高水平的旅游者满意度，保证旅游者有意义的体验，提高旅游者的可持续意识，并在旅游者的中推广可持续旅游的实践[8]。

此外，代表着私营企业的世界旅行和旅游理事会已成为政府的合作伙伴，在全球提升对旅游业经济和社会影响的重要性的认识。世界旅行和旅游理事会是上文提到的21世纪议程的合作伙伴，它针对可持续旅游发起了"绿色星球"计划以强化环境意识。在2003年的全球旅行和旅游峰会上，世界旅行和旅游理事会发布了《新旅游蓝图》报告，强调了伙伴关系在可持续旅游发展中的重要性。该蓝图为旅行和旅游提出了一个超越短期利益的美好愿景，不仅关注旅行者的利益，还关注东道主社区居民的利益以及他们的自然、社会和文化环境。该蓝图认识到私营部门和公共部门之间进行合作的必要性，认为这种合作能将经济需要、当地和区域管理部门的需要及当地社区的需要与包括可持续旅游在内的各种旅游企业的利益相匹配。该蓝图的一个重中之重是"用商业在经济与人、文化和环境之间建立平衡"。[9]

有许多非政府组织致力于可持续旅游问题。如果要将其逐一介绍，恐怕需要整整一本书的篇幅。不过，只需要介绍其中的几个组织也足以说明它们在促进可持续旅游原则上所做出的贡献。首先要介绍的是建立于2003年的《国家地理》杂志的可持续旅游目的地中心。该中心已经发展起一套测量标准来对全世界的目的地进行评估。它与英国的利兹城市大学进行合作，建立了专家小组，其中的专家来自多个领域——生态学、可持续旅游、地理学、规划、旅行写作和摄影、历史保护、文化人类学，以及考古学等相关学科，目的在于对全世界目的地的可持续性进行评估。有关该可持续旅游小组的工作和该中心的目的地可持续性评估标准将会在本章后文的"全球视角"部分进行详细介绍。

二、可持续旅游指南

本章必须介绍的是著名的"生态旅游十诫",它的提出者是活跃在国际舞台上的美国旅行社协会(ASTA):

1. 认识到地球的脆弱性。认识到除非我们主动保护地球,否则那些独特和美丽的目的地在后代人手中都将不复存在。
2. 只留下脚印,只带走照片。不要乱写乱画!不要乱扔垃圾!不要从历史遗迹和自然景区带走任何"纪念品"。
3. 为让你的旅程更有意义,应先行了解参观地区的地理、风俗、习惯和文化。拿出时间来倾听当地人的声音。支持当地的保护工作。
4. 尊重他人的隐私和尊严。在拍照前征得对方同意。
5. 不要购买由濒临灭绝的动植物制成的纪念品,例如象牙、玳瑁、动物皮毛。阅读"出行须知"和美国海关禁止进口物品名录。
6. 永远遵守指定的路线。不要打扰动物、植物及其生长地。
7. 了解并支持保护项目和致力于保护环境的组织。
8. 尽可能步行或使用环境友好型的交通方式。敦促公共交通工具的司机在停车时关掉引擎。
9. 在选择酒店、航空公司、度假地、游轮、旅行社时,尽量支持那些推进能源和环境保护,关注水和空气质量,注重回收,对垃圾和有毒物质进行安全管理,控制噪音,参与社区问题,职员经验丰富,训练有素,并严格遵守保护原则的企业。
10. 询问您的旅行社,找到那些遵守空间、陆地和海洋环境指南的组织。美国旅行社协会建议这些组织在面对特殊景区和生态系统时采用自己的环境准则。

本书的作者之一埃杰尔于2005年建立了一个旅游学会,它是一个重要的组织,致力于通过当地、国家及国际层面的旅游与可持续旅游问题的研究促进经济发展，如今已发展为东卡罗来纳大学的可持续旅游中心。在卓越的领导带领下［帕特里克·朗（Patrick Long）博士为该中心的主任］，该中心日益成熟，产生的大量研究成果展示了可持续旅游的广泛研究兴趣，这些成果不仅具有本地层面上的重要性，也具有国际重要性。2010年，该中心在美国创建了第一个"可持续旅游理学硕士学位点"。有关该中心的研究、项目和活动的详细信息，请参见 www. sustainabletourism. org。

2012年，可持续旅游中心与麦尔斯传媒（Milesmedia）联合发布了《绿色旅游誓言》，其中包含"10种关爱方式"，即：

1. 了解你的目的地——通过对当地独特的自然环境、文化和历史的更多了解来享受更有裨益的体验。
2. 不要忘带好习惯——旅行时要像在家一样坚持资源回收、节约用水、随手关灯。
3. 做个高效利用燃油的旅行者——订直飞的航班，租小型汽车，让自己的汽车最有效地工作。在目的地尽可能步行或骑自行车。
4. 做出知情决策——找到那些高效利用能源、参与回收项目，或是用自身行动保护当地社区和自然环境的目的地或企业。
5. 做个好客人——记住你在目的地是一个客人。融入当地人但尊重其隐私、传统和当地社区。
6. 支持当地人——作为一个参观者，你在旅程上的花费能够帮助当地那些依赖于旅游业的手工业者、农业和商人。
7. 处理你的垃圾——为他人留下可供享受的美丽之地——尽可能进行回收，永远谨慎处理自己的垃圾。
8. 保护你身边的自然环境——留意那些受到你影响的动植物和生态系统。不要投喂野生动物，保持指定路线，严格遵守防火条例。
9. 让你的旅程零排放——另外还可考虑购买碳排放额度，以完全抵消你作为旅行者对气候变化带来的影响。
10. 将自己的体验带回家——回家后继续保持可持续行为习惯，鼓励家人和朋友采用同样的旅行方式。

除此之外，还有许多旅游组织提供了很多关于可持续旅游的信息。一些国家的旅游部门在很多年前就制定了可持续旅游原则。例如，加拿大的可持续旅游道德准则与指南如下：

1. 请您在欣赏自然和文化遗产的同时帮助我们对其进行保存和保护。
2. 通过有效利用水和电等资源来协助我们的保护工作。
3. 请感受我国人民的友好和社区的热情好客。请尊重我们的传统、风俗和当地制度来帮助我们保持这些特点。
4. 请不要威胁野生动植物种群，或进行任何可能破坏自然环境的行为。
5. 请选择那些具有社会、文化和环境敏感性的旅游产品和服务。

三、可持续性的益处

如果旅游目的地的旅游产品具有可持续性特征，那么它就更有益于经济增长和提高社区的生活水平。未经污染的自然生态系统，保存完善的历史遗迹和文化遗产将会使游客满意。可持续旅游所涉及的利益团体包括政府、私营企业、当地社区、非营利组织及那些准备好接受、计划、参与、号召和管理可持续旅游项目的组织，且这些项目均符合可持续旅游原则与实践。为确保可持续旅游作为经济发展战略能在未来获得成功，就必须要激励商界和大众进行良好的实践，例如提升拥有动植物的自然风光的美丽之处或丰富人造环境。在这方面，一个主要的挑战是提供最佳实践以帮助指导管理过程并为后代人提供享受可持续旅游并从中获益的机会。

世界上的一些国家和地区从数年前就开始为目的地的环境质量进行营销和推广。一个最悠久和最成功的项目是欧洲环境教育基金会（FEEE）在欧洲发起和开展的"蓝旗运动"。此后，欧洲环境教育基金会的范围实现了拓展，它不仅包括欧洲国家，也包括其他地区的国家，例如南非、摩洛哥、突尼斯、新西兰、巴西、加拿大和加勒比地区的国家。该项目于1985年在巴黎启动，当时的关注点是水质量和海滩目的地的垃圾处理。此后该项目又增加了环境质量标准，扩展至欧洲内外。随着向非欧洲国家的扩展，该组织更名为环境教育基金会（FEE）。环境教育基金会主要处理四个方面的问题：（1）环境教育和信息；（2）水质；（3）环境管理；（4）安全和服务。每个标准都制定了详细的要求，只有满足了这些要求才能成为蓝旗运动的参与国。如果成员国的某个目的地满足了这些要求，那么它就有权在其所属的地方悬挂教育基金会的"蓝旗"，这意味着，对旅行者来说，该目的地已经通过了环境标准的认证。

四、全球视野

如上文所示，如今有许多组织都以各种方式关注可持续旅游的问题。今日的旅游业更加了解游客对高品质旅游体验的需求，知道他们想要干净和健康的自然环境，想要保护和保存目的地的历史建筑、遗产和文化和社会环境。剩下的问题就是如何将可持续旅游的信息以最佳方式传递给更广泛的人群。无疑，电子商务工具的使用至关重要，电视上的旅行、自然和历史频道与关注高质量目的地的《国家地理旅游》（阅读量最大的国际旅行杂志）杂志，具有同等的重要性。该杂志重点关注高质量的旅游目的地。这部分介绍了《国家地理》的可持续目的地中心所做的努力，即以可持续性为标准对积极和消极目的地进行的公布。

如前文所述，该中心建于2003年，与利兹城市大学的团队合作开展了全球研究，将目的地按照其可持续性进行了评级。这一评级体系共有六个标准：

1. 环境和生态质量；
2. 社会和文化完整性；
3. 所有历史建筑和考古遗址的状况；
4. 审美吸引力；
5. 旅游管理质量；
6. 未来前景。

正如在讨论的开始就提到的，由来自多个领域的专家组成了专家小组，他们具有测量目的地可持性的专业背景。他们大多是经验丰富的旅行者，普遍拥有可靠的评价能力。从2004年开始，该中心每年都会发布经过专家评级的全球目的地名单。专家会对过去五年中他们亲自参观过的目的地进行评价。一旦评价完成，杂志会发布评价结果。为了更好地发布评级结果，该杂志会设计特别的封面来醒目地介绍本期中的排序。用大号、加粗或是彩色字体进行印刷的字词包括：2004年3月，"目的地得分，115地评级"；2005年7/8月，"55地评级"；2006年11/12月，"94地评级"；2007年11/12月，"世界最佳岛屿评级"；2009年11/12月，"世界最佳地点：133个目的地评级"；2010年11/12月，"99个目的地评级——世界最佳岛屿、海滩和海岸线"。杂志正文的标题用词包括"好"，"不错"，以及"每况愈下"。任何目的地都不想列为最后一类，但是一旦排名不佳，该目的地就会着手努力改善其可持续性。

五、气候变化和可持续旅游

可持续旅游管理面临一系列重要的政策和规划挑战，但最为重要的是应对气候变化的威胁。"强有力的证据表明，全球气候与前工业时代相比已经发生了很大变化，并且这种变化预计在21世纪还会持续……旅游与环境和气候有着紧密的关系，旅游被视为具有高度气候敏感性的经济部门，如同农业、保险、能源和运输业。局部气候的变化与旅游目的地紧密相关，因此旅游需要所有利益相关方的配合"。[10] 世界沿海地区和岛屿的旅游对气候变化的影响尤其敏感。第一章中的马尔代夫的案例研究很好的说明如果全球变暖持续发生，许多美丽的岛屿将会不复存在。本章结尾的案例研究将会讨论一个面对气候变化的沿海区域，它可以成为世界上其他类似地区的一个代表。接下来的讨论包含了案例研究中的一些信息，但就作者看来，这种重复是值得的。

"旅游业已经将气候变化视为未来战略规划的关键（问题）。联合国世界旅游组织（前）秘书长弗朗西斯科·弗朗加利（Francesco Frangialli）在谈到气候变化时说道：'我们（旅游业）是（全球变暖）问题的一部分，也是解决这个问题的一部分'。社会科学家认为要采用创新的方法来应对气候变化对旅游产生的预期影响"。对未来的增长和全球旅游的可持续性来说，应对气候变化的政策是至关重要的。

贝肯（Becken）和海（Hay）认为："气候变化不仅通过温度、极端天气和其他气候因素对旅游产生直接影响，也会改变那些吸引着旅游者的自然环境，从而对旅游产生间接影响——例如，海岸线的侵蚀，珊瑚礁的破坏，其他敏感的生态系统的破坏、山地降雪与积雪的减少。它还会影响支撑旅游的基础服务，例如供水，这种影响在旅游高峰期尤为显著"。[11]帕特里克·朗博士是东卡罗来纳大学可持续旅游研究中心的主任，他建议"我们需要增进对气候趋势的了解……对变动性和季节性的了解……以及应对和减缓气候变化的政策的了解"[12]。

旅游地的天气和气候状况常常是人们旅行的原因，决定了人们去哪旅行，如何旅行，何时旅行以及在目的地停留多长时间。通常前往海滩的游客会追求阳光充沛和温暖的水域。滑雪者和驾驶滑雪摩托的游客则期盼充分的降雪。观光客和进行室外娱乐的人喜欢晴朗的天气和适宜的温度。许多旅游经营者失败的原因正是简单的天气原因。"只有正确地认识气候变化，旅游管理者才能制定出完善的目的地政策、战略和管理框架以适应并应对长期……气候变化的现实"。[13]

气候变化引发了天气模式的变动，这可能会给游客带来直接的影响。森林火灾会烧毁具有旅游吸引力的动植物。飓风和海啸会改变海岸线，常常摧毁度假村、目的地和旅游服务设施。水灾和旱灾会摧毁依赖旅游的地区。这些现象都会对未来旅游的可持续性产生影响。

在全球领导者积极地解决气候问题之前，旅游业都只能依靠自身的力量来减缓或适应这些变化所带来的影响。埃杰尔和麦考密克（McCormick）在一篇发表于2008年的文章中指出，"旅游管理者必须从过度利用自然资源的范式中转变出来，朝着环境管家的角色迈进……此外，全球变暖成为首要的环境问题，旅游管理者需要对预测中的变化保持敏感"。[14]世界各地必须明确气候变化给自己的特定目的地带来了何种影响。若不采取任何措施的话，旅游在未来的增长及其可持续性将会受到威胁。如果旅游利益相关方现在还不制定政策和计划，可能就永远失去这个机会了。

必须现在就对气候变化和可持续旅游采取行动。"关键的一点是，无论自然和气候变化的影响程度如何，所有的旅游业部门和目的地都必须适应气候变化以最小化相关风险，以经济、社会和环境上可持续的方式把握新的机会……这一明显的结论说明了气候变化对旅游的重要性并非只在遥远的未来。气候变化已经开始影响旅游部门中的决策，包括旅游者、有远见的旅游商人和投资者，以及国际旅游组织"。[15]

六、管理可持续旅游的最佳实践

本章将回顾许多关于可持续旅游的不同概念和观点。在此之外，想要更完整地说明相关问题还需要具体的例子，例如一个成功地发展和管理了可持续资产的、能够代表最佳实践的真实目的地。在全球寻找关于可持续目的地的信息，位于美属维京群岛圣乔治岛的马霍湾度假村可以算作一个典型例子。该度假地赢得了无数全球奖项，多于本章所研究的任何其他地方，它充分地展示了发展和管理可持续性目的地的最高原则。

在克里斯蒂娜·辛科（Christina Symko）和罗博·哈里斯（Rob Harris）合著的《可持续旅游：全球视角》一书中有一篇文章，名为《堪比天堂：马霍湾度假村》，两位作者在这篇文章中仔细分析了马霍湾度假村的可持续旅游特征。马霍湾度假村的开发者，斯坦利·塞林格特（Stanley Selengut）是可持续生态旅游的先驱。该文有着如下介绍：

> 在脆弱的地方开发适当的旅游和住宿设施需要灵感、创意和高度的技术。生态开发者既要寻找与环境相和谐的方法，又要满足旅游者参与自然体验的需要，因此他们必须对周围的环境有深刻的理解。这一案例研究详细展示了美属维京群岛上的马霍湾度假村解决这些挑战的方法。马霍湾度假村在一个很广泛的意义上实践了可持续性的哲学，不仅考虑到环境维度，还考虑到周围社区的经济和社会目标……对马霍湾度假村产品的各种需求和占用率在高峰期（11月中旬到次年4月中旬）接近百分之百，淡季的占用率也显著高于加勒比地区的一般水平。[16]

在分析了马霍湾度假村之后，该文章得出以下结论：实际上，该目的地超额完成了可持续度假地实践的发展标准。

1996年，耶鲁大学的系列报道《生态旅游等式：衡量影响》中包含了一篇斯坦利·塞林格特所写的文章，名为《圣乔治岛马霍湾，和谐、协和地产与协和生态帐篷》。在这篇文章中，塞林格特讲述了自己参与马霍湾的可持续旅游发展的故事。如本章前文所述，大多数作者在讨论可持续旅游时会从1987年世界环境与发展委员会发布的布伦特兰报告入手。有趣的是，塞林格特早在此12年前，即1975年，就已开始开发自己的环境友好型目的地了。

耶鲁的系列报道用塞林格特的语言讲述了发展生态旅游地的过程：

  我设计了一个节省灯光的"帐篷小屋"，它可以利用现有的树和植物搭建。首先要在人工挖掘的地基上修建一条隆起的步道。沿着步道运进建筑材料，将其放置好。管子和电线藏在步道下方而不是埋在壕沟里。完成后的步道顺着树木和草自然延伸……我们开始只进行了小笔投资，小范围地建造了18个这样的小屋。该露营（度假）地获得了1978年环境保护奖，刊登在《纽约时报》的旅行版，吸引了让我们措手不及的大量游客。我们利用获得的利润又增建了一些小屋。如今，马霍湾拥有114个帐篷小屋，成为加勒比地区盈利最为丰厚，占有率最高的度假地……地板表面由100%的回收报纸制成。地板的成分也是100%的回收报纸。护墙板由水泥和回收的硬纸板制成……卫生间瓷砖和家具的材料中有73%来自消费后的玻璃瓶。

  马霍湾的房屋构造使用回收材料、风能、太阳能板或其他能够利用的环境节约型的技术。动植物得到了全面的保护。如果你问塞林格特为何如此关心环境，使用循环回收的建筑材料，他会告诉你，"因为，这样利润更高！从环境和保护的角度出发也能够带来盈利"。[17]

  就美丽的景色、壮观的白色沙滩，以及绮丽的植物来说，美属维京群岛圣约翰岛上的马霍湾无疑是全球最佳目的地之一。塞林格特在1975年为自己的生态旅游设施选择了最为合适的建造地。在圣约翰岛上建造可持续建筑的一个好处是，该岛上三分之二的面积属于美国国家公园，它保护着该地区的自然栖息地。

七、重要条例

  可持续旅游政策既然考虑到可持续性为一个目的地带来的当前利益，也要保护未来的机遇，认识到这一点至关重要。此外，可持续旅游发展应该既要有利于当地人，也要有利于游客。在许多国家，国家公园都是可持续性的引领者。许多国家公园在当下也面临着来自内外双方的压力。在大量的游客量下要保持原始的环境是一个很大的挑战，在一些情况下，从政府获得资金一直是可持续性的公园发展中最艰难的工作。然而，大多数公园的管理者都支持为动植物保证环境质量，追求与当地居民的和谐关系，我们希望未来的政策和计划能够支持这些管理者。

加拿大在维持和管理公园方面有着卓越的可持续政策。1930年颁布的《加拿大国家公园法案》规定："国家公园服务于加拿大人民的利益、教育和娱乐……应在保护其不受伤害以保证后代人的使用的基础上进行管理和利用。"1988年，加拿大对这个引人注目的法案进行了第一次修正，强调了生态完整性和对"完整生态系统"的保护，并将公共参与引入管理之中。1994年，又增加了"指导原则和操作政策"来进一步加强保护，其遵循的基础是"公园管理必须反映加拿大的国家地位及其国际责任"。其中的一个公园便是班夫国家公园，虽然存在很多困难，但它依旧努力遵循着这些公园条例。

作为加拿大最古老和最有名的公园，班夫国家公园面临着一些现实的挑战，它一直都为游客和居住在公园里的当地居民提供着完美的室外体验。它能够在接待数量巨大的游客的同时保持可持续性，因此可能是加拿大被研究最多的公园。作为联合国世界遗产，该公园必须满足很高的环境管理标准。班夫国家公园有趣的一点是，有一个大约7600人的小型社区位于公园之中，进行着日常的生活。该公园每年要接待数百万游客，因此必须持续地评估其承载力。公园不断地努力增强其生态完整性，在保护和利用之间寻找平衡。在《班夫国家公园管理计划综述》中，加拿大遗产部部长做了如下描述："这里的自然永远都是每个人的参观、责任和生活不可分割的一部分……这里有自然、游客、社区、可持续旅游、开放的管理和环境的管理"。即便从全世界来看，这一管理计划都是优秀的可持续旅游管理政策。

本章复习题

1. 可持续旅游的定义是什么？
2. 承载力的定义是什么？
3. 为什么承载力对目的地有着重要影响？
4. 可持续旅游的主题是什么？

5. 根据联合国世界旅游组织，可持续旅游的作用是什么？
6. 生态旅游有哪些禁律？
7. 可持续旅游有哪些好处？
8. 环境教育基金会（FEE）的职能是什么？
9. 可持续目的地中心的评级系统采用了哪些标准？
10. 为什么马霍湾是可持续旅游的绝佳例子？

案例研究 6：气候变化及其对旅游的影响
——北卡罗来纳的外滩群岛

该案例研究的作者是戴维·埃杰尔和卡罗琳·麦考密克，二人于2006年第一次见面后就因对可持续旅游的共同兴趣而开展了对外滩群岛的研究。二人先是乘坐汽车，进而乘飞机参观了外滩群岛185千米长的海岸线范围内的社区，明确地发现外滩群岛的可持续性正处于危险之中。埃杰尔和麦考密克决定进行一些有限定的研究来为外滩群岛寻找一些减轻破坏的潜在机会。研究的成果是一篇名为《气候变化和旅游：以北卡罗来纳外滩群岛的海岸线为例》。该文在"海岸线协会第21届双年会"上宣读。会议后研究工作继续进行，其中大多数在本案例研究中都有所介绍。[18]

* * *

该案例研究的早期工作开始于2004年。卡罗琳·E.麦考密克时任外滩群岛旅游局的主任，当时她就已经指出有必要更好地理解气候变化。2006年，她被北卡罗来纳环境和自然资源局委派到气候行动计划顾问小组。2007年9月，麦考密克在当地报纸《海岛微风》上发表了《气候和海岸》一文。她指出："我们（外滩群岛）是国家和国际气候变化讨论中的一部分，理解这一点非常重要。我们必须参与到决策的制定中去，不能让别人替我们做决策"。随后，在2009年2月11日，麦考密克参与了美国众议院的"大陆架外缘探讨"监管听证会，并在会上陈述了对北卡罗来纳外滩群岛进行维护和保护的必要性。

2003年，戴维·L.埃杰尔博士，即东卡罗来纳大学的旅游学教授，作为《国家地理》可持续目的地中心专家小组的成员对115个世界目的地按照可持续性进行了评级。结果发布在2004年的《国家地理旅行者》杂志上，外滩群岛被划分到"每况愈下"的组别，这意味着该目的地在可持续性上存在着问题，但仍旧有希望在未来得以纠正。2005年，埃杰尔获得了"国家海洋和气候管理局北卡罗来纳海资助项目"并发表了一篇研究成果，名为《作为北卡罗来纳水路和海岸经济发展战略的可持续旅游》。2006年，埃杰尔完成了《管理可持续旅游：留给未来的遗产》一书，为有序地可持续增长和开发提出了一些政策处方。

（一）北卡罗来纳外滩群岛的特征

在过去的60年中，国际旅游持续增长，国民经济对旅游收入的依赖日益增强，因此对旅游与全球气候变化的相互依存复杂性的协同政策分析在所有管理部门中越来越具有相关性。由于人们及时地介入了这一问题，因此也越来越了解可持续旅游发展在缓解气候变化的过程中所扮演的重要角色。每年有十亿人进行国际旅行。旅行要繁荣，必须有怡人的环境，包括健康、安全、安保……和天气。气候变化的影响正迅速成为可持续旅游的重要元素。无论气候变化是由人类引发还是自然循环趋势的一部分，又或者是其他原因，可持续旅游领域的社会科学家都需要积极行动，进行创新的回应以应对气候可能的变化。

不断变化的全球气候将会带来深刻的政策挑战，需要全世界领导者在未来几十年中的战略决策。根据变化程度的不同和各地脆弱程度的不同，气候变动性会带来多个维度的影响。旅游比大多数领域对气候变化都更加敏感。为了美国和世界其他地区旅游在未来的增长及其可持续性，对气候变化做出政策回应是至关重要的。该案例研究旨在说明，对类似于外滩群岛这样具有动态性的堰洲岛来说，气候变化将会对旅游带来什么影响。

外滩群岛是旅游依赖型的经济，每年接待来自50多个国家的超过500万名游客——为该地区创造的就业岗位最多。在过去的10年中，外滩群岛有成百上千个海景房租赁、二手房、接待和旅游设施被海洋吞噬；"东北风暴（大风暴)"、飓风和海平面上升都带来了重大的损失,部分原因是20世纪90年代经济泡沫中建筑的质量缺陷。例如最近,仅仅在北卡罗来纳的纳格斯海德的南部,40座度假别墅就受到潜在的强暴雨和海岸线上升的威胁;因此,其中一些已经无法居住,并从纳税名单中划去。虽然情况有所不同,但同样的现象也发生在全球其他类似的海岸旅游目的地。我们希望研究和分析能为广泛的不同国家提供帮助,尤其是加勒比的海岛,它们拥有类似的特征,也具有本案例研究中所介绍的类似问题。

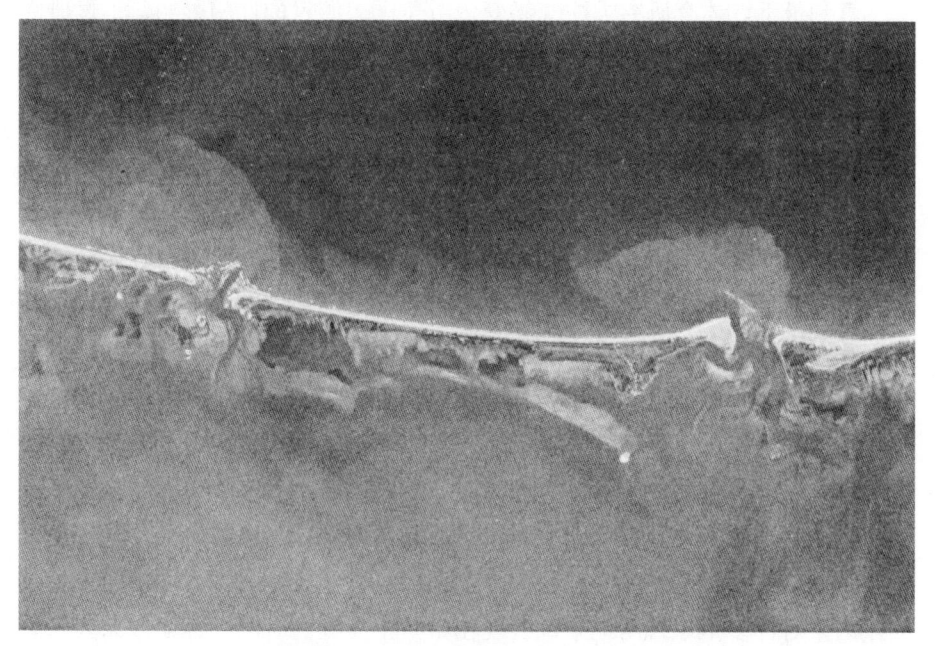

图 6.2 北卡罗来纳外滩群岛欧奎考克岛脆弱的海岸风景线
(图片来源:NASA 强森空间中心影像科学和分析实验室的"宇航员拍地球")

(二)问题

"人们越来越担心二氧化碳的排放及其所带来的气候变化问题,因此对环境问题的担忧正成为旅游的中心议题。"[19] 贝肯和海[20]认为:"气候变化不仅通过温度、极端天气和其他气候因素对旅游产生直接影响,也会改变那些吸引着旅游者的气候环境,从而对旅游产生间接影响——例如,海岸线的侵蚀、珊瑚礁的破坏、其他脆弱生态系统的破坏、山地降雪与积雪的减少。它还会影响支撑旅游的基础服务如供水，这种影响在旅游高峰期尤为显著"。帕特里克·朗博士是东卡罗来纳大学可持续旅游研究中心的主任，他建议"我们需要增进对气候趋势的了解……对变动性和季节性的了解……以及应对和减缓气候变化的政策的了解"[21]。联合国世界旅游组织前秘书长，弗朗西斯科·弗朗加利在2007年指出，旅游业"是（全球变暖）问题的一部分，而我们也是解决问题的一部分"。

直到最近，才有研究关注气候变化对美国旅游目的地的影响，不过研究的数量比较有限。2011年1月17日，美联社一篇名为《上升的海平面威胁国家美丽的海岸线》的文章指出，"根据一个北卡罗来纳科学小组的预测，到2100年，海平面将上升1米"。该报告针对气候变化对外滩群岛高密度旅游区的影响提供了一个最新的状况说明。它指出了在讨论气候变化核心问题的相关政策时要将旅游业纳入其中的必要性。它也激励着相关研究的出现，为美国和世界其他地区通过发展和管理可持续旅游来减缓气候变化提供政策建议。

旅游地的天气和气候状况常常是人们旅行的原因，决定了人们去哪旅行，如何旅游，何时旅行以及在目的地停留多长时间。旅游者对旅游产品和目的地的期望是各种各样的。通常前往海滩的游客会追求阳光充沛和温暖的水域。滑雪者和驾驶滑雪地摩托的游客则期盼充分的降雪。观光客和进行室外娱乐的人喜欢晴朗的天气和适宜的温度。目的地旅游服务供应商的生意常常依赖于旅游季好天气持续的时间长短。许多旅游经营者失败的原因正是简单的天气原因。对许多全球目的地来说，现在是一个关键的时刻，必须考虑到未来的气候变化，并据此制定完善的旅游政策和战略。此处外滩群岛的案例研究，以及第一章中马尔代夫共和国的案例研究，都属于此类。

气候变化引发了天气模式的变动，这可能会给游客带来直接的影响。森林火灾会烧毁具有旅游吸引力的动植物。飓风和海啸会改变海岸线，常常摧毁度假村、目的地和旅游服务设施。水灾和旱灾会顷刻间毁掉依赖旅游的地区。这些现象都会对未来旅游的可持续性产生影响。

研究者比尔·博客迈尔（Bill Birkemeier）是外滩群岛上美国陆军工程兵团研发中心的水利工程师，他指出：

在过去的20年中，气候变化带来了海洋平面和海洋温度的轻微上升。因为外滩群岛是动态且一直变化的，也因为与一天两次的潮汐变化和频繁的暴风引起的海浪相比，这种海平面的上升是微小且平缓的，所以很难确定海岸线的哪些变化与海平面的上升直接相关。由于风暴是海岸线的主要威胁，因此一个更加直接的担忧是气候变化是否会给海滩带来更严重的风暴。[22]

现在正是需要全球领导者积极应对气候变化给旅游目的地带来的影响的时候，否则旅游业只能依靠自身的力量来减缓或适应这些变化所带来的影响。埃杰尔、艾伦、史密斯和斯旺森[23]指出："旅游管理者必须从过度利用自然资源的范式中转变出来，朝着环境管家的角色迈进……此外，全球变暖成为首要的环境问题，旅游管理者需要对预测中的变化保持敏感"。世界各地必须明确气候变化给自己的特定目的地带来了何种影响。若不采取任何措施，旅游在未来的增长及其可持续性将会受到威胁。如果旅游利益相关方，包括政府和目的地管理者，在目前旅游增长的节点上还不制定政策和计划，可能就永远失去这个机会了。

外滩群岛拥有世界第三大河口系统，美国东海岸最高的沙丘，数不胜数的海滩、野生动物保护区和历史遗迹。强暴风带来的损害侵蚀着游客钟爱的海滩，这些海滩上同时还居住着居民，坐落着酒店。理解外滩群岛气候变化对旅游的影响是旅行决策制定、环境管理、社会演化和旅行及旅游业经济活力的关键。各级政府部门和旅行与旅游业日益认识到在气候变化中保护自然和人造资源的重要性。由于气候变化对旅游业的影响非常复杂，而当代科学的幅度非常广泛，因此需要进行更多的研究来为海滩地区提供行动计划。虽然本研究只是讨论外滩群岛旅游业中气候变化的若干问题，但是它或许能够为世界上其他类似的旅游目的地提供一些参考。

（三）框架和概念

虽然气候变化正日益成为学术研究的产业应用的一个领域，它仍旧是主流旅游中的一个新现象[24]。根据气候变化政府间小组（一个科学团体，会员无偿志愿加入，致力于有价值的研究）的说法，大多数科学家已对全球变暖达成了共识。而对于引起这些变化的原因仍旧存在着争论。它具有周期性吗？是由人类行为造成的？它在宇宙中常见吗？不过，无论答案如何，快速发展的气候变化都给旅游业带来了不可避免的影响。仅仅就经济方面来说，气候变化对外滩群岛这样的"海滩休闲和旅游"海岸线已经造成了很大影响。目前，有关游客和目的地如何应对气候变动性的研究数量还比较欠缺。同时，只有我们掌握了更好的数据和研究结果，才能合理地回答旅游业将如何在气候变化中解决这一问题。对于任何一个旅游业中减少气候变化影响的计划来说，缓解政策、适应战略和管理行动都是至关重要的部分。

（四）岌岌可危的外滩群岛

外滩群岛需要更好地认识到气候变化及其正在对海岸旅游和娱乐经济产生的严重影响。当地商业和管理部门需要认清变化并制订好应对计划[25]。外滩群岛具有高度的复杂性，动态的堰洲岛和海岸线，为减缓气候变化的讨论提供了丰富的平台。外滩群岛旅游业对气候尤为敏感，因为气候的变化既能成就当地的旅游业，也能摧毁当地的旅游业[26]。一个全面的研究报告了气候变化对北卡罗来纳鱼类和野生动物（旅游体验的重要部分）的影响，指出，"海岸湿地对海平面的上升非常敏感，而失去这些栖居地会对（外滩群岛及其）珍稀物种产生威胁"[27]。当海岸湿地上的资源开始受到海洋的威胁时，就必须寻求解决方案了。

美联社（2009年9月24日，"每日反思"板块）一篇名为《官方称气候变化及南方》的文章指出，美国鱼类和野生动物管理局"将尝试挽救堰洲岛，清理入侵物种，与企业合作以修复面临气候变化威胁的野生动物栖息地"。山姆·汉密尔顿（Sam Hamilton）是美国鱼类和野生动物管理局的主管，他说，管理局"面对气候变化的威胁和来自北卡罗来纳受到威胁的野生动物，始终站在最前线……我们正经历着海平面上升的问题，海岸线侵蚀的问题；我们看到许多海龟栖息的海滩正受到威胁并逐渐消失。"独特的动植物多样性是许多游客在外滩度假的主要原因，联邦、州和当地机构都在关注气候变化问题。北卡罗来纳及国家其他地方的一些大学正在研究外滩群岛的天气和其他因素带来的影响。其中的一个领导力量是东卡罗来纳大学的可持续旅游研究中心。该中心资助了多个项目，进行了多个研究，旨在调查外滩群岛的气候变化问题。

（五）新方向和新机遇

　　研究外滩群岛的气候变化是一个本质上复合型的命题，它既具有争议性，也常常遭到误解。这种误解，尤其是来自当地居民的误解，主要原因是信息上的不足。这一探索性的定性研究使用经调整的德尔菲法作为主要调查工具。使用这一方法的考量是对许多人的体验进行综合，包括来自北卡罗来纳气候行动计划顾问小组的旅游管理人员和专家，来自中心的可持续旅游倡导者、气候学家、新能源专家，以及带来大量数据和意见建议的海洋保护者，他们要共同评估和更好地理解气候变化对外滩旅游业的影响。

　　在本案例研究的作者之一使用德尔菲法的过程中，事实和观点的来源非常广泛，既包括研究气候变化问题的个人和群体，也包括那些关注气候变化对外滩群岛带来的影响的个人和群体。其中一些人来自科技领域，另一些人则是来自旅行和旅游业的商人。在海滩水域评估和气候变化评估方面，美国陆军工程兵团的外滩田野调查机构是全国最好的研究中心，该中心也正是此次研究的参与者之一，此外，该研究还包括其他关注外滩群岛可持续性的研究机构。

　　要理解气候变化对外滩群岛的影响，第一步是分析堰洲岛和海岸线。这些沿海区域既能缩小，也会扩大，其动态性有着长期性的影响。它们是保护海岸内部区域的缓冲地带。该研究的作者们与外滩商业和技术团体有着长期的联系，能够掌握所有关于气候变化对外滩群岛影响的研究结果。此外，他们进行了空中侦察来观察和更好地理解海岸变化的动态性。他们还步行或是驾车走遍了外滩群岛沿岸320千米中包括堰洲岛在内的185千米，在行程中采集当地居民和游客对外滩群岛的意见和相关数据。通过讨论、采访、会议和其他方式，作者们获得了大量公开和未公开发表的事实及情报用以研究。其中包括来自北卡罗来纳气候行动计划顾问小组本书第176页的数据和信息。本研究还包括其他并非直接针对外滩群岛的研究及旅游者和管理者的建设性观点。

在对信息进行了收集、分析、综合和排序之后，接下来是与利益相关方、研究者、学者和其他人进行讨论，以获得对外滩群岛气候变化影响的共识。一个科学小组预测海平面将在2100年之前上升1米。对于外滩群岛来说，这意味着超过2000平方米的岛屿及周边地区处于危险之中。由于该区域上坐落着北卡罗来纳一些昂贵的房地产，因此这将会为居民带来70亿美元的损失。针对外滩群岛的环境变化影响，可持续旅游研究中心和其他许多研究单位都在进行更多的研究，收集新的信息，寻找新的维度。

（六）经济影响和含义

这些独特的堰洲岛长久以来吸引了数代游客前往观之。美丽的海岸线帮助外滩群岛每年吸引来自50多个国家的500万名游客。外滩群岛上有超过一半的休闲旅游者会主要参与海滩活动。不过对于外滩群岛的家庭度假来说，自然景观、历史和遗产以及野生动物体验的重要性正在日益提升。

在北卡罗来纳，旅游是一个价值180亿美元的产业，提供了20万个就业岗位，外滩群岛则占到了其中的10亿美元和20 000个就业。前往外滩群岛的游客最感兴趣的是自然、文化和历史资源，尤其是外滩群岛大面积的海滩。外滩群岛是真正的"美洲海滩"，拥有北卡罗来纳东北沿岸自由且开放的堰洲岛链。但是，对外滩群岛多年来的变化进行研究和观察的人很容易发现，这些岛屿附近的海平面正在持续上升。

外滩群岛附近有许多吸引物，例如国家历史古迹、英语区美洲在1587年的诞生地，莱特兄弟国家纪念馆、1903年人类首次动力飞行之家，建于1937年的国家首个海岸公园哈特拉斯角，豌豆岛国家野生动物保护区，以及鳄河国家野生动物保护区，都是外滩群岛吸引游客的组成部分。70%的堰洲岛由美国人民所有，并由美国国家内政部管理。

气候变化给外滩群岛的大西洋海岸线带来了特殊的挑战。外滩群岛的天气和气候波动对该地区的经济活力造成了巨大的影响。旅游是外滩群岛最为重要的经济部门，它提升经济发展、实现效益、创造就业、带来多元化的经济、增加新产品、带来额外收入、孕育新企业，为整个经济的完整性做出了贡献。外滩群岛旅游业在经济上的成功的衡量标准是每年所吸引的游客量，而不仅仅是传统旅游季的游客量。气候变化对产业产生了重大影响，仅仅是媒体影响下游客对天气状况的认知，就能够在很大程度上影响游客的决定。

（七）脆弱性和新方向

正如本案例研究所提到的，外滩群岛具有动态性。今天的海岸带并非一成不变，未来会持续变化。而人类建筑则会被自然过程和气候变化轻而易举地摧毁。这正是我们沿海地区的主要危险。此外，外滩群岛拥有河流、沼泽、河口、湿地、堰洲岛、水湾、海滩、近海浅滩和礁石，是一个非常脆弱的地区。如果持续升高的气温引发的风暴日益强大和频繁的话，那么未来将会发生更多的海岸侵蚀、城市建筑的损失，以及湿地和野生动物栖居地的消亡。虽然有越来越多的团体开始关注气候变化，相关知识也日益丰富，但是许多目的地经营者的态度依然是"一如既往"。我们仍旧没有找到最佳的方案来向当地企业和社区普及气候变化影响。在物理学家和社会学家的研究之外，通过电子邮件、常见问题表、博客、互联网络、大学项目、政府数据和社区会议的方式都能够帮助一般大众更好地了解气候变化对旅游的影响。

最近，越来越多的人开始在外滩群岛定居，这使得气候变化给外滩群岛带来的负面影响将更加严重。这意味着该区域上将会建起大量的基础设施。这会对当地的自然环境造成严重的破坏，同时加剧气候变化带来的危险。当气候变暖，风暴变得更加频繁和严重时，疏散游客和当地居民的难度也就加大了。在风暴的作用下，作为缓冲的堰洲岛可能会发生位移，因此今天可以用来消除环境负面影响的措施在未来可能就失去了作用。气候变化的影响异常复杂。因此急需号召人们起来行动。社区的居民、商人和政治领袖都必须制订行动计划。我们今天的行动决定了我们的子孙是否能够在未来享受这片美好的外滩群岛。

无疑，气候变化给外滩群岛的人类、鱼类和野生动物都带来了严重的威胁。因此，必须及时在变化的气候环境中为保护自然资源作出努力。否则，气候变化的负面影响将会降低所有人的生活质量。气候变化包含一系列复杂的具体情况，因此要完全理解并不容易。但是良好的信息传播、管理、计划和政策能够让社区朝着积极的方向前进，缓解气候变化在未来带给外滩群岛的影响。该研究证实了发展政策指南和提出长期计划的重要性，只有这样才能消除气候变化的负面影响，更好地保护和保存未来的资源。

（八）气候变化的后果

正如该研究中指出的，旅游业比其他大多数产业都更需要理解气候变化的影响。游客面临着大量的目的地和活动选择，而气候则是选择的重要依据。如今，旅行者会上网查看感兴趣的目的地及该地的天气报告，进而做出度假选择。

不过，全球变暖为海滩度假带来的影响并不全是负面的。由于水温和气温的上升，海岸线的旅游旺季也可能得以延长。但是不管怎样，旅游业都必须更好地理解气候变化和旅游之间的关系，并制定出负责任的计划和政策。同时，由于温室气体是造成全球变暖的一大原因，因此必须坚持旨在减少温室气体排放的缓解政策和行动，从而在长期过程中对气候变化的影响进行管理。

北卡罗来纳的外滩群岛，尤其是其堰洲岛，正承受着气候变化对旅游和海滩房地产的不良影响。度假村和商业区附近的海岸侵蚀现象已经非常严重，例如最近已经损失了100处房产，另有40处位于海岸线十多千米之内的房产正处在危险之中（由于侵蚀，陆地和近岸水域水质下降而引起的）野生动物栖息地的消失已经非常严峻。气候变化影响环境质量、旅游体验、野生动物及堰洲岛的可持续性。这些潜在的经济和社会活动将是毁灭性的。

（九）未来的政策战略

要解决外滩群岛的气候变化和旅游问题，一个关键是通过积极的旅游政策和谨慎的规划来对旅游资源进行长期管理。众所周知，怡人的天气是吸引游客选择外滩群岛而非其他旅游目的地的主要原因。游客面临着大量的目的地和活动选择，气候则是选择的重要依据。

从长期来看，成功的减排政策能够对抗全球变暖和气候变化的趋势。对

第六章　管理可持续旅游

于这一点，目前我们已无法辩驳。气候变化对外滩群岛的影响正在发生，因此必须制定出直接的战略以应对气候变化。以本报告的研究为基础，加上在许多不同大会和规划会议上与外滩群岛利益相关方的讨论，研究者认为，一个应对气候变化的、协调的战略计划应至少该包括以下方针：

- 持续地确保休憩环境的安全和治安；
- 研究沙滩修复的必要性；
- 深入了解海岸线对码头、拦沙坝、防洪堤等堤防设施的需要；
- 制定合适的政策以保护野生动物和栖息地；
- 保护当地的历史、遗产和文化；
- 实施教育／宣传项目以普及气候变化的影响；
- 紧跟气候变化方面的新研究；
- 推广良好的水路和海岸管理实践；
- 定期检查生态系统的健康状况；
- 为开发商和机构提供风险评估以指导开发；
- 鼓励所有利益方的交流和协作；
- 评估节能的机会；
- 改善数据的收集，与当地、州和国家政府机关共享研究结果；
- 主动协助开发、监督和检验气候变化模型。

虽然对气候变化进行讨论和争辩主要围绕如何找到最佳的方案应用方式或做出其他改变进行的，但商人、开发商、游客、当地社区、州和联邦机构、非营利组织和教育机构都与其休戚与共，应共同打造健康、安全和妥善管理的海滩环境。如果现在还不理解这一点，利益相关方和社区都会在未来面临损失。外滩群岛的水路和海岸线非常脆弱，是研究气候变化的绝佳实验室，能够说服那些参与海岸活动的人在这个关键时刻采取行动。本研究清楚地表明，气候变化和海平面的升高，可能对外滩群岛的旅游带来严重的毁灭性影响。外滩群岛的研究者、商人和政府机构直到最近才开始进行更多的合作、制定战略和从新的视角来应对气候变化和严重的风暴。旅游利益相关方开始理解长期资源管理的重要性，开始寻找解决方案以应对气候变化给未来旅游业造成的影响。

美丽的外滩群岛每年接待着数百万游客，气候变化及其带给旅游的影响已经被视为当地潜在的安全威胁。前往岛上的游客乘坐的汽车会排放二氧化碳。他们耗尽了能源并践踏着自然环境。他们并不完全明白自己的行为是该地区未来可持续性的主要威胁。关键是要找到一个平衡，在给游客提供积极体验的同时为当地居民维持高质量的生活水准。我们希望博学的专家们能够教给我们——可持续旅游政策和战略规划——为未来的改变提供领导和管理力。最终的目标是保护外滩群岛，让后代的游客能够享受度假，未来的居民能够享受生活，自然资源和野生动物能得到保存和保护。

八、关键问题总结

关于气候变化的讨论不应该聚焦在气候是否会变化，而应在敏感的环境中如何为社区的未来做好准备。如何保护本地植物和动物种类？该如何保护与自然环境紧密相关的社区生活方式？如果环境衰退，到访的旅行者减少，经济会遭受何种损失？如果高温的状况加剧，公共健康将处于怎样的危险之中？尤其是老人和孩子？这些都是需要讨论的问题。

本案例研究已经展示了气候变化直接的负面影响，但一些人可能会尝试用另外的方式考虑该问题。气候变化可能给目的地带来怎样的机遇？如果海滩受到侵蚀，未来的旅游会变成什么样？对内陆目的地的需求将怎样变化？许多关于沿海沙滩保护的担忧都与人造设施有关。讨论更多的是保护自然资源还是人造环境？如果自然和人造环境是气候变化讨论的两个方面，就根据基于事实的信息，哪个方面对政策制定者更有说服力呢？

案例 6 附录　北卡罗来纳气候行动规划顾问小组成员

Stan Adams, NC DENR, Division of Forestry Resources（已退休，但仍活跃）
Dan Besse, Winston-Salem City Council
Ryan Boyles, State Climatologist, NC Climate office
Thomas F. Cecich, Environmental Managemet Commssion
Dolores M. Eggers, Professor, UNC Asheville
Roy Ericson, NC Utilities Commission
George Everett, Duke Energy

George Givens, Principal Legislative Analyst, Attorney at Law, General Assembly of North Carolina, Council to the Environmental Review Commission of the General Assembly of North Caroline and the Legislative Commission on Global Climate Change
Dennis Grady, Appalachian State University
Steve Halstead, NC Council of Churches
Bob Hazel, Senior Citizens' Interest
Dennis Hazel, NCSU, Forestry Extension
Alex Hobbs, NCSU Solar Center
Bill Holman, Clean Water Management Trust Fund, Duke University, Nicholas Institute for Environmental Policy Solutions
Preston Howard, Manufacturer Chemical Industry Council
Gary Hunt, NC DENR Division of Pollution Prevention and Sustainability
Robert Koger, Advanced Energy
Carolyn E. McCormick, former CEO Outer Banks Visitors Bureau
Steven MaNulty, USDA Forest Service, Southern Global Change Program
Maximilian Merrill, NC Department of Agriculture and Consumer Services
Marily Nixon, Southern Environmental Law Center
Chuck Pickering, Biltmore Estate
Simon Rich, Energy Industry & Duke University
Lisa Riegel, NC Natural Heritage Trust Fund
Roger Sheats, Global Warming Initiatives
Paul Sherman, NC Farm Bureau (代替 Mitch Peele)
Larry Shirley, State Energy Office, NC Department of Administration
Michael Shore, Environmental Defense
Bob Slocum, North Carolina Forestry Association
Libby Smith, NC Department of Commerce
Stephen Smith, Southern Alliance for Clean Energy

Jim Stephenson, NC Costal Federation
Nina S. Szlosberg, NC Board of Transportation
Tim Toben, Carolina Green Energy
Ivan Urlaub, NC Sustainable Energy Association
Kraig Westerbeek, Murphy-Brown Farms
Stephen Whitfield, NC Woodlans
Jim Witkowski, International Paper (代替 Edward Kruel)
Skip Yeakel, Volvo Trucks North America

注释

1. Edgell, Sr., David L., Swanson, Jason R., DelMastro Allen, Maria, & Smith, Ginger (2008) *Tourism Policy and Planning: Yesterday, Today and Tomorrow*. Oxford: Elsevier, 1.
2. Edgell, Sr. David L. (2006) *Managing Sustainable Tourism: A Legacy for the Future*. New York: The Haworth Hospitality Press.
3. Edgell, Sr., David L. (2005) "Sustainable Tourism as an Economic Development Strategy Along Coastlines." A North Caroline Sea Grant Study, Greenville, NC, September 30, 2005.
4. Edgell (2006) p. 4.
5. *Center for Sustainable Tourism* (2011) East Caroline University, Greenville, North Caroline, page 2.
6. McCool, Stephen F. & Moisey, Neil (eds)(2008) *Tourism, Recreation and Sustainability*, 2nd edn. Cambridge, MA: CABI International.
7. Edgell, Sr., David L. (1995) "The Organization of American States Sustainable Tourism Development Policy and Planning Guide." Department of Regional Development and Environment, Organization of American States, Washington, DC.
8. United States World Tourism Organization(2005).
9. World Travel and Tourism Council (2003) *Blueprint for New tourism*. Oxford: WTTC.
10. Goeldner, Charles R. & Ritchie, J. R. Brent (2012) *Tourism: Principles, Practices, Philosophies*, 12th edn. Hoboken, NJ: John Wiley & Sons, Inc., p. 382.
11. Becken, Susanne & Hay, John E. (2007) *Tourism and Climate Change: Risks and Opportunities*. Clevedon, UK: Channel View Publications, page XVII.
12. 私人会谈，2012.
13. Goeldner, Charles R. & Ritchie, J. R. Brent (2009) *Tourism: Principles, Practices, Philosophies*, 11th edn. Hoboken, NJ: John Wiley & Sons, Inc.
14. Edgell, Sr., David L. & McCormick, Carolyn E. (2008) "Climate Change and Tourism: The Case for the Coastline of the Outer Banks, North Carolina" included in *The Coastal Society 2008 Conference* document, Redondo Beach, California.
15. Goeldner & Ritchie (2012), p. 382.
16. Symko, Christina and Harris, Rob (2002) "Making Paradise Last: Maho Bay Resorts." In Rob Harris, Tony Griffin and Peter Williams (eds) *Sustainable Tourism: A Global Perspective*. New York: Butterworth-Heinemann.
17. Miller, Joseph A. (ed.) (1996) "The Ecotourism Equation: Measuring the Impacts." Yale University Bulletin Series Number 99, New Haven, CT.

18. 除了旅游问题，对北卡罗来纳的堰洲岛技术探讨感兴趣的读者，可参阅 *The Battle for North Carolina's Coast* by Stanley R. Riggs, Dorothea V. Ames, Stephen J. Culver, & David J. mallinson, The University of North Carolina Press, Chapel Hill, North Carolina, 2011.
19. Goeldner & Ritchie (2009).
20. Becken & Hay (2007), p. xvii.
21. Edgell & McCormick (2008).
22. Edgell *et al.* (2008), p. 351.
23. Becken, Susanne & Viner, David (2003) "Climate Change Mitigation Policies and the Global Tourism Industry." *Climate Change Management*, December 12.
24. Riggs, S. R., Culver, S. J., Ames, D. V., Mallison, D. J., Corbett, D. R., &Walsh, J. P. (October 2008) "North Carolina's Coasts in Crisis: A Vision for the Future", East Carolina University, Greenville, North Carolina.
25. Curtis, Scott, Arrigo, Jennifer, Long, Patrick, & Covington, Ryan (2009) "Climate, Weather and Tourism: Bridging Science and Practice." Center for Sustainable Tourism, Greenville, North Carolina.
26. DeWan, Amielle, Dubois, Natalie, Theoharides, Kathleen, & Boshoven, Judith (2010) *Understanding the Impacts of Climate Change on Fish and Wildlife in North Carolina*. Washington, DC: Defenders of Wildlife
27. Edgell & McCormick (2008).

第七章　国际旅行的壁垒和障碍

　　国家和社区会制定旅游政策，例如酒店入住税法规和旅游可持续性管理条例，建立项目来吸引游客和保护旅游资源。然而，政策制定者在制定法律法规时必须了解其负面影响，例如可能对前往该目的地的旅行造成哪些阻碍。在过去的十年中，埃及旅游政策的例子很好地说明了公共旅游政策可能带来的负面影响。虽然2007年世界旅行和旅游理事会的经济研究显示，埃及在全球旅游市场份额中拥有较高的地位，但在世界经济论坛所发布的《2008旅行和旅游竞争力报告》中，埃及仅仅排名第66位。竞争力上的差距源于环境政策、基础设施发展及人力资源投资[1]。类似地，美国当前的许多边境管理政策也给国际出入境旅行制造了障碍。

　　为国际旅行造成阻碍和障碍的政策常常聚焦于区域而非旅游。例如国际旅游签证制度和降低碳排放的法规，其首要关注点分别是边境控制和气候变化，但可能会给旅游带来负面影响。在这些情况下，旅游影响并非当务之急，许多政策制定者在政策实施多年以后才会考虑对国际游客的影响。实施旅游政策分析，例如第八章将要讨论的，可以指出一些政策为旅游带来的潜在负面影响。

　　本章将讨论在许多国家都普遍存在的国际旅行障碍。国际旅行的壁垒和障碍不仅影响消费者，也会影响那些在国外扩展自身业务的商业部门。常见的障碍包括签证和护照要求、旅行许可限制、免税限额、行程延误和不便、在国外使用信用卡、增加的旅行成本、外币兑换等。本章结尾会提供一个消除国际旅行障碍的策略。为国际旅行消除壁垒和障碍将有利于全球旅行和旅游的增长。那些有意消除国际旅行障碍的国家和社区将会在国际旅行竞争中获得更大的成功。

一、签证和护照要求

　　国家要求其国民和参观者在穿越边境进行旅行时具有合格的证件，其形式包括护照和签证。护照由旅行者所属的国家签发，用标准格式来明确旅行者的姓名、年龄、性别、国籍、出生地、照片，以及应用越来越多的生物数据。只拥有护照本身并不能使其持有者进入另一个国家。在特定的时间段内进入另一个国家和前往特定地理位置的许可以签证的形式呈现。在旅行者出发前申请签证使东道国有时间详细检查旅行者的财务安全、健康状况和回国倾向。一些国家要求游客在旅行开始前在第三方无息账户内存入高额的保证金。这些都会促使游客回到自己的国家，而不是非法停留在目的地国。

　　恒利（Henley & Partner）公司是一家全球法律事务所，专门负责国际居留和公民身份规划。它在 2011 年进行了一项研究，将各国按照其公民享受他国免签政策的程度进行了排序[2]。丹麦、德国、英国、比利时、日本、美国、奥地利、瑞士、新加坡、韩国和马来西亚的国民享受超过 150 个国家的免签政策。相反，伊朗、尼泊尔、黎巴嫩、巴基斯坦和阿富汗的国民只享受不到 40 个国家的免签政策。

　　一些国家的入境政策相对严格。例如马来西亚要求游客在东部的沙巴州和沙捞越州之间穿行时出示护照。从澳门或香港前往中国内地的国际旅行者也需要在入境管理处出示护照。相反，申根国区域内的国家则互相开放边境。申根协议是欧盟国家于 1985 年签署的协议，在 22 个欧洲国家之间开放边境，同样还有冰岛、挪威和瑞士。爱尔兰和英国并未参加申根协定，依旧自己控制着本国边境。

　　一些国家要求本国国民在出境旅行时申领出境签证。尼泊尔要求其国民在出境务工时出示劳务许可。类似地，古巴政府向有意出国旅行的国民发放"白卡"。另一个有些类似出境签证的例子是，前往古巴的美国公民必须从美国财政部外国资产控制办公室申请一个特殊的许可，该许可授权旅行者前往古巴，允许他们在古巴消费。大多数情况下，出境签证是一国用来控制其国民的方式，对出境签证的要求会随着一国政治形势的变化而变化。例如，在第一次世界大战后到第二次世界大战结束的这段时间里，意大利和纳粹德国都向本国的出境国民强加了离境签证要求。

大多数国家都对一些其他国家的国民制定了旅游免签政策。入境签证、出境签证，以及护照控制都能成为国际旅行的巨大障碍，有时正是这些手续让旅行者产生了心理障碍。第四章中列出的参观数据显示，那些参观率高的国家正是对本国国民和外国旅行者的签证和护照政策比较自由的国家。下文简单地总结了世界上主要地区的七个国家的签证要求，我们可以来进行比较和对比。要想获得最新的签证政策，读者应该咨询有关外事办或前往www.iatatravelcentre.com查看国际航空运输协会的数据。

1. 澳大利亚

澳大利亚要求所有游客申请签证，不过，对于大多数国家的国民来说，申请签证的程序都比较简单。大多数停留少于30天的游客都可以在网上申请签证。该签证以电子形式与旅客的护照绑定，旅行社、航空公司和边境机构都能够查询。澳大利亚还提供打工旅行签证，要求申请者年龄在18到30岁之间，最长可停留12个月，可从事短期工作。

2. 巴西

巴西的签证有效期为90天。巴西与签证互惠国互享免签政策。例如，大多数欧盟国家允许巴西国民免签入境，因此，巴西也对这些欧盟国家制定了同样的政策。巴西的签证费用也实行互惠制，例如，美国向巴西国民收取的签证费为100美元，因此巴西也向美国国民收取100美元的签证费。巴西也要求国外旅行者出示出境卡，如果不能出示，则对旅行者进行罚款或导致其滞留。

3. 捷克共和国

欧洲经济区和欧盟国家的国民可以免签进入捷克共和国。美国、瑞士、新西兰、日本、以色列、加拿大和澳大利亚的国民可以免签进入捷克共和国，无签证停留时间最多为 90 天。除了上述国家之外，其他国家国民必须申请签证才能进入捷克共和国。

4. 埃及

持有中国澳门、中国香港和几内亚护照的居民可免签进入埃及。其他阿拉伯国家、澳大利亚、新西兰、日本、韩国、英国和美国的国民实行机场落地签。除此之外，其他国家国民必须在启程前获得签证。以色列国民在边境或驻以色列的埃及大使馆申领签证时必须获得埃及旅行代理机构的担保。

5. 以色列

通常只需要护照就可以进入以色列，大多数旅行者可在边境处获得签证。例外情况包括非洲国家、中美洲国家和一些前苏联共和国，这些国家的国民需要在启程前申领签证。以色列旅游管理机构建议，如果一个正在以色列旅行的旅行者接下来要前往其他阿拉伯国家，那么其护照上不应该盖有以色列入境戳。

6. 意大利

意大利要求中东国家的居民申请旅游签证，但是其他大多数国家的国民可以凭护照免签入境。该国提供多种类型的签证，包括学生、商务、医疗和领养等签证。

7. 波兰

进入波兰的游客可以仅凭护照享受三个月的免签停留期。一些欧盟国家的国民甚至可以免护照进入波兰。

二、免税额度

关税是与海关相关的税收。商品进口到某国时，进口商——个人旅行者或进出口公司——必须为这些商品支付关税。个人旅游者常常会享受关税免除政策，允许其在不缴纳关税的情况下对一些供个人使用的礼品或商品进行消费。不过，大多数国家都制定了旅游免税的最高额度。例如，前往南非的国际旅行者最高可享受不超过价值 5000 南非兰特（约合 600 美元）的、带入该国的商品的免税额。

不同国家的免税制度差别很大。世界海关组织是一个政府间组织，总部位于布鲁塞尔，致力于为各国提供最佳实践建议和咨询从而帮助其发展政策。该组织设置了标准化的免税额度以帮助各国为旅行提供便利。不过，一些国家的免税额度要远远低于这一标准。免税额度可能成为国际旅行的障碍，因为较低的免税额度可能提升旅行者的成本，相对于其他制定了高免税额度的国家，低免税额度国家的旅行竞争力可能会降低。

三、旅行延误和不便

在很多情况下，不便之处都会造成旅行的延误。对一些旅行者来说，仅仅是旅行的过程本身——去机场或火车站、漫长的等待、旅行计划，或带着老人或孩子旅行——都可能是旅行最麻烦的地方。政府政策也可能造成严重的延误和各种不便。不过，政府可以制定政策在一定程度上缓解因不便之处而带来的旅行延误。虽然有各种各样的原因都能导致旅行延误和不便，但对于国际旅行来说，三个最主要的旅行延误和不便分别是申请签证、航班延误和安检程序。

国际旅行最主要的不便之处和可能引起延误的原因是申请必要的签证。如本章前文所述，大多数国家至少会要求一些游客（取决于游客的国籍）在进入本国前申领签证。申请签证的过程可能令许多旅行者感觉受挫，也可能给东道国带来竞争劣势。通常，旅行者可以在本国的目的地国大使馆申请签证。例如，一个居住在巴西北部马卡帕的巴西人想要前往美国旅行，就必须从自己居住的城市首先前往巴西利亚的美国大使馆申请签证。这一过程可能需要好几周的时间，而且还可能失败。在申请签证的过程中，旅行者还需要支付机票或为此做出其他旅行安排。

四、增加的旅行成本

对于大多数旅行者来说，最明显的国际旅行障碍可能是最近以来国际旅行成本的上升。上升的油价、全球经济的下滑，以及美元的贬值是导致旅行成本上升的部分原因。当油价上升时，旅行成本也随之上升。

国际旅行价格的上升可能带来全球经济的又一轮下滑，这二者相互影响，可能呈现螺旋式下降的情况。根据经济发展与合作组织的说法，全球经济的下滑在一定程度上使越来越少的国家能够为他国提供帮助，从而导致经济恢复速度的减缓。为应对需求的不断下降，一些旅行供应商减少了自己的服务。例如，为控制可变成本，大多数国际航线减少了机上食物，或取消了毛毯、枕头和其他会增加飞机重量，从而增加耗油量的机上设备。由于像航空公司和酒店业务的可变成本很低，固定成本较高，因此他们可能会提高价格以补偿长期资产的固定成本。

成本上升的另一个原因是美元的贬值。不过，这对于那些购买美元的人来说是一件好事——例如前往美国的国际旅行者，而对于出国旅行的美国人来说则不然。由于国际旅行的成本上升，更多的旅行者选择了离家近的地方，从而带来了许多国家境内旅行的增长。

五、其他壁垒和障碍

国际旅行者可能会遇到其他给出国旅行体验带来障碍的政策问题。其他障碍可能包括：目的地更看重商务旅行者而非休闲旅行者，因为商务旅行可能比休闲旅行更加必要。出境签证则是另一个繁冗的政策。在一些国家，对出国旅行者征收税收（例如出境签证）的目的在于鼓励国民进行国内旅行而非国际旅行。这种旅行成本的增加可能使一些旅行者失去了丰富的国际文化交流机会。另一个例子，一些国家为国外游客提供优惠汇率或在吸引物和酒店上提供折扣，这可能导致社区居民的生活成本增加及更严重的游客／当地人分化。

六、旅行服务企业的障碍

本章重点讨论了个人消费者旅行时可能遇到的障碍。如第一章所述，不同类型的企业（其中包括很多小企业）共同构成了旅行的图景。各个国家的大量政策管理着在本国经营业务的企业。因此，也应该从服务于国际旅行的私人企业的视角来看待旅行障碍的问题，例如旅行社、旅行代理机构和运输公司等。

许多国家要求旅行相关企业必须获得许可证。对旅行相关企业许可证的要求和其他要求在各个国家和不同类型的业务中都有所不同。例如，在新加坡想要注册成为旅行代理，企业主必须在会计与企业管理局注册，保持至少100 000新加坡元（大约80 000美元）的资产，提名一位主要执行人员获取新加坡旅游局的认可，拥有专门用以处理旅行代理业务的固定办公室。伯利兹的旅行社在申请运营时必须提交来自旅游社区成员的推荐信，两张公司固定场所的照片，企业主的警方记录，财务偿付能力声明，所有员工的姓名与国籍，公司服务项目册和公司的应急计划。蒙巴萨港的管理工作由肯尼亚港务局负责，以出租车运营许可为例，申请者必须提交两封推荐信，保险证明和车辆登记证明，以及大约12 300科尼亚先令（约合140美元）。而该港口之外的出租车管理就与此不同。

大多数这类管理的目的都是保护消费者，制定政府许可制度的目的是确保旅行公司兑现自己的承诺，以消费者为中心，提供安全和有财务保障的服务。不过，对消费者的保护有时也会减少或限制消费者的旅行，正如卡特赖特（Cartwright）[3]指出的：

> （我们）需要思考消费者保护和市场经济之间的关系。有时人们认为，国家在通过法律保护消费者的过程中只应该扮演有限的角色，因为最有效的实现消费者保护的方式是自由和开放的市场。法律应该被用来确保市场功能的自由最大化。在市场运行不畅的地方，法律如果具有成本效益的话，才应该干预以解决市场问题。

许多国家的许可批复过程可能很漫长而过度拖延，从而导致竞争不足或服务中断。由于旅游是一项国际性商业，因此应该建立跨国界的客观标准来管理旅行相关的私人企业的服务。由于政府常常制定政策以保护本土企业，因此在国外经营业务的公司可能面临更多的障碍。例如，一些国家不允许国外私人企业建立地方办事处，以此来限制其与本土旅游推广机构的竞争。

七、航空旅行的障碍

航空旅行，尤其是长距离或跨洋飞行，对国际旅行来说至关重要。除了前文提到的旅行成本的上升，政府政策的影响之外，航空旅行本身及其相关政策也会带来旅行障碍。全球航空旅行中的障碍包括航班延误、机场过度拥挤、空中交通堵塞，以及缓慢的安检队伍。政府、消费者和航空业必须共同协作来寻找创造性的解决方案以消除国际航空旅行的障碍。一些国家正致力于此。

八、消除国际旅行干扰和障碍的策略

国际旅行之所以存在障碍，常常是因为问题发生在两个或多个国家之间。因此，例如在第二章和第五章中所介绍的国际旅游协定对于消除障碍来说就至关重要。通常，涉及多个国家的复杂国际旅游挑战需要通过外交政策和多边政策才能解决。政府间组织，例如联合国世界旅游组织、经济合作与发展组织和本书中所介绍的其他组织，都为消除国际旅行壁垒进行着不懈的努力。管理旅行障碍的关键是政府能够认识到旅游给本社区带来的积极作用和全球旅游系统的复杂本质。

本章复习题

1. 国际旅游的障碍有哪些？
2. 申根协议的作用是什么？
3. 列举一些国家的签证和护照政策。
4. 解释免税额度。
5. 什么问题会导致旅行延误或不便？
6. 导致旅行成本增加的原因是什么？
7. 提供旅行服务的企业遇到的障碍是什么？为什么会存在这些障碍？
8. 人们是如何应对国际旅行障碍的？

案例研究 7：各国旅游警示的异同

该案例研究的作者是贾森·斯旺森，案例旨在说明政府如何直接参与以消除国际旅行中的壁垒和障碍。该案例主要介绍澳大利亚、加拿大和英国政府的相关活动；其他国家与此类似。

* * *

当目的地国出现不安定或不安全情况时，政府就会建议自己的国民避免前往这些地区旅行。不安全情况不仅包括目的地国可能威胁个人安全的战争或犯罪，也包括疾病、传染病和自然灾害。此外，当一国在海外协助其国民的能力受限时，例如关闭了某地的大使馆或领事馆，该国也会向自己的国民发出旅行警告。对于大多数国家来说，旅行警告仅仅是一个建议。当了解到出国旅行时自己可能面对的安全状况后，最终决定还是由旅行者自己做出。

澳大利亚的旅行警告由外交事务和贸易部发出。英国则由外交和联邦事务部负责此类事宜。加拿大政府建立了完美的用户友好型网站，不仅发布旅行警告，还为孕妇提供建议，告知通关时的实际等待时间，为行李打包提供建议等。这一举措正符合加拿大政府向来在旅游政策各方面采用的积极姿态。澳大利亚、加拿大和英国是本案例研究的主要对象，我们会对其旅行警告相关政策进行比较和对比。

对于许多旅行者来说，旅行警告可能是一种主要的旅行障碍。例如，一个澳大利亚家庭计划在 12 月前往泰国南部的普吉岛度假。然而，在 2012 年 11 月，澳大利亚政府发布了新的警告，指出由于恐怖袭击的威胁，建议国民在前往泰国旅行时提高警惕。尤其是在泰国也拉、北大年、那拉提瓦和宋卡等地，而这些地方大约距离普吉岛 150 英里（大约 240 千米）。虽然该警告并非直接要求游客撤出这些地区，但家庭旅行者就会重新考虑自己的旅行计划，虽然可能已经支付了一部分费用，但仍旧会根据风险再次权衡。他们还必须考虑到距离潜在威胁如此之近所存在的危险。当那拉提瓦发生恐怖袭击时，150 英里的距离能够保证我们的安全吗？如果该国其他地方发生恐怖袭击，我们在普吉岛的度假又会受到什么影响呢？

一种减轻风险的方法是保险。虽然在很多情况下，旅行保险没有义务因为旅行警告而接受退货。当然，带来麻烦的并非旅行警告本身。真正的麻烦是引发旅行警告的缘由,即恐怖主义的威胁。不过,澳大利亚政府必须在官方宣传中的目的地形象和危险之间进行权衡,还要考虑那些有关目的地积极体验的评价,例如泰国当地人的友好和好客。请参见图 7.1。

图 7.1 平和好客的泰国人(贾森·斯旺森 摄)

从澳大利亚、加拿大和英国的一些旅行警告可以看出不同国家旅游政策的相同和不同之处。表 7.1 总结了这三个国家针对一些国际目的地所提出的建议。

表 7.1 旅行建议的例子(截至 2013 年 1 月)

目的地	澳大利亚建议	加拿大建议	英国建议
阿富汗	不去旅行	避免所有旅行	避免部分地区的所有旅行
阿尔及利亚	重新考虑旅行的必要	保持高度谨慎	避免部分地区的非必要旅行
安哥拉	保持高度谨慎	保持高度谨慎	避免部分地区的非必要旅行
亚美尼亚	采取正常的安全预防措施	保持高度谨慎	避免部分地区的非必要旅行
阿塞拜疆	采取正常的安全预防措施	保持高度谨慎	避免部分地区的所有旅行

续表

目的地	澳大利亚建议	加拿大建议	英国建议
孟加拉国	保持高度谨慎	保持高度谨慎	避免部分地区的非必要旅行
布基纳法索	重新考虑旅行的必要	保持高度谨慎	避免部分地区的所有旅行
布隆迪	重新考虑旅行的必要	避免非必要旅行	避免部分地区的所有旅行
柬埔寨	采取正常的安全预防措施	保持高度谨慎	避免部分地区的所有旅行
中非共和国	不去旅行	避免所有旅行	避免部分地区的所有旅行
乍得	不去旅行	避免所有旅行	避免部分地区的所有旅行
科特迪瓦	重新考虑旅行的必要	保持高度谨慎	避免部分地区的非必要旅行
厄立特里亚国	重新考虑旅行的必要	避免非必要旅行	避免部分地区的所有旅行
海地	重新考虑旅行的必要	保持高度谨慎	避免部分地区的所有旅行
印度	保持高度谨慎	保持高度谨慎	避免部分地区的所有旅行
伊朗	重新考虑旅行的必要	避免所有旅行	避免部分地区的所有旅行
伊拉克	不去旅行	避免所有旅行	避免部分地区的非必要旅行
以色列	保持高度谨慎	保持高度谨慎	避免部分地区的所有旅行
日本	采取正常的安全预防措施	采取正常的安全预防措施	避免部分地区的所有旅行
黎巴嫩	重新考虑旅行的必要	避免非必要旅行	避免部分地区的所有旅行
利比里亚	重新考虑旅行的必要	保持高度谨慎	避免部分地区的非必要旅行
利比亚	不去旅行	避免非必要旅行	避免部分地区的非必要旅行
马里	不去旅行	避免所有旅行	避免部分地区的所有旅行
毛里塔尼亚	重新考虑旅行的必要	避免非必要旅行	避免部分地区的所有旅行
墨西哥	保持高度谨慎	保持高度谨慎	避免部分地区的非必要旅行
尼日尔	不去旅行	避免所有旅行	避免部分地区的所有旅行
尼日利亚	重新考虑旅行的必要	避免非必要旅行	避免部分地区的所有旅行
巴基斯坦	重新考虑旅行的必要	避免非必要旅行	避免部分地区的所有旅行
卢旺达	保持高度谨慎	保持高度谨慎	避免部分地区的非必要旅行
南苏丹	不去旅行	避免所有旅行	避免部分地区的所有旅行
土耳其	保持高度谨慎	保持高度谨慎	避免部分地区的非必要旅行
乌干达	保持高度谨慎	保持高度谨慎	避免部分地区的所有旅行
乌兹别克斯坦	保持高度谨慎	保持高度谨慎	避免部分地区的非必要旅行
委内瑞拉	保持高度谨慎	保持高度谨慎	避免部分地区的所有旅行

来源：http：//www.smarttraveller.gov.au/zl/4v-cgi/view/Advice/Index（澳大利亚）；
http：//travel.gc.ca/travelling/advisories（加拿大）；
http：//www.fco.gov.uk/en/travel-and-living-aboard/travel-advice-by-country/（英国）

如表 7.1 所示，一些全球目的地的旅行受到了严重的警告。例如澳大利亚、加拿大和英国都建议本国国民不要前往利比亚、尼日尔和阿富汗——如果必须前往，则至少应选择该国相对安全的地区。2013 年初，西非内陆国家马里共和国成为唯一一个全国各地都被建议避免旅行的国家。这一警告源于马里政府在不同民族间的冲突愈发紧张时宣布的紧急状态。案例研究中的三个国家不仅建议尚未出行的国民不要前往马里，还建议那些正身处马里的游客为了自身安全而离开马里。

一国发布的旅行警告可能与另一国并不一致。澳大利亚、加拿大和英国对阿塞拜疆的旅行警告就显示出不同之处。澳大利亚建议国民在前往阿塞拜疆时，"采取正常的安全预防措施"，加拿大建议其国民"采取高度谨慎的态度"，而英国居民则被建议避免前往阿塞拜疆的某些地方旅行。深入观察加拿大和澳大利亚的旅行警告，可以找到官方强烈建议不要前往的地区，以及在主要城市旅行时何时该采取正常防范措施以避免对外国游客的攻击，例如典型的扒窃和抢劫。

三国对日本的旅行警告也具有不同的严格性。英国建议国民不要前往该国的某些地方，加拿大和澳大利亚则建议国民采取正常的预防措施。英国政府担心 2011 年地震和海啸带来的后续影响及福岛核电站的潜在灾难后果。而加拿大和澳大利亚政府则认为这些威胁并没有如此严重。英国的警告还提出了其他若干避免前往日本特定地区旅行的原因，包括朝鲜卫星的发射可能导致邻国的反对措施，偶尔出现的民族主义和反西方游行，台风季节和较低程度的恐怖主义威胁。

虽然各国警告程度有所不同，但本案例研究中的三个国家及大部分国家的旅行警告在一定程度上具有一致性。在加拿大，领事馆的旅行信息项目小组负责从广泛的来源搜集全球的安全问题报告。这些来源包括居住在国外的本国居民、大使馆和领事馆的外交人员，以及军事或民间情报组织。澳大利亚、加拿大、英国及其他国家可能还会展开合作，分享有关安全威胁的数据信息。提供最为可靠的旅行警告有助于保护一般大众，也有利于减少国际旅行的壁垒和障碍。

九、关键问题总结

　　正如本案例研究所述，警告本身并非造成旅行障碍的原因。但是，如果不能理解发布警告是为了保护一国的人民，那么旅行警告可能会给国际旅行带来不必要的紧张感。这将导致以下问题：旅行警告能够被一国用来作为对付另一个国家的政治武器吗？如果旅行警告被用作政治武器，会给国际旅行带来哪些后果？一个更大的研究问题是，如何确定旅行警告中反对前往的那些国家在旅行和旅游需求上所受到的影响？类似的研究问题是：一国国民在制订国际旅行计划时，会在多大程度上受到本国所发出的旅行警告的影响？

　　阿塞拜疆和日本的例子显示出三个国家在旅行警告上的不同之处。这是否意味着一些国家，例如本案例研究中的英国，在发布旅行警告时更加保守？如果这样的话，是什么原因导致该国在发布旅行警告时比其他国家更为保守？最后，一国的国民应该在多大程度上遵守本国的旅行警告？当一国国民在国外旅行时认为自己处于危险之中，母国政府又有多大的责任去援助自己的国民呢？

注释

1. OECD (2010) *OECD Tourism Trends and Policies* 2010. Paris: OECD.
2. www.henleyglobal.com/citizenship/visa-restrictions. 2012 年 5 月 11 日登录。
3. Cartwright, P. (2004) *Consumer Protection and Criminal Law: Law, Theory and Policy in the UK*. Cambridge University Press, p. 1.

第八章　旅游政策的影响

本书的前几章清晰地介绍了旅游政策的不同类型,旅游政策如何制定、旅游的重要性,以及旅游对外交政策的影响。本章将介绍讨论公共政策和旅游法规的实践方法及如何在不同的政策之间进行选择。目前全球旅游业亟需一种更完善的政策制定方法,即用研究和分析取代直觉和感觉。本章将呼应第十章的实践特征,描述战略性旅游规划的机制。

有两个因素能够影响民选官员的公共政策决策——资金和信息。本章将帮助你理解政策制定过程,介绍政策决策者所需信息的技术分析方法,分析旅游业相关人士所做出的贡献。

勒夫酒店董事长乔纳森·蒂施(Jonathan Tisch)曾号召接待业在美国公共政策制定中扮演更为积极的角色。蒂施引用了涉及移民和国际营销的公共政策的重要性,他说道:"我们需要商业的自由流动,摆脱美国堡垒的观念"。[1] 这一提法直接针对的是全球人民对美国的认知或他们对美国的印象。

蒂施还指出,正如本书前文所叙述的,比起其他国家,美国政府在旅游上的花费太少了。实际上,美国的国家旅游支出在联邦预算中只占非常小的份额。

蒂施指出,近年来,重要的政府要员已经开始倾听接待业的声音,该行业已经引起了政策制定者的注意,这是一个进步。这种进步很大程度上得益于许多拥有政府部门成员的产业贸易联盟不懈的努力,例如本书前文中所介绍的。

近年来,产业的组织方式更加完善,因此也获得了政策制定者的注意。

另外一个旅游业获得注意的原因是大多数社区传统产业的衰败，例如采矿业、制造业和农业。在许多地区，当本地领导者寻找可持续的社区发展之路时，这些传统产业被就会被旅游所替代。旅游日益增加的经济重要性赋予了该产业更多的政治力量。

一、结成政策倡导联盟

对政策问题持有相似观点的倡导团体可以建立联盟，朝着共同的目的共同努力，取得更大的成功。理论框架——最突出的倡导联盟框架（ACF）——奠定了倡导联盟内部运作的基础[2]。倡导联盟框架作为理论结构出现在寻求阶段理论的替代理论之后，后者认为公共政策应该沿着不同阶段的线性过程制定，技术信息在政策制定的过程中应更为重要。一个政策实施的基本前提构成了倡导联盟的框架基础的一部分，即公共政策的概念化过程与信念系统的概念化过程相类似。

像大多数理论框架一样，我们必须理解倡导联盟框架中的重要内容。这些内容包括政策领域、政策子系统、倡导联盟、深层核心信念、政策核心信念、次级信念，以及政策偏好等。政策领域是指相关问题的总体类型。例如，营业税问题和财产税问题属于税收的政策领域。政策子系统是指那些定期试图影响政策的行动者集合。这些行动者来自不同的组织，但是都对共同政策领域内的政策问题感兴趣。例如，关注修改销售税法的组织就属于同一政策子系统。政策子系统由倡导联盟组成。一个倡导联盟的成员可以包括政府官员、利益团体、立法者、政策分析师、研究人员和记者，他们都拥有共同的信念体系，进行着长期的合作。例如，反对提高营业税的组织可能就会处在同一个倡导联盟中，而支持提升营业税的组织则可能处在另一个倡导联盟中。

倡导联盟的成员拥有四种不同类型的信念——深层核心信念、政策核心信念、次级信念和政策偏好。深层核心信念是所有政策领域中都具有的基本价值观。基本的例子包括对生命、自由和快乐的追求。基本的旅行自由也是一个例子。而政策核心信念则是同一联盟中的共同原则。例如，某个倡导联盟的政策核心信念可能是支持经济发展，而另一个倡导联盟的政策核心信念

第八章 旅游政策的影响

则可能是推动社会公平。拥有不同政策核心信念的组织可能与同一个政策子系统相关，也可能并不相关，但它们通常不会处在同一个联盟之中。

同一个联盟中的成员可能在具体问题上持有不同观点。例如，在一个希望法律能鼓励旅行的联盟中，航空旅行的倡导者可能对公共用地的政策不感兴趣。类似地，公园经营者可能不太关心运输安全局的问题。这些问题都属于次级信念。政策行动者可能存在政策偏好，这是指对一个政策子系统中特定政策建议的观点。有时，同一个联盟中的成员可能会因为在某个问题上政策偏好的不同而互相反对。政策偏好反映在政策行动者对于对某一问题的立场，关心的问题类型之中。

除了信念和偏好问题，倡导联盟框架也说明了建立伙伴关系能够带来的利益。在三种情况下，联盟的关系能够得以维持。这三种情况是：(1)对联盟受益人的清晰界定；(2)联盟获得的利益与联盟成员付出的成本相关；(3)对联盟成员活动的共同监督。其中第三点涉及联盟成员的信任问题，如果一些联盟成员做出的贡献很小，那么那些做出大贡献的联盟成员就等于付出了更大的成本。

如果不同的组织共同合作的话，那么获得的利益可能超过单方的倡导。伙伴和联盟关系可能为组织带来相同成本下更多的利益。这些关系能够减少重复服务和营业费用。联盟也能够增加宣传机会，因为联盟中的其他组织可能把它介绍到其他联盟成员的社区中去。在联盟关系的形成初期，一切利益可能还无法立即展现，但随着关系的成熟，这些利益将会浮出水面。

根据大型利益团体的副产品理论，一个组织在建立时的目的如果不仅仅是倡导，例如私营商业或贸易联盟，那么该组织就可能比单纯提供共同利益的组织更具政策倡导力。例如，与只提供共同利益的群体相比，商业和大型联盟由于能够动用大量资源，因此在问题和地位上都更具选择权。通常，较弱的意识形态群体在建立倡导联盟时会向拥有类似政策立场的商业或贸易联盟求助，虽然有时这种关系也会有些奇怪。例如，一个当地环境会议组织可能与一个全国性枪支协会对于在某片公共土地上限制雪地汽车持有相同意见。该环境组织成员可能担心雪地汽车会带来的环境影响，而枪支拥有者则担心雪地汽车对捕猎者及其捕猎体验的伤害。不过，除了雪地汽车的问题，这两个群体很可能在另一些问题，例如对同一片土地上的捕猎许可权问题产生对立观点。

1. 倡导联盟框架和旅游

在国家经济委员会的研究及其国内外经济政策的制定中，倡导联盟框架都是一个指导性的理论框架。国家经济委员会是一个由经济顾问组成的群体，负责审查近30个联邦机构的经济政策提议，其中一些涉及旅游。国家经济委员会由克林顿总统建立，在 G. W. 布什总统任职期间持续了下来。倡导联盟框架可以用来评价国家经济委员会的政策制定过程，有建议认为该框架可以应用于更为广泛的政策研究领域，包括国土安全和国内政策。旅游政策委员会是一个与国家经济委员类似的组织，是由美国商务部的旅行和旅游产业办公室协调而成。旅游政策委员会由9个联邦机构的领导者组成，负责协调与国际旅行和旅游相关的政策。

其他研究显示了拥有类似信念或政策偏好的行动者在有些情况下可能处于对立的倡导联盟中。有关国家公园管理局和美国垦务局在土地使用上的矛盾的案例研究就是一个这样的例子。作为一个大型水力资源管理计划的一部分，美国垦务局计划在一个国家公园中建造一座大坝。相反，国家公园管理局的使命是为了后代人而保护公共土地的自然状态，因此要求保护土地。倡导联盟框架能够解释这两个组织之间的矛盾，说明了两个通常属于同一联盟的群体在某些情况下为了争夺资源也会发生对立的情况。

在另一个森林政策研究中，野生动物组织，例如地球之友和山峦协会联合其他休闲与旅游组织，以及想要在一个环境稳定的森林中进行各种活动，例如远足、越野车比赛或其他活动的组织，共同建立了市容联盟。虽然野生动物组织想要保护森林，使其免遭树木砍伐的危险以保护野生动物，他们也意识到人类对森林的使用可能给野生动物带来严重的影响。但是，在休闲和旅游伙伴的帮助下，野生动物组织才得以发出更有力的声音来反对伐木，因为这一行为会对野生动物和人类娱乐带来双重影响。通过研究特殊的联盟成员的合作（例如市容联盟），能够发现联盟的政策核心信念和次级信念，行动者可能从核心信念转移到推进次级信念。

第八章 旅游政策的影响

2001年，泰勒（Tyler）和迪南（Dinan）研究了英国新兴的旅游政策网络中旅游相关利益群体与政府之间的关系。该研究重点关注的是政策网络中用来影响政策发展，包括信任、基于资源的权力配置，以及交流管理的方法。信任包括在贸易群组、政府机构和私营企业之间建立理解和关系。基于资源的力量配置是指拥有更多可用资源的群体，例如资金、工作时间、政治影响会比那些拥有较少资源的组织占有更多优势。交流管理是为了确保各个群体能以事实为基础，清晰地组织和说明自己支持的政策主张，明确和表达这一主张如何与政策制定者的目标相一致。那些能够以事实为基础，与立法者进行可靠的交流的群体可以获得更多权利。

同样在2001年，泰勒和迪南还进行了另一项研究，他们分析了在伞式组织的框架中行动的旅游政策联盟。伞式组织，或层峰组织，是指组织的组织。其成员广泛，因此拥有来自这些成员的大量财务资源。伞状组织的一大优势是，在强大的财务资源和组织能力的保证下，能够更好地执行研究计划。

2. 倡导联盟的挑战

倡导联盟和类似伙伴关系也面临着批评和挑战。一些人认为联盟的存在可能将权力从选举出的官员手中转移到非选举的或自我选举的群体和个体手中。虽然倡导联盟表面上看起来有利于民主，但仍旧存在内在挑战。这些挑战包括管理联盟和争夺稀缺资源。

从运作的角度看，建立和管理倡导联盟都会面临一些挑战。例如，成立联盟时应该吸纳和排除哪些组织，联盟中的权利和责任如何分配，这些问题都需要联盟参与者加以解决。联盟的核心挑战是在生命周期的不同阶段——预合作、合作建立、合作项目执行及合作终止中选择和运用适当的管理模式（例如网络、市场或层级管理）。

联盟中的组织需要面对的另一个挑战是争夺稀缺资源，包括政府和慈善资金。组织还会争夺那些提升其他组织依赖性的资源。对这些目标的追求会影响联盟中各组织的权力状况。这种资源竞争反映在资源紧张的非营利组织对有限资源的争夺中。例如，慈善和政府机构资助的组织会争夺拨款，而许多拨款都规定申请者必须要合作。因此，非营利组织和其他组织必须善于借助联盟来进行运作。

3. 联盟资源

萨巴蒂尔（Sabatier）和韦伯尔（Weible）[3]提出了资源的类型学，可供那些试图影响公共政策的群体加以利用。这些资源包括：(1)正式的法律权威以制定政策，(2)公众舆论，(3)信息，(4)可活动的队伍，(5)娴熟的领导，(6)财政资源。如果一个联盟的成员拥有更多的法律权威，例如选举或指派的政府官员，该联盟就比其他联盟更具优势。某一个政策主张如果能获得选区（例如公共舆论）的支持，也是联盟的重要资源。信息资源包括宣传政策问题的重要性及不同政策选择的成本和收益。可动员的队伍或草根资源，使倡导联盟能够以少量的资源投入获得广泛的支持。娴熟的联盟领导能够及时进行政策上的变化。金融资源能够用来购买其他资源。

4. 理解公共决策过程

为影响政治决策者，就必须了解政治决策是如何制定的。公共选择理论提供了一个理解的框架。虽然政客声称自己代表的是选区的意愿，但事实常常并非如此，决策经常由政客的个人利益所决定。这便是公共选择理论的基础。

虽然这一概念听起来有些陈旧，但这一理论在最初由詹姆斯·布坎南（James Buchanan）和戈登·塔洛克（Gordon Tullock）于1962年在《共识的数学分析》一书中提出时，非常具有开创性。公共选择理论利用经济原则分析政治领导的决策制定过程。公共选择从实证的角度，而非从应该如何的范式角度解释了政策实际发挥作用的过程。该理论在接下来的三十年中持续发展，并为布坎南获得了1986年的诺贝尔经济学奖[4]。

公共选择理论否定了一般认为的大多数决策都具有内在公平性的观点。在这一假设下，人们相信符合公共利益的决策会受到投票者的一致支持。然而实际上，政策制定的依据是政策制定者的利益，因为全体投票者的利益无法在某一次决策中得以统一。此外，参与投票的大众并未掌握足够的信息，因此无法获得一致的观点。

第八章 旅游政策的影响

在其他方面，公共选择会观察和监督立法者的活动。虽然政客可能有意高效利用税款，但他们不必非做不可，因为他们所做出的大多数决策并不会影响自己的财务状况。换言之，对税款的有效利用并不会让政客获得任何公共财富。

在这一理论下，当需要在强大的利益团体和信息不全的选民之间进行选择时，影响力更大的组织总是获得胜利。几乎在所有情况下，都是特殊利益集团获胜。该理论指出，有太多的问题需要传达给投票的公众。因此，对公共利益进行良好管理的动机实际上很小。而另一方面，由个体组成的利益集团旨在从政府行动中获取利益。为了影响政策制定者，他们会捐款或付出时间以换取对政治的更多干预，最终使政客支持自己的立场[5]。

互投赞成票，选票交易都是公共选择理论的经济学家密切关注的技术，例如下面这个例子：州立法机关会针对不同的问题分别进行成本效益分析。一项研究关注为山地社区的公园提供免费的高速互联网络，另一项研究则评估38千米的海岸振兴计划的当前价值。在各自的分析结果中，两个项目都被认定为无效率的，因此不会得到理性决策制定者的支持。但是，为了给自己的互联网络接入提案争取支持，一位来自山区的民意代表同意为海滩复兴计划投票，所以来自海滩的民意代表会支持山区网络计划。通过互投赞成票，两位民意代表都得到了自己想要的东西。但根据研究分析，两个项目都无效率地使用了资源，当地信息不全的投票者所看到的是自己的民意代表为本地做出了贡献。选民之所以持有这种观点，原因是他们不了解由于互投赞成票的行为，自己的税款被浪费在多个无效率的项目之上。

挟持理论与公共选择理论类似，认为政府决策者并不总是代表着公众的利益，而可能受到特殊利益团体的挟持，例如贸易联盟。其原因是政策制定者想要追求自己的个人利益，例如为自己的再次当选获取支持（投票和资金）或在其他方面增强自己的力量。当政客所支持的问题不会得到信息完备的选民的支持时，就可能出现了挟持现象。被挟持的政客的目标是推进自己的议程，并非公众利益。公众利益是挟持的对立方。虽然立法挟持会导致巨大的社会成本，但这却是大多数民主国家政治体系所处的环境。因此，利益团体寻找各种方式来使自己的倡导影响最大化。代表着大批选民的利益团体，例如退休人员或枪支持有者团体，比分散的团体，例如旅游相关的利益团体更容易挟持那些拉票的政客[6]。

想要对政治决策产生影响，重要的一点是要理解官员和特殊利益团体之间的关系。与私营部门中的专业人员不同，官员并不以利润为目标，而是追求本机构的使命。虽然机构的资金依赖立法，但官员实际上依赖于特殊利益团体代表自己去影响立法机构，从而实现自己的目标。这会使官员潜在地被想要推行自己主张的特殊利益集团所挟持。不过，这并不意味着官员和特殊利益团体之间的关系一定是消极的，这个例子只是帮助我们理解官僚系统内政策是如何制定的。

由于经济学原理是公共选择的基本依据，因此理论家针对政府无效性而引发的冲突所提出的一种解决方案便是竞争。利用竞争来管理旅游政策的一个实例是：林务局向徒步旅行者不仅仅收取象征性费用，从而对徒步者进行的管制就与那些为森林带来更多经济影响的人的管制相一致，例如伐木者。这有助于提升徒步旅行者相对于其他森林使用者的经济重要性，减轻热门休闲区的伐木状况[7]。不过，这一举措会给徒步需求带来何种影响，人们还并不清楚。无疑，户外爱好者认为收费妨碍了基于自然的户外休闲所带来的公共利益[8]。下一部分将会描述成本效益分析的技术，这是旅游情境中公共选择理论的绝佳应用。

该理论还未在旅游实践中广泛应用。在本书中，我们必须认识到政客无法代表全体选民的意愿。这些利益团体才能为政策制定者提供最具说服力的信息和支持，因此更有可能影响公共政策。基于研究的政策分析，即下一部分的重点，也是获得政治关注和影响政策的一种方法。

二、用信息影响政治决策

成本效益分析是一种技术，它通过分析一项政策或项目的预期总成本和预期总收益来帮助政策制定者在公共政策中进行选择。该技术被用来计算公共开支的价值，从教育项目到水资源项目、污染控制、健康与营养政策不一而足。不仅政府机构会使用成本效益分析，那些想要游说公共官员的组织也会使用成本效益分析。如果一个组织能为个人政策制定者提供更有价值的信息，就更有可能实现自己的政策目标。

美国政府在20世纪30年代首次使用成本效益分析，英国和其他西方国家则在20世纪60年代使用成本效益分析来帮助自己在公共项目支出决策中进行选择。美国旅游业对成本效益分析的使用可追溯到20世纪60年代。当时，该技术被运输业用来进行利益评价，例如为旅行者节省时间的利益。旅游业中的其他领域也使用这一工具对研究对象进行货币化，例如环境质量和自然资源。

近几十年来，成本效益分析帮助人们制定了公共政策，促进了环境管理的进步，这对可持续旅游来说具有重要意义。例如，1970年的美国清洁空气法案和1977年的补充法案制订了空气质量标准，其中并未提到成本效益问题。但是在20世纪80年代和90年代通过的法案中都包括了使用成本效益分析的经济考量。在1990年美国清洁空气法案的补充条款中，允许采用了成本有效的减污方法的工厂进行排污权交易，从而引入了市场激励机制。这一方法促进了减排技术的研发。

在所有国家下一轮的国家旅游政策中，无论是国家层面还是地方层面，都应该考虑经济测量和成本效益分析，只有这样，旅游产业才有可能比其他产业提供更多的信息分析，从而争取到稀缺的资源。

环境群体会定期使用经济分析来支持自己的环境政策。这对于环境群体来说非常重要，因为在很多政策制定者看来，经济比环境更为重要。这些领导人可能不会重视从环境出发的观点，但是会被合适的经济信息所说服。为某些政客提供恰当的经济信息能够提升环境团体的力量，从而正如公共选择理论所描述的那样对政策的制定过程产生更大的影响。

从20世纪70年代中期以来，美国总统都非常看重成本效益分析。福特总统首次使用效益评估作为联邦规定的一部分。卡特总统在1978年3月23日颁布了第12044号行政命令，规定各机构必须"在所有提出的'主要'管理规定中，对潜在管理成本和效益实施成本效益分析"。[9]

克林顿执政时期颁布了一些关于成本效益分析要求的法案。1995年的风险评估法案和成本效益分析法案（HR1022）是这一阶段最著名，也是争议最大的法案。虽然该法案在众议院得以通过，但是并没有在参议院获得足够的赞成票，因此没能成为法律。反对的观点认为 HR1022 法案会增加官僚程序，因为需要增加新员工来实施分析，而技术和数据又常常存在限制。它失败的一个原因是数据的收集过于困难或成本过高，因此这项发展不足的技术无法提供足够的可靠性和有效性。但是，仍旧有可能找到更有效的测量方式，尤其是在旅游及其相关领域中。正如付杰特和威尔考克斯（Fuguitt and Wilcox 1999）指出的，"成本效益分析提供了更全面和信息更系统的分析技术，能够评估那些产出和服务尚无市场定价的决策。"[10]

医疗保健领域经常使用成本效益分析来进行非常困难的决策选择。例如，一个特定的政策选择可能涉及拯救或失去一个人的生命。正如下一部分将会讨论的，成本效益分析需要将成本和效益进行货币化，从而计算出纯收益。在这个例子中，人类生命价值的计算方法是个体通过劳动产出能够为国民收入做出的预期贡献。

虽然旅游是一个严肃的产业，但旅游发展通常并不涉及终结人的生命的问题。这有两个含义：（1）与其他类型的公共政策比较起来，影响旅游的公共政策的争议较小；（2）由于其他产业考虑的问题更加重大，例如人类生命的丧失，因此它们能够对自己的政策和项目进行更为彻底的分析。当尝试为了稀缺资源的分配而影响公共决策时，不考虑政治因素，拥有最佳信息的一方通常占有优势。虽然旅游中所讨论的问题并不过于严重，但这不意味着产业的分析可以简单粗略。

1. 冲突和妥协

每个问题都不仅仅涉及两面，而旅游业的不同成员还会经常处在对立的阵营。伦敦在 20 世纪 70 年代初期针对第三个机场的建设计划进行了分析。虽然该分析从环境角度切入，但该政策与旅游和旅行也有着密切的关系。罗斯基尔委员会认为机场选址应位于内陆而非靠近海岸，这引起了不小的争议，但是得到了更多的政策认可。该建议以成本效益分析为基础，该分析显示，位于重要居民区的内陆选址能为机场使用者节约大量时间，由此带来的利益要远远超过可能的噪音和障碍成本。虽然一些人更在意噪音而不是时间，其

第八章　旅游政策的影响

他人又刚好相反。虽然政治和其他来自权力的压力能够影响舆论，成本效益分析则应该是这些情况中决策工具库的组成部分。

其他一些能说明旅游业的不同成员有时会处在对立阵营的例子包括飓风预报和疏散政策、经济发展刺激和资金配置。在现实中，任何政策都不太可能获得旅游产业各方的全体支持。当产业内部成员观点对立时，产业倡导者该如何决策？在不考虑政治因素的情况下，最客观的测量方法就是成本效益分析。此外，政策分析能够有效地说服信息不足的反对者。政策分析常常为项目提供问责措施。以国际援助为例，捐助国国民想要知道政府代表他们进行的投入能够带来正回报。

旅游遍及全球，对发展中经济体拥有详细知识的专业人士能够对国家和国际投资进行分析，从而掌握着大量机会。然而，在发展中国家将成本和收益进行货币化要更加复杂。例如，发展中国家的市场价格可能出于种种原因而高度扭曲，因此社会价值也难以确定。经济合作与发展组织[11]、联合国工业发展组织[12]和世界银行[13]发布了详细介绍成本效益分析的手册，该手册可能有助于减少上述困难。再次重申，由于旅游业要与其他产业对国际投资进行竞争，因此为决策制定者提供有说服力的信息至关重要。旅游业需要像其他社会和经济部门那样应用这些原则。

私营企业也可以使用成本效益分析。20世纪70年代，许多私营企业在政府管制下感到压力重重，因此与之展开了斗争。这些企业使用成本效益分析来向立法者说明，需要减少监管制度才能为企业、政府和社会带来更多的利益。一些经济刺激方案认为要吸引更多的企业进入，许多州在考虑这些方案时就要求使用成本效益分析[14]。

在另一个私营企业的例子中，杜邦（DuPont）和其他主要公司对它们准备进行的几项环境投资进行了分析。这是为了响应增加的环境监管规定，需要对通常不会以经济形式出现的对象进行货币化，例如空气和水污染[15]。

私营企业运用成本效益分析不仅能够预测财务风险和回报，还可以预测对顾客和更广泛的社区带来的社会影响。聪明的公司会利用这一工具来研究超越短期经济效益的长期社会影响。地产开发商在考虑旅游投资时就可以使用这些原则，例如公寓、酒店，或其他位于环境敏感地区，对消费者和旅行者有着巨大吸引力的旅游吸引物。当面对迅速增加的消费者需求时，大多数开发者不太可能进行非经济分析，不过，负责任的开发者会进行这种分析，而一届好政府也会要求开发者进行这一分析。

成本效益分析已经发展成为一个实用的决策工具。尤其是在给政策备选项进行成本排序时和面对市场上无法购买的利益时（例如噪声污染、生活质量的改善、旅行成本、人的生命）。不过，对成本效益分析结果进行解释时，仍需要决策制定者持谨慎态度。

2. 成本效益分析技术

成本效益分析的目的是对某个项目的成本和收益进行分析，以确定该项目的可行性，并将该项目与其他项目进行对比以确定优先级。这一过程的步骤是：

1. 确定项目及其备选项；
2. 确定、测量和评估每个项目的成本与效益；
3. 计算成本效益价值；
4. 报告结果。

3. 第一步：确定项目及其备选项

以下问题的答案将有助于分析师建立项目框架和做出关键假设。这些假设可能在整个项目过程中发生变化，但在分析之初拥有一个坚实的基础有助于整个项目的有效实施。

- 该项目要解决的问题是什么？
- 该项目可能带来的收益是什么？
- 该项目将要做什么？如何做？
- 谁来做？何时做？
- 分析的目的是什么？是确定可行性、优先级、还是在不同项目间进行选择？
- 以项目的预期回报为基础，应该为此分析付出多大的努力？
- 谁会获得收益？

- 谁来承受直接和间接成本？
- 如果不实施该项目，将会有什么后果？
- 如何通过其他方式来获得这些收益？
- 成本何时发生？
- 收益何时实现？
- 应该使用哪种类型的分析？是成本收益率、净现值、内部收益率，还是其他标准？
- 哪些地区会受到该项目及其备选项目的影响？
- 该项目的投资期是多长？

4. 第二步：确定、测量和评估每个项目的成本与效益

在确定收益时要考虑到该项目的所有影响，不仅仅是使用者，还包括项目区域内的社会各个方面。例如，一条新的高速公路，其效益可能包括缩短行程时间、减少事故数量、减少尾气排放和车辆的营运费用。其他效益或成本（负效益）可能还包括诱导的出行、噪声和施工延期、对居住地和水质影响及其他社区影响。这些其他效应对于决策的选择来说至关重要。这些效益都能够加以测量，并且拥有经济价值。

劳动力、房地产、材料和其他项目投入都属于成本。最简单的确定项目成本的方法是审查该项目立项时所造的预算表。如果没有预算表，那么分析师应该寻找类似地区可比较的项目来对成本进行可靠的估计。成本相对容易测量，因为它们通常都是市场产品和服务，都具有市场价格。

在确定项目的总成本时，还应该考虑到机会成本。机会成本是指为了本项目而放弃的其他项目所能带来的最大效益。只有获得拟建设项目的资金支持的项目才能获得机会[16, 17]。

5. 第三步：计算成本效益价值

进行成本效益分析时，有很多测量方法可供使用。这一部分将介绍成本收益率、净现值、成本效率和敏感性分析。其他测量方法如内部收益率、边际分析和投资回收期也同样是应用公共政策分析课程所教授的有用工具。

成本收益率是指经过贴现后的收益总额的现值除以贴现后的总成本所得的商。需要对未来现金流——项目启动后未来年份的成本或收益——进行贴现以确定其现值。用来贴现的比例就是贴现率。成本收益率大于1的项目具有正的净收益，成本收益率小于1的项目就是应该被舍弃的无效率项目。收益高、成本低的项目拥有较高的成本收益率。成本收益率的计算公式如下：

$$CBR = \frac{\sum_{i=0}^{n} B_i/(1+d)^i}{\sum_{i=0}^{n} C_i/(1+d)^i}$$

其中，

n = 分析收益和成本的年数；

B_i =g 该项目在第 i 年的收益，i =0 到 n；

C_i =g 该项目在第 i 年的成本，i =0 到 n；

d = 贴现率。

一个简单例子有助于我们更好地理解成本收益率的计算和对该技术的理解。在该例子中，属于英国海外领土的阿森松岛政府想要引进外部专家来帮助岛民将其手工业制品在旅游市场上进行营销，为期3年。由于该项目受到一个国际非政府组织的资助，因此政府需要承担的唯一成本是外部专家的年薪和交通费用。外部专家会在阿森松岛居住三年，他在项目第一年的薪酬为5万美元，第二年的薪酬为5万5千美元，第三年的薪酬为6万美元。政府需要支付的交通费用在第一年和第三年均为1万美元。因此，该项目在三年中的总花费分别为6万美元、5万5千美元和7万美元。以销售手工制品收入计的收益预测为第二年10万美元，第三年15万美元。由于该项目的收益呈倾斜上升趋势，因此第一年中没有收益。使用10%的贴现率，该例的成本收益率算式为：

$$CBR = \frac{[\$0/(1+0.10)^0]+[\$100000/(1+0.10)^1]+[\$150000/(1+0.10)^2]}{[\$60000/(1+0.10)^0]+[55000/(1+0.10)^1]+[\$70000/(1+0.10)^2]} = 1.28$$

根据上式计算出该项目的成本收益率为1.28。因为成本收益率大于1，因此该项目是有效益的，可以纳入考虑。

净现值是指总收益的现值减去总成本的现值。在理性的政策制定过程中，只有净现值为正的项目才有可能被考虑。净现值高的项目比净现值低的项目更具优势。净现值的计算公式为：

$$NPV = \sum_{i=0}^{n} B_i/(1+d)^i - \sum_{i=0}^{n} C_i/(1+d)^i$$

其中，

n = 分析收益和成本的年数；

B_i =g 该项目在第 i 年的收益，i =0 到 n；

C_i =g 该项目在第 i 年的成本，i =0 到 n；

d = 贴现率。

上文中阿森松岛营销手工制品的例子也可计算其净现值，计算方式如下：

$NPV = \{[\$0/(1+0.10)^0]+[\$100000/(1+0.10)^1]+[\$150000/(1+0.10)^2]\}$

　　$-\{[\$60000/(1+0.10)^0]+[55000/(1+0.10)^1]+[\$70000/(1+0.10)^2]\}$

$NPV = \$47025$

该项目的净现值为正，因此可以予以考虑。如果该项目的净现值高于其他可选项目，那该项目应该具有优先级。

成本效率分析用来比较既定金额的资金和可能获得的非货币化收益。例如，如果市政当局计划在机场新增一条跑道，那么成本效率比就是指每增加一个乘客的成本或每增加一个商业航班的成本。与其他工具相比，该工具更为有用，即便有些收益无法用货币衡量。成本效率的计算方法为：

$$CBR = \sum_{i=0}^{n} \frac{C_i/(1+d)^i}{B}$$

其中，

n = 分析成本的年数；

B = 既定收益，（并不一定以货币衡量）

C_i = 该项目在第 i 年的成本

d = 贴现率。

阿森松岛手工业产品营销项目预期创造 15 个工作岗位。按照就业数量来计算该项目的成本效率如下：

$$CER = \frac{[\$60000/(1+0.10)^0]+[\$55000/(1+0.10)^1]+[\$70000/(1+0.10)^2]}{15}$$

　　$= \$ 11190/$ 工作岗位

这一结果的含义是该项目中每投资 11 190 美元,就能够创造一个新的工作岗位。如果要在该项目和其他项目之间进行权衡,就可以把这个预测结果与其他项目的预测结果进行比较。如果其他项目在创造工作岗位上的成本效率比更高,那么就应该选择本项目。

敏感性分析是指投入或假设的变化是如何影响成本-收益的结果的。在敏感性分析中,分析师和决策制定者能够确定不同项目的结果范围,比较各项目之间的风险程度。任何被纳入分析的假设,包括时机、地理位置、贴现率等,都可以在该项目中经过调整确定出量级,以检查这些假设一旦发生变化,不同项目的优先级排序是否也会发生变化。下面举出一些旅游相关的例子,来说明敏感性分析中可能会使用的问题。[18]

1. 评估一个对新的轻轨系统的资金支持,该轻轨系统的载客能力为每周 4000 到 10 000 人/次。如果降低资金额度的话,该系统还可行吗?
2. 在一条易封冻的河流上建造一座桥,有两种设计方案可供选择。如果冬天不过于寒冷的话,其中一个项目成本较低,但如果冬天非常寒冷的话,该项目的成本就较高。是否值得试试选择此方案?
3. 对于一个人行道项目的使用期存在着不同观点。在不同的使用期假设下,备选项目的效率成本排序也会有所不同吗?
4. 阿森松岛上的一些人认为手工产品营销项目的成本会比预期多出 10%,而收益则会比预期少 10%。在具有其他选择的情况下,是否还应该继续选择该项目?

6. 第四步:报告结果

政策分析的最终目的是为制定出理性和负责的决策提供协助。为了实现这一目的,发布的报告结果应该简洁明了,能够为所有相关团体所用,尤其是决策者。报告应该精练,但同时要清楚地提供计算方法和结果的详细细节,以供阅读者审查和满足批评人士的意愿。如果结果报告不够清晰的话,即便整个分析过程完美无瑕,该报告也一无是处。报告应该突出以下几点:[19]

- 分析中的所有假设;
- 成本效益分析中所有的价值判断;

- 分析中的所有技术选择；
- 可能影响分析结果的所有偏见或主观影响；
- 分析程序或预测中可能出现的错误。

分析人员和决策制定者应对自己使用的所有观点或判断的正当性加以说明，对其优点和缺点加以强调，对成本效益分析中无法货币化的对象要加以讨论，从而保证对项目进行决策的人员所掌握信息的全面性。最重要的是，分析人员和分析过程都要保持中立。

三、结论

虽然旅游通常是无关政治的，但是无论是选举还是任命的公务人员，他们在制定决策时都无法摆脱特定的政治情境。旅游业如果想要在旅游政策，或是广泛的政策上发挥更大影响力的话，就必须为政策的制定提供更多的支持。正如本章指出的，两种有效的支持途径是：（1）为当选的官员和政治行动委员会提供资金支持；（2）为政府官员提供分析数据来帮助他们在不同的政策选项之间做出选择。

对于政策分析的问题，付杰特和威尔考克斯[20]写道："对待高度复杂的技术，既要懂得其价值，也要保持谨慎的态度——它能够提供有用的经济评价，当决策制定者在复杂的现实环境中面对相互竞争的政策选项和政治利益而无法抉择时，它是无可替代的解决方案"。虽然也存在局限，但公共政策分析既重要也很必要。

虽然成本效益分析日益流行，但它在旅游业中的使用还并不广泛。其中的原因有很多，包括缺乏人力和财力来执行分析，以及缺乏对该技术重要性的理解。本章试图介绍能够应用于旅游问题的公共政策分析的重要基础知识，以供旅游业新一代的从业者参考。

本章还重点阐述了旅游业相对于其他产业在政策贡献上所存在的机会。贯穿本章的内容是，政策制定者实际上凡事都为自己的政治利益着想。如果妥善计划提供捐赠，那么旅游业就能对其自身政治力量产生重要的影响。如果不在政策分析和政治贡献上做出进步的话，旅游业将会在政治影响上继续落后于其他产业。

> **本章复习题**
>
> 1. 为什么旅游政策日益重要？
> 2. 联盟如何形成？它们又如何推进政策主张？
> 3. 旅游倡导联盟的例子有哪些？
> 4. 描述公共选择理论。
> 5. 为什么旅游政策发展有时不如其他政策发展那样受到重视，例如医疗保障？
> 6. 成本效益分析的目的是什么？
> 7. 成本效益分析的步骤是什么？
> 8. 旅游如何获得更多的政治关注？

案例研究 8：用资金支持影响政治决策

该案例研究的作者是贾森·斯旺森博士，该研究已成为一个重要的系列研究，关注旅游倡导团体如何合作，朝着共同的公共政策目标努力。如本案例研究所述，美国的旅游利益团体在争取旅游政策制定者的支持上面临着重大的挑战。主要的挑战是如何在国家层面上获得政策制定者的重视。

* * *

虽然美国的旅游倡导团体在政策参与上取得了一些进步，但是仍旧有很大的提升空间和机会。要实现此目标，一个策略是提升旅游成员的政治贡献。正如本章公共选择理论部分所讨论的，在与其他产业及其影响力竞争并推进自己的政治主张时，必须做出自己的政治献金。

民选官员会受到特殊利益团体的很大影响，这些利益团体能影响公共政策的特定领域。这些团体包括反对国际关税的跨国公司、为成员寻求利益的产业贸易联盟、倡导提高最低工资的工会联合会、关心社会保障金的老年市民，以及关注电子游戏分级的家庭群体等。在美国旅游业中特殊利益团体包括西部国家政策委员会、东南旅游政策委员会、美国巴士协会、国家旅游联合会，以及万豪国际这样的私营企业。这些团体通过监管机构、立法程序或游说立法者来对公共政策施加影响。直接影响参选官员的首要方法是为他们的竞选提供资金支持,这便是本案例的焦点。

表8.1显示了个人或政治行动委员会在2005—2006年的选举期内为联邦候选人和政治党派提供的资金支持排序情况。第一列数字是指该产业部门在80个产业部门中提供的总资金排序。该表格列出了提供资金数额最大的前15个产业及包括旅游的产业。表中数据来自十年之前,可以看出旅游提供的资金额度和游说力量很小。

表8.1 旅游相关产业部门的政治捐款

（单位：美元）

产业部门	排名	捐款总额度	个人捐款额	政治行动委员会捐款额
律师/律所	1	68 529 030	59 907 961	8 621 069
退休人员	2	63 342 234	63 342 234	0
房地产	3	40 845 073	34 909 760	5 935 313
证券和投资	4	34 680 675	28 081 468	6 599 207
医疗保健专业人员	5	28 678 339	18 076 074	10 602 265
候选人委员会	6	25 581 260	51 205	25 530 055
领袖政治行动委员会	7	21 899 444	388 759	21 510 685
保险	8	17 284 783	6 635 163	10 649 620
商业银行	9	14 599 075	7 622 523	6 976 552
商业服务	10	14 274 866	13 204 325	1 070 541
院外游说人员	11	13 927 601	13 097 452	830 149
电视剧/电影/音乐	12	12 802 509	8 644 204	4 158 305
总承包商	13	10 561 001	8 624 436	1 936 565
制药/保健品	14	10 432 530	3 889 743	6 542 787
油/气	15	10 161 359	6 142 602	4 018 757
旅游相关部门				
航空运输	26	7 115 354	1 743 725	5 371 629
零售	28	6 710 258	4 024 924	2 685 334
赌场/博彩	30	6 466 961	2 038 252	4 428 709
啤酒、红酒和烈酒	33	5 599 987	2 313 312	3 286 675
食品和饮料	34	5 428 827	3 267 959	2 160 868
印第安博彩	N/A	4 355 515	834 276	3 521 239

续表

产业部门	排名	捐款总额度	个人捐款额	政治行动委员会捐款额
酒吧和饭店	N/A	4 128 761	2 470 412	1 658 349
住宿/旅游	52	3 027 839	2 478 414	549 425
休闲/现场娱乐	65	1 649 945	1 423 167	226 778
航空公司	N/A	1 341 381	528 556	812 825
邮轮和航线	N/A	254350	119 100	135 250

根据联邦选举委员会2006年4月24日公布的数据编制。

资料来源：响应性政治中心。

前25名中没有任何一个包含旅游的产业。然而，如果将表8.1中后半部分的资金额相加得出总额4607万9178美元，就能够排到2005—2006表的第三名，位于退休人员之后，房地产业之前——二者都是强有力的政策影响者。表中的旅游部门可能持有不同的政策主张。例如，食品和饮料部门可能关注与肉类进口相关的问题，而航空公司则关注航空燃油税的问题。不过，在特定问题上进行联合有助于各个部门在促进旅游总体发展的同时实现自己的部门使命。

通过与立法者和游说团体对话可以发现，旅游常被视为分散的部门，包括酒店、饭店、航空公司和其他旅游相关部门，它们都在追求各自的主张。这种情况可能会降低整个行业的凝聚力。在美国，造成这种现象的原因之一是缺乏国家政府旅游办公室来进行协调。因此，需要建立更好的协作关系。

政治行动委员会是一种特殊的利益团体，它建立的目的是为特定的候选人筹款和花费。政治行动委员会始于1944年，一个工会从工人那里筹集了志愿捐款来支持富兰克林·D. 罗斯福再次当选为总统。这是对1943年《康纳利法》的回应，该法规禁止工会为联邦候选人进行政治献金。美国联邦法律规定，政治行动委员会在每次选举中为某个候选人的捐款额度最高为5000美元，为国家党委会的捐款最多为15 000美元，为另一个政治行动委员会的捐款最高为5000美元。在接受捐款方面，政治行动委员会接受任何个人、政治行动委员会或党委会的捐款每年不得超过5000美元。联邦最高法院在2010年审理了著名的联合公民诉联邦选举委员会案并进行裁决，之后这些规定得到了很大程度的放松，使得企业和工会的独立政治献金在大多数情况下不再受限。

如表 8.2 所示，在 2005—2006 年期间，12 个旅游相关的政治行动委员会为美国联邦候选人共捐款 342 425 美元。这些与旅游相关的部门包括酒店、汽车旅馆、度假村和旅行社。

表 8.2　住宿和旅游政治行动委员会对美国联邦候选人的赞助

（单位：美元）

政治行动委员会名称	总额	民主党	共和党
美国酒店和住宿协会	67 200	14 500	52 700
美国旅行社协会	47 000	22 500	24 500
亚洲美国酒店所有者协会	2 000	0	2 000
密歇根汽车俱乐部	4 125	3 000	1 125
胜腾集团公司	84 500	21 500	63 000
国家公园特许权所有人大会	8 500	1 000	7 500
盖洛德娱乐	8 500	1 000	7 500
假日酒店	29 500	5 000	24 500
国际游乐场和景区联盟	4 100	0	4 100
万豪国际	28 250	0	28 250
全国旅游协会	9 500	1 500	8 000
Sabre 公司	49 250	28 750	20 500

根据 FEC 于 2006 年 5 月 29 日（星期一）公布的数据编制。

资料来源：响应性政治中心。

表 8.3　为美国联邦候选人提供赞助排名前 15 的政治行动委员会

政治行动委员会名称	总额（单位：美元）	民主党（％）	共和党（％）
全国地产中介协会	1 768 005	49	51
电工人员国际兄弟会	167 300	97	3
美国出庭律师协会	1 626 000	96	3
国家啤酒批发商协会	1 607 500	26	74
电话电报公司	1 569 300	35	65
全国信贷联盟协会	1 523 899	42	58
联合包裹服务公司	1 470 809	31	69
国家汽车经销商协会	1 353 000	31	69
美国银行家协会	1 310 347	35	65
卡车驾驶员联盟	1 275 175	90	9

续表

政治行动委员会名称	总额（单位：美元）	民主党（%）	共和党（%）
木工和细木工联盟	1 241 390	6	34
美国州/郡县/城市/市政员工联盟	1 212 171	97	2
操作工程师联盟	1 172 605	78	21
汽车工人联合会	1 159 500	99	1
全国住宅施工人员协会	1 157 000	25	75

为进行比较，表8.3中列出了对联邦候选人进行捐款的前15个政治行动委员会。2005—2006年住宿与旅游政治行动委员会的捐款总额仅仅占到了最大的政治行动委员会捐款额的19%。这一结果清晰地表明了旅游业在政治捐款中的严重落后地位。再次重申，在利用资金来获取政策制定者的重视方面，旅游还有很大的提升空间。

捐献仅仅是贡献等式的一边。另一边是接收捐赠的资金。如果不能战略性地捐出资金，那么它们不能获得最好的效果。美国国会中只有一个小组委员会特别提到了旅游——即美国参议院商业、科技和贸易委员会下属的贸易、旅游和经济发展小组委员会。它为旅游政治献金提出了一个清晰的目标。除了旅游之外，该委员会还有以下责任：

  海岸警卫队；海岸地区管理；通讯；公路安全；（不包括建设）内陆水道；州际商业；海洋导航、安全和运输（包括深水港口的导航）；海洋渔业；商船队和导航；非军事航空和太空科技；海洋、天气和气候活动；巴拿马海峡和一般内海航道，不包括对巴拿马运河的维护和运营，包括管理、卫生和运河区的监管；消费品和服务的监管，包括农药以外的有毒物质检验，不包括信贷、财务服务、住房；州际一般运输的监管，包括铁路、巴士、卡车、船舶、管道和民用航空；科学、工程、技术研发和政策；体育运动；标准和测量；运输；运输和大陆架外缘土地的商业事务。对科技相关事务、海洋政策、运输、通信和消费者事务全面的研究和审查。

旅游必须和这些利益团体相竞争，争取影响立法决策。表8.4所示为2000—2006年委员会相关产业为参议院商务、科学和运输委员会成员进行的捐款总额。

住宿/旅游在此排序中排名第11。该结果再一次从战略角度显示了旅游在提升自身政治贡献上的空间。想要与其他产业进行更有效的竞争以获得产业相关政策制定者的重视，旅游业需要进行更多的战略性资金投入。旅游业的成员可以进行战略联合，为政治竞选提供资金支持。与提供更好的信息双管齐下，旅游业的政治影响力将得到提升。

表8.4 为参议院商务、科学和运输委员会成员进行的捐款

排序	产业	总额（单位：美元）
1	电视/电影/音乐	2 917 741
2	保险	2 690 764
3	油/气	1 735 047
4	航空运输	1 524 187
5	电信服务和设备	1 250 854
6	电话设施	1 234 249
7	汽车	1 007 461
8	运输联盟	990 540
9	海洋运输	783 060
10	铁路	473 469
11	住宿/旅游	440 630
12	卡车	361 611
13	休闲/现场娱乐	233 076
14	其他运输	153 502
15	渔业和野生动物	129 580

资料来源：响应性政治中心。

四、关键问题总结

关于产业团体、企业和个人市民的政治献金的研究会提出一系列有趣又发人深省的问题。其中一个问题与产业团体的对比相关。一些产业团体捐款多，是因为它们资金多？还是因为它们捐款多所以资金多？在政治献金方面，旅游是否有可能与其他产业群体抗衡？

政治献金应该注重当地层面还是国家层面？这一问题使我们思考，旅游

倡导团体如果把工作重心放在影响当地政府的决策制定者身上，而非国家层面的决策制定者身上，是否会更有效果？另一个效果问题是选择为政策分析提供信息还是提供资金支持？如果目的地是一个美国之外的其他国家的话，这些问题的答案是否会有所不同？或者说，如果研究对象是一个拥有不同政府形式的国家，这些答案会有哪些不同？最后，美国与其他国家的旅游利益团体在倡导中所进行的旅游游说活动会有哪些不同？

注释

1. Barbara, J. (2006) "Tisch to Hoteliers: Get Involved in Fed Policy." *Commercial Real Estate News and Property Resource*. 2006 年 6 月 6 日从 GlobeSt. com 网站检索。
2. Swanson, J. R. (2010). *The tourism policy puzzle: Pieces and precepts discovered through qualitative investigation of federal public policy preferences and advocacy activities of tourism associations in the United States*. Raleigh, NC: North Carolina State University.
3. Sabatier, P. A., & Weible, C. M. (2007). The advocacy coalition framework: Innovations and clarifications. In P. A. Sabatier (Ed.), *Theories of the policy process* (2nd ed., pp. 189-220). Boulder, CO: Westview Press.
4. Buchanan, J. M. & Tullock, G. (1962) *The Calculus of Consent*. Ann Arbor, MI: University of Michigan Press.
5. Shaw, J. (2002) "Public Choice Theory." *The Concise Encyclopedia of Economics*. 2006 年 6 月 5 日从网站 www. econlib. org/library/Enc/PublicChoiceTheory. html 检索。
6. Swanson, J. R. & Brothers, G. L. (2012). Tourism policy agenda setting, interest groups and legislative capture. *International Journal of Tourism Policy*, 4(3), 206-221.
7. O'Toole, R. (1988) *Reforming the Forest Service*. Washington, DC: Island Press.
8. Kline, C., Cardenas, D., Duffy, L., & Swanson, J. R. (2012). Funding sustainable paddle trail development: Paddler perspectives, willingness to pay and management implications. *Journal of Sustainable Tourism*, 20(2), 235-256.
9. Fuguitt, D. & Wilcox, S. (1999) *Cost-Benefit Analysis for Public Decision Makers*. Westport, CT: Quorum Books, P. 10.
10. Fuguitt, D. & Wilcox, S. (1999), pp. 6-7.
11. Little, I. M. & Mirrlees, J. A. (1974) *Project Appraisal and Planning for Developing Countries*. London: Heinemann Educational Books.

第八章　旅游政策的影响

12. United Nations Industrial Development Organization (1972) *Guidelines for Project Evaluation*. New York: United Nations.
13. Squire, L. & Van der Tak, H. G. (1975) *Economic Analysis of Projects*. Published for the World Bank. Baltimore, MD: Johns Hopkins University Press.
14. Carlile, W. H. (1994) "States are Closing Firms' 'Candy Store': Laws Tighten Incentives, Seek Accountability for Subsid; es." *The Arizona Republic*, July 24.
15. Epstein, M. J. (1994) "Viewpoints: A Formal Plan for Environmental Costs." *New York Times*, April 3, Section 3.
16. The California Center for Innovative Transportation at the Institute of Transportation Studies, at the University of California at Berkeley.
17. Committee of the American Society of Civil Engineers.
18. Federal Highway Administration. (2002). *Status of the Nation's Highways, Bridges, and Transit: 2002 Conditions and Performance Report*. Available at fhwa. dot. gov/policy/2002/cpr/ch10. htm. 2007 年 7 月 21 日检索.
19. Fuguitt & Wilcox (1999).
20. Fuguitt & Wilcox (1999), p. 13.

第九章　国际旅游政策制定过程

　　1976年，联合国世界旅游组织（United Nations World Tourism Organization，UNWTO）作为一个全球性的旅游政策机构成立，世界各地的旅游从此出现了突飞猛进的增长，而且有充分的理由相信，这种快速发展的势头将会持续下去，甚至会呈现加速状态。旅游的这种增长在很大程度上取决于各级地方政府及各个国家是否能够制定支持高品质旅游开发的良好政策和战略规划。旅游政策既要考虑规划职能，又要兼顾政治考量，是我们向前发展的具体指导方针。如果没有这些指导方针，我们可能会发现旅游所带来的益处远远低于我们最初的设想。我们需要用旅游政策来调和私人部门的利益和公众利益之间的关系，这一点在国际旅游领域体现得尤为明显。旅游部门需要改进它的基本管理职能，如规划、开发、财务、人力资源开发、研究和评价体系等。本章主要探讨的是一些能够为旅游政策制定带来帮助的概念工具，从而确保制定的政策能够带来高质量的旅游增长。本章大部分内容都是从全球范围来对旅游政策问题进行探讨。就本质而言，旅游政策是一系列的指导方针，其目的是为了促进某个政府或者组织的一系列目标的达成。第十章将会介绍旅游战略规划的概念，并进一步探讨规划和旅游政策之间的关联。

　　第九章也将探讨旅游中国际贸易的经济方面和有关的非贸易问题——如文化交流所带来的种种好处，不同人群之间友谊的提升——之间的共生关系，并强调必须要在各个层面上增加关于旅游问题的对话。本章还试图证明，旅游所带来的国际贸易不仅会对世界上大部分国家的经济、国际关系及社会结构造成影响，而且它的未来发展潜力不容小觑，因此应引起世界各地领导人的高度重视。

因此，为了吸引不同层次读者的注意，作者有意识地压缩了本章篇幅，而且基本上不涉及专业知识，从而方便（各级）政府部门的政策制定者、商业领袖、大学教授、学生、旅游组织中的管理人员，以及一般公众了解旅游行业中那些重要的政策制定过程。这些政策制定过程有助于人们了解旅游政策是如何整合旅游所带来的经济、政治、文化、商业与环境方面的益处，从而全面提高旅游者及当地居民的生活质量的。

一、旅游政策发展

随着全球旅游变得越来越复杂，竞争形势越来越激烈，有识之士都认识到，在可持续发展这一大背景下，需要推出更加有效的政策以凸显旅游在世界经济和社会发展中的角色。我们需要对政策问题进行清晰的探讨，对旅游行业中公共部门和私人部门所使用的政策制定过程进行细致的探究。越来越多的人认识到，当代旅游政策取向要求以负责任的方式进行"全球化思考，本土化行动"。在旅游开发过程中，社区参与已经成为政策制定所必须考虑的问题。

旅游政策的制定，不应过于复杂，而要简明直接，这样既方便人们理解，又可以作为解决问题领域的实践指导方针。它应该清晰地列出每一步的行动方案或者最佳实践。旅游政策的这种带有应用科学性质的路径，使得学界和实务界更容易理解政策过程。

旅游在未来能否有机会产生积极的经济和社会效益，取决于我们当下所制定的决策。对于旅游开发，我们可以精心谋划，也可以放任自流。在这个旅游发展的关键时刻，如果我们没有制定出清晰的政策和计划，那么我们可能永远没有机会去实现旅游所带来的积极效益。旅游所依托的环境是有限的，因此为了保护其未来的发展，我们再怎么关心环境都不为过。战略规划（第十章）与旅游政策的结合，可以打通规划功能与旅游的政治目标，并使之具体化为一系列的指引我们前行的方针。

前文已经提及，联合国世界旅游组织是旅游政策的全球引领者，后边还会多次重申世界旅游组织在旅游政策方面所扮演的角色。世界旅游组织很早就意识到没有国际层面的合作，全世界的旅游都可能以一种有害的方式发展。而通过合作，每个国家都可以从别的国家那里学到一些有用的东西，并将之纳入自己国家的旅游政策中。

　　自成立以来，世界旅游组织已经多次召开全球性的会议以将国际旅游政策制度化。此外，许多地区性的团体也举办各种旅游政策会议，探讨一些区域性的旅游问题。每次召开这种会议，都会提出一些新的旅游政策方面的新观点，与会者都会得到一些创造性地解决他们自身问题的灵感。为了便于读者更好地理解旅游政策的演变过程，我们将回顾一些过去召开的全球性的会议。

二、赫尔辛基协议对旅游政策的影响

　　1975年7、8月间，芬兰首都赫尔辛基举行了欧洲安全与合作大会（Conference on Security and Cooperation），大会最终通过的文件被称为《赫尔辛基协议》（Helsinki Accords）[1]。35个国家，包括美国、加拿大及除了阿尔巴尼亚和安道尔之外所有的欧洲国家签署了这项协议，试图改善社会主义阵营和西方阵营之间的关系（当时正是美苏冷战时期，双方处于意识形态的对立面）。虽然《赫尔辛基协议》并不是一个具有法律约束力的条约，但是它带有一种道德上的约束性。协议文本中关于人权的部分涉及与旅游相关的一些事情。

　　《赫尔辛基协议》长篇累牍，涉及方方面面。然而，协议中多次提及和平、安全和人权。协议中关于旅游的部分认为，更加自由的旅游是不同国家之间进一步合作的基本要素。协议的签字国在旅游方面应该：（1）有意识地"鼓励旅游，不管是团体旅游还是个人旅游"；（2）"对旅游进行细致的研究"；（3）"尽其所能确保旅游的发展不能损害各自国家的艺术、历史和文化遗存"；（4）"为各自国家公民基于个人或职业原因所进行的更大范围的旅行提供便利"；（5）"逐步降低签证和其他旅行所需的官方文件的费用"；（6）"通过合理的安排或者协议，增加旅游方面的合作，以及基于互惠的原则，将共享信息的领域从旅游扩展到其他领域";(7)"吸引游客到自己国家来"。在当时，该协议对于支持签字国之间的旅游往来具有革命性的意义。《赫尔辛基协议》使人们普遍认识到对旅游政策的迫切需要，不管这种政策是国家层面的、双边层面的，还是多边层面的。后来的旅游政策大部分都包含了《赫尔辛基协议》中的部分思想。

三、双边旅游协议

《赫尔辛基协议》提出，世界上各个国家都有机会开展双边旅游安排或签署协议，从而帮助旅游者进行跨国旅行，或者提供旅游信息，也可以开展其他形式的合作，以改善双边的政治关系，增加两个国家之间的旅游往来。

这里的意思是说全世界范围内，人们都在用旅游来打破国家之间的各种壁垒。虽然旅游协议就本质而言主要是为促进旅游贸易，但是这种双边协议还具有实现另外一些国家政策目标的功能，比如促进国际理解，提升友好关系和增加好感。现在的趋势是，很多国家意识到，推介本国旅游机构推出的旅游活动，是完全符合《维也纳外交关系公约》第三条（Article 3 of the Vienna Convention of Diplomatic Relations）[2]所规定的使领馆的职责的。这种认识上的转变把国际旅游提升到了新的高度，使其与其他政府职能达到了平起平坐的地位。

通常，双边旅游协议的开头都会有一个序言或者政策声明，说明签署旅游协议的原因所在。接下来的部分是协议的具体条款。下边是直接从一些双边旅游协议中挑出来的各种原则：

- 以增加双向旅游为目的；
- 支持国家旅游组织进行的旅游推广；
- 提高旅游便利化程度；
- 鼓励彼此投资对方的旅游产业；
- 促进旅游研究、统计和信息方面的共享；
- 认识到确保旅游者安全的重要性；
- 推进双方在国际旅游政策问题上的合作；

- 建立关于旅游问题的常规磋商机制；
- 认识到旅游教育和培训的益处；
- 加强双方的理解和好感。

很多双边旅游协议都非常简短，仅仅表示需要增进对两个国家之间的旅游往来的理解。有些协议中会加入一些特殊条款，比如允许一个国家的国际旅游部门的驻外工作人员可以享有外交特权。其他的一些事项包括允许对方国家的游客进入更多的空域和海域。此外，协议也可能包含一些条款，允许一个国家的文化团体可以不办理签证就进入另外一个国家。在某协议中，还出现了这样一种情况，两个国家决定共同进行旅游营销。双边旅游协议中从来不缺乏创造性。这样的协议一旦签署后，通常会有 5 年的有效期，双方可以在这之后续签或者扩展这一协议，或者对其进行修订。

四、马尼拉世界旅游宣言（Manila Declaration on World Tourism）

联合国世界旅游组织于 1980 年 9 月 27 日至 10 月 10 日在菲律宾马尼拉举行的会议是较早的一次关于国际旅游政策的会议。这是世界旅游组织自 1976 年成立以来举行的关于国际旅游政策会议中参与面最广的一次会议，因此具有特殊的重要性。世界旅游组织成员国的代表正是从那时起才认识到构建全球性的旅游政策的重要性。

这次大会上形成的文件称为《马尼拉世界旅游宣言》[3]，这是一份广为人知且常被引用的文件。该宣言中探讨和包括的一些重要措施应加以强调。《马尼拉宣言》和《赫尔辛基协议》一样，"和平"和"安全"的字眼跃然于开篇第一页上。旅游缔造和平是国际旅游政策中不断复现的主题，所以基于此原因，本书中几乎每一章都会涉及该主题。这两个文件也强调了安全的主题，因为大部分旅游政策文件、双边和多边协议都涉及这个重要问题。

接下来的几段大量引用《马尼拉宣言》的内容，因为这些内容清晰地阐明了国际旅游政策的一些重要考量：

世界旅游会议考虑到世界旅游业可以在和平与安全的环境中发展，而和平与安全则可以通过各国在缓和国际紧张局势，本着友好、尊重人权和各国相互理解的精神发展国际合作方面的共同努力而取得；世界旅游会议**相信**，世界旅游可以成为世界和平的关键力量，并能为国际理解和相互依赖提供道义和智力的基础；世界旅游会议进一步**坚信**，世界旅游能够对建立一种新的国际经济秩序做出贡献，而这种秩序将有助于消除发达国家与发展中国家之间日益扩大的经济差距，并确保逐步加快特别是发展中国家经济、社会发展和进步的速度；世界旅游会议**意识**到，不论各国经济、社会制度如何，世界旅游只有基于公正、主权平等、不干涉别国内政、国家之间相互合作等原则，并且只有以提高所有人的生活水平并改善其生活条件使之符合人的尊严为最终目标，才能得到繁荣的发展。

如果这份文件以此作结，它依然不失为一份伟大的旅游政策文件。然而，这份文件更进一步，继续提出了一系列如何落实这些政策的最佳实践。

例如，《马尼拉宣言》第1步如下所述：

由于旅游对各国的社会、文化、教育、经济及国际关系等方面产生直接的影响，所以，旅游被视为一种对国家生存至关重要的活动。旅游的发展与各国社会、经济发展密切相关。旅游要发展，人就必须享受能恢复身心的休息、假日，必须享有在人本身所需要的闲暇及娱乐时间内自由旅行的权利。旅游的存在和发展完全取决于是否存在持久的和平，而旅游应对实现持久的和平做出贡献。

马尼拉宣言的重要性还体现在，它为后续的通过旅游原则来实现和平的文件提供了铺垫。比如，《哥伦比亚宪章》（Columbia Charter，1988）就是这样的一份文件，它探讨了"通过旅游实现世界和平"的问题（本章稍后将对此进行探讨）。马尼拉宣言的第13条是这样表述的，"在公正、尊重个人和民族愿望基础之上的国际关系和寻求和平方面，旅游不仅是一个促进相互了解和理解的积极的、永久的因素，而且是实现世界各国人民之间较大程度的尊重和信任的基础"。

马尼拉宣言的第18条为后续的关于可持续旅游的探讨打下了铺垫，其提出时间远远早于布伦特兰报告（Brundtland Report，又名《我们共同的未来》，译者注）的发布时间，或者联合国世界环境与发展大会（United Nations Conference on Environment and Development，21世纪议程）举办前。其内容如下：

各国的旅游资源同时由空间、设施、价值等组成。这些资源必须加以控制地使用，否则将有遭受退化甚至毁坏的危险。旅游需求的满足绝不能损害旅游区人民的社会和经济利益、环境及旅游最根本吸引力之所在的自然资源，当然还包括历史、文化遗迹。所有旅游资源都是人类遗产的一部分。各国和整个国际社会必须采取必要的旅游资源保护措施。保护历史、文化和宗教胜迹，在任何时候，特别是在冲突时期都是各国的基本责任。

图9.1　俄罗斯圣彼得堡的国家级保护文物——
彼得保罗要塞（贾森·斯旺森 摄）

《马尼拉宣言》还明确了联合国世界旅游组织作为全球旅游政策领导者的身份，其19和25条清晰地表明了这点："在旅游领域努力进行国际合作的过程中，各国人民的特色及基本利益必须受到尊重。在这方面，世界旅游组织作为概念研究和协调机构而发挥的重要、决定性作用是显而易见的"。这份文件的结尾呼吁，"本届会议敦促世界旅游组织通过其内部的、政府间的和非政府的机构采取一切必要的措施，在全球范围内实施本届会议最终文件中规定的原则、概念和指导方针"。

《马尼拉宣言》是理解国际旅游政策的基础，如果哪一本关于国际旅游政策与规划的书籍不提及它的话，那么读者对于国际旅游政策发展过程的理解将会大打折扣。它也证明了，虽然很多旅游政策的研究者认为我们当前的一些旅游政策思想是比较新颖的，但是我们可以发现《马尼拉宣言》已经部分地包含了这些思想。

五、旅游权利法案与旅游准则

另外一份重要的旅游政策文件是《旅游权利法案与旅游准则》（Tourism Bill of Rights and Tourist Code）[4]。本书作者之一的埃杰尔，是提倡界定旅游者及与旅游相关的商业权利与责任的先驱之一。经过几年的磋商、探讨与谈判，1985年9月在保加利亚的索菲亚召开的世界旅游组织第六次全体大会（Six General Assembly）上通过了《旅游权利法案与旅游准则》。这份文件包含两部分内容：旅游权利法案（法案）及旅游准则（准则）。

大多数国家希望促进旅游增长与发展，同时避免旅游可能带来的负面影响。这一点在权利法案部分的第三条有所涉及："第一，鼓励国内和国际旅游业有条不紊和和谐地发展；第二，将旅游政策纳入它们各个层面的总体发展政策，包括地方、地区、国家和国际的，并扩大双边和多边，包括同世界旅游组织在内的旅游合作"。本章后文还将探讨制定当地和国家示范旅游政策的问题。

虽然在近些年提及恐怖主义时，人们往往想到的是2001年的911事件，但是在20世纪80年代，恐怖袭击已经成为一个大麻烦，劫机与绑架人质事件时有发生。权利法案第五条第三款已经表达了对这方面的关切，各个国家应该"采取预防和保护措施，确保旅游者的人身和财产安全"。本书第十二章将对安全问题进行进一步的探讨。

即便《马尼拉宣言》已经提到了社会文化和环境方面的政策问题，许多国家依然觉得这些问题有待进一步加强，因此根据权利法案的第6条，旅游者对东道主社区需要担负的责任包括："它们（东道主社区）也有权要求旅游者理解和尊重他们的习俗、宗教和其他文化因素，因为这是人类遗产的一部分"。与此同时，旅游者也完全有权利期待（第7条）："在过境地和逗留地，欢迎东道国人民以最大的热情、礼貌和敬重来接待旅游者，以利于发展和谐的人际与社会关系"。

该文件还表达了对旅游者往往不尊重旅游目的地的担忧。旅游准则部分主要涉及的就是旅游者的权利和责任。第10条提道："旅游者应通过他们的行为，在国家和国际范围内促进各国人民的理解和友好关系，从而对持久的和平做出贡献"。另外一些条款对这一问题也有所提及。总之，《旅游权利法案与旅游准则》提供了重要的旅游政策指南。

图9.2　在肯尼亚的一个市场，旅游者正在观看当地居民如何保存并创造文化（Junghee 'Michelle' Han 摄）

六、海牙旅游宣言（The Hague Declaration of Tourism）

1989年4月，鉴于自《马尼拉宣言》和《旅游权利法案与旅游准则》出台以来，全球范围旅游政策进展喜人，各国议会联盟（the Inter-Parliamentary Union，1889年成立的由112个国家的议会组成的一个世界性的组织）和世界旅游组织在荷兰的海牙举办了一届关于旅游的全球性会议。这次会议提出了到目前为止依然是最为全面的框架性的政策主张。虽然《海牙旅游宣言》[5]篇幅过长，无法进行简短归纳，但是我们可以在接下来的几段对宣言原则部分提出的一些内容进行探讨。为了便于进行旅游政策分析，本章结尾的案例研究9全面收录了《海牙旅游宣言》的序文、引言、原则和第一部分（共四部分）。之所以收录这些部分是因为它们与本章的主题高度吻合。接下来我们将对海牙宣言中的一些特殊条款进行分析，以向各位读者揭示这份文件在国际旅游政策发展过程中具有何等的重要性。

《海牙宣言》原则部分的第一条中有这样一句，"各国政府都应努力增进国家、地区和国际和平与安全，这些是开展国内、国际旅游的基本保障"。"和平"这个词在关于旅游的世界性的会议中经常提及。在海牙会议之前，旅游促进和平国际研究院（International Institute For Peace Through Tourism）1988年在加拿大不列颠哥伦比亚省温哥华市举办了主题为"旅游——一种重要的和平力量"的第一届全球大会。这次大会全部议题关注的都是旅游与世界和平的关系，有时候又被称为哥伦比亚宪章（Columbia Charter），本章后文将详述。

《海牙宣言》原则部分第二条呼吁各国制定旅游战略规划，从而与该国的社会经济发展协调一致（本书第十章将对战略规划进行详细讨论）。该条还探讨了旅游和环境的关系。原则部分第三条尤为重要，因为它为当前关于可持续旅游的很多观点打下了基础。该条目对可持续旅游的原则是这样总结的："保护自然、文化和人文环境不受损坏，是发展旅游业的一个基本条件。同时，合理的旅游管理可以大大有助于保护和改善自然环境、文化遗产和提高人的生活质量。"就本质而言，这项原则构成了可持续旅游的基础，本书的第六章对此已经进行了探讨。

第四条原则探讨了国际游客的特点，第五条原则发出了让每个人都有机会休假的呼吁。第六条倡导要破除国际旅行的限制和障碍，为旅游提供便利。第七条"确保安全、尊重人格和保护旅游者"与当前的关注热点是一致的。第八条涉及的是恐怖主义的问题，大会强调指出："恐怖主义是对旅游和旅游发展的现实威胁。因此，恐怖主义者也应被认为是罪犯，应立即受到追查和惩罚而不受法令限制，各国都不能为他们提供庇护。"大会还讨论了其他一些原则及 95 条结论和建议，试图通过高效的旅游政策来提升国际旅游的整体质量。

七、哥伦比亚宪章（Columbia Charter）

本书已经多次提到，"和平"与"安全"是许多旅游政策中反复提及的主题。虽然这两个问题在旅游中有着悠久的历史，甚至可以说在公元前 776 年的希腊奥运会时就出现了，但是当前国际旅游政策制定圈内和圈外依然会考虑这两个因素所带来的利害关系。前文已经提到，哥伦比亚宪章缘起于一场探讨以旅游促和平的会议，这个会议的全称是"首届全球大会：旅游——一种重要的和平力量"，于 1988 年 10 月 23—27 日在加拿大不列颠哥伦比亚省温哥华市举行。它是旅游促进和平国际研究院在"联合国国际和平年"所发起的重要事件。大会的一个主要关注点就是旅游业与 1985 年、1986 年所发生的一些重大恐怖主义事件的关系。1986 年是恐怖主义最为活跃的时期，从那以后，旅行者的安全就变成了人们关注的焦点，各种会议、论坛及国际协议都试图来解决这一问题。旅游促进和平国际研究院后来分别在加拿大的蒙特利尔（1994）和苏格兰的格拉斯哥（1999）又举行了两届全球大会。这三次大会及其他的一些会议和活动，变成了在约旦的安曼举行的"以旅游促和平首届全球高峰论坛"的先导。旅游促进和平国际研究院还努力推进旅游业成为消除贫困的主导力量。

哥伦比亚宪章是建立在马尼拉宣言及其他一些涉及和平与旅游关系的会议所提出的哲学与原则基础之上的。它指出，"和平是旅游发展的最基本前提条件，这一点在当下的环境中尤为紧迫……要促进旅游与全世界的自然和文化资源的和谐发展……要发展行业及社区教育培训系统,通过这些教育系统,从行业领袖、政府到单个的旅游者都能够明白旅游作为一种促进和平的重要力量的可能性与巨大价值"。虽然该宪章通常被认为主要关注的是"以旅游促和平",但是它也表达了对其他重要的旅游议题的关注:

- 促进相互理解、信任和好感;
- 减少经济不平等;
- 以一种协调的方式发展旅游,鼓励东道主社区的全面参与;
- 改善生活质量;
- 保护人造环境和自然环境,保护其他当地资源;
- 有助于全世界可持续发展战略。

这几点在当前关于旅游政策的讨论中依然是热点问题。

八、旅游政策范本

随着《马尼拉世界旅游宣言》和《旅游权利法案与旅游准则》的出台,人们对旅游政策的兴趣更加高涨。是否有必要推出国家层面的旅游政策,是否需要推出地方性的旅游政策?世界旅游组织认识到了人们对旅游政策的浓厚兴趣,通过普渡大学找到了埃杰尔博士,希望他能挑出旅游政策方面的一些关键问题。经过一段时间的研究学习,他推出了《国际旅游政策选编》[6](International Tourism Policy,Selected Readings)一书。

接下来是三个旅游政策范本(以编制时间为序):州级旅游政策范本(1990年1月),国家级旅游政策范本(1990年6月),以及市级旅游政策范本(1990年12月)。虽然在1990年以来旅游政策中很多方面都发生了变化,但是20世纪90年代提出的很多原则在今天依然有现实意义。

1. 州级旅游政策范本

州级旅游政策范本是第一个推出的版本,它是埃杰尔博士在对美国的多个州进行调研的基础上形成的。书名中的"州"这个词指的是一级美国的政府机构,它是相对于主权国家的权力而言的。读者可以用"省"来代替"州",或者其他比市大,比国家小的政府机构来取代它。州级旅游政策范本的第一部分是前言，主要陈述旅游的重要性。第二部分提出州级旅游政策所应该包含的要素，"促进旅游的有序增长……，发展淡季旅游……，提供税收减免以吸引投资……，关注本州的文化优势"等。这些关注点依然是今天旅游政策讨论的热点。第三部分"政府的责任"提出，州政府的领导应该通过州一级的旅游组织来提出本州旅游目标，并交由该级旅游组织的领导者来具体实施。该部分也指出了其他州级政府部门该如何促进本州之内及吸引外来旅游的问题。第四部分提出如何成立州旅游政策委员会，以及该委员会的职责。最后，在第五部分，该书提出州长应该建立一个旅游顾问委员会，成员由本州旅游行业方方面面的代表构成。

2. 国家级旅游政策范本

第二个范本即国家旅游政策范本，部分仿照了1981年的美国国家旅游政策法（US National Tourism Policy Act）。本书第二章的案例研究部分提供了该法案的全文。虽然由于政治失言，该法案现在已没有实施，使得美国没有一部国家层面的旅游政策法规，它依然不失为一个很好的参照范本，因为它清晰地指出国家旅游政策法规应该囊括哪些内容。加拿大的国家旅游政策法规是当前一个比较好的参照对象，本书第十章将提及该法案的部分内容（读者可以通过互联网搜索"加拿大旅游政策"来查看其最新的变化）。

《国家旅游政策范本》一书中提出，不管一个国家的立法程序是怎么运行的，旅游政策法规必须获得该国全体国民的认可。这里没有提及且不提倡的另外一种模式是，由国家元首（总统、首相）令或行政命令来进行宣告。一般来讲，一部旅游政策法规会有前言，说明为何要考虑文件中提及的各要素的原因。然后，对一个国家开展旅游所需要考虑的方方面面，以及与此相关的政策目标进行解释。旅游政策文件中通常都会建议应该成立一个旅游政策委员会。该委员会应该由与旅游相关的各政府部门（交通、环境、贸易等）领导组成。此外，此类旅游政策文件也会建议建立一个旅游顾问委员会，从而体现该国旅游行业各部门（私人部门和公共部门）的代表性。顾问委员会主要提供旅游政策、战略规划、营销目的、融资机制等与国家旅游政策实施相关的议题方面的建议。

3. 市级旅游政策范本

《国际旅游政策选编》中描述的最后一种范本是市级旅游政策。之所以要提出该范本，是为了说明在地方层面，旅游政策该如何实施。虽然当地社区如果不遵照执行的话，很少有旅游政策能发生效力，但是在旅游政策中，市级机构往往处于被忽视的状态。由于每个国家的情况不同，在旅游政策制定、实施过程中应该考虑到哪一级政府机构，这个问题存在争议。这可能是一个城市，也可能是比社区高一级的地区。问题的关键在于，如果一个地方决定要发展或者扩大旅游项目，它应该制定旅游政策，从而引领当地的旅游规划。市级旅游政策的基本原则与国家层面和州一级的旅游政策的基本原则大同小异，主要取决于地方政府的组织结构。举例来说，如果当地社区属于一个州或者一个地区性结构的一部分，那么地方层面的政策必须要能够与上一级的旅游政策产生良好的协同，甚至要考虑与国家层面的旅游政策的协调一致。最后，必须要重申的是，上述这几个范本只是为了帮助各级政府部门更好地理解旅游政策过程。

九、预测、启示与政策视角

在旅游政策制定过程中，人们经常忽略的一部分是就业岗位和旅游的预测工作，尤其是游客人数及旅游收入。为了让旅游政策利于目的地的长远发展，非常有必要对旅游需求进行预测。由此带来的一个关键问题是在预测时选用哪种方法。本章的这一部分将会为大家介绍本书的作者之一埃杰尔在过去 35 年使用的几种旅游预测方法。就全球层面而言，世界旅游组织和世界旅行与旅游理事会（World Travel and Tourism Council）多年来一直在进行世界旅游的预测工作。例如，世界旅行与旅游理事会预测，旅游行业的工作岗位将从 2012 年的 2.55 亿增加到 3.03 亿个，同一时期，旅游经济收入将从 6 万亿美元增加到 11.15 万亿美元。世界旅游组织预测游客人数将会从 2012 年的 10 亿增长到 2020 年的 16 亿。这些重要的预测充分说明了旅游行业的快速增长。这些预测所描述的旅游行业的未来前景对于旅游规划和旅游政策的制定来说是非常重要的。在过去这些年里，旅游预测的方法越来越复杂，误差率已经降到了人们可接受的程度，预测结果相当准确。在这里有必要对改进预测技术的几个变化进行反思。

在20世纪70年代早期，本书作者之一的埃杰尔加入了麻省理工学院一个预测团队，该团队试图建立一个经济预测模型来对美国经济进行预测（也就是说，其初始目的并不是进行旅游部门的预测）。如果这个模型能够成功，那么可以认为，它也适用于其他行业的预测，比如旅游业。然而，由于某些该团队无法搞清楚的原因，这个模型得到的结果并不是很理想，最终结果是这个项目被放弃了。事后来看，很有可能是预测公式里边包含了太多的变量，也有可能是该团队过于依赖调研数据，而这些数据往往不是那么准确。

在20世纪70年代后期，研究者又推出了许多新的旅游预测模型。一篇名为"国际旅游发展：展望1985年"[7]的文章中提出了一种相对合理也比较成功的方法，该方法主要是对支撑旅游行业的基本要素的趋势进行回顾。该方法激发了大家的进一步努力。

埃杰尔主要依据趋势分析法和简单回归，对1977年到2000年的旅游需求进行预测，结果还算令人满意。埃杰尔的这些预测，都是他在得克萨斯大学举办的"国际电话电报公司关键问题系列讲座"中提出的。这些系列讲座的主讲人都是来自于不同商业领域的专家，最终讲座材料结集出版，名为"国际商业展望1977—1999"[8]。

1978年，Edgell和两位同事在美国运营研究协会与管理科学学院联合举办的全国大会上做了"改进后的情景分析法在美国旅游预测中的应用"的发言。该方法获得了一定的成功，并且在旅游研究中增加了一个新的维度。该发言的部分内容发表在1979年的《旅行研究学刊》[9]（Travel Research Journal）上。1980年，埃杰尔、西利和伊格莱什利用简单时序法对美国国际旅游进行预测，结果发现该方法相当成功[10]。

另外一种预测技术是德尔菲法。美国军方为了改进其预测能力，从20世纪50年代和20世纪60年代起开始使用兰德公司开发的德尔菲法。到20世纪70年代，商业预测领域也开始大量使用德尔菲法。埃杰尔和几位同事开始尝试使用改进后的德尔菲法来对旅游需求进行预测。结果表明这种方法很有效，最终成果发表在1980年的《旅行研究学刊》上，题目为"在国际大会使用德尔菲法：预测国际旅游前景的一种重要方法"。他们对这一技术进行了进一步的测试，最终成果名为"对美国国际旅游的预测"，该文发表在1980年的国际旅游管理学刊（International Journal of Tourism Management）上。

在20世纪90年代，通过对旅游预测的理论模型和直觉方法的回顾，埃杰尔对旅游需求预测方法进行了进一步的提炼和融合。他开始做出各种假设，并利用改进后的德尔菲法归纳出某些基本的要素，然后将这些要素纳入自己的模型之中。埃杰尔以1960年为基准，使用简单趋势分析法，有限的多元回归及德尔菲法，对1960年到2000年的旅游发展情况进行了预测。这些预测结果最终体现在埃杰尔1990年出版的《国际旅游政策》一书中，该书专门有一章节名为"国际旅游千禧年预测、启示与政策视角"。这些预测相当令人满意，也相当准确[11]。

随着计算机预测模型的出现，今天的旅游预测人士在进行预测时有了更多的选择。凭借其在旅游行业多年的深耕，埃杰尔确信，统计分析加上改进后的德尔菲法的预测效果并不逊于其他的方法。埃杰尔认为，"就旅游需求预测而言，多种数理统计方法加上德尔菲法，在任何情景中都能产生非常可靠的预测结果"。[12] 总之，在旅游需求预测方面，德尔菲法或者说改进后的德尔菲法，其重要性与数理统计工具的重要性可以等量齐观。

本章复习题

1. 为什么旅游政策应该简洁明了？
2. 为什么说马尼拉旅游宣言对于旅游政策的发展具有重要意义？
3. 旅游权利法案关注的是什么？
4. 旅游准则关注的是什么？
5. 海牙宣言的主要原则是什么？
6. 哥伦比亚宪章主要关注的是哪方面的旅游问题？
7. 市级旅游政策范本的独特性体现在哪里？
8. 在专家群体达成一致意见方面，哪种预测方法是最有效的？

案例研究 9：海牙旅游宣言

各国议会旅游大会

各国议会旅游大会是应各国议会联盟荷兰议员团的邀请，由各国议会联盟和世界旅游组织于 1989 年 4 月 10 日至 14 日在荷兰海牙联合召开的。

大会**认为**，促进个人和团组的旅行、访问和旅游，符合各国的利益，有利于经济、社会和文化的发展，有利于建立信任气氛，增进国际社会中各会员国之间的相互了解，有利于发展国际合作和维护世界的持久和平。

大会**认为**，应同时考虑到发展中国家在旅游业方面的特殊问题。

大会**回顾**了联合国大会于 1948 年 12 月 10 日通过的"世界人权宣言"，特别是该宣言中第 24 条中关于"任何人都享有休息、消遣的权利，尤其是享有合理的工作时间和定期有薪休息日的权利"，联合国大会于 1966 年 12 月 16 日通过的"关于经济、社会和文化权利的国际公约"第 7 条，该条款要求各国保证任何人"有休息、消遣、合理的工作时间和有薪休息日的权利"，以及联合国大会于 1966 年 12 月 16 日通过的"关于公民和政治权利的国际公约"第 12 条，该条款规定"任何人可自由离开包括自己祖国在内的任何国家"。

大会**注意**到联合国"关于国际旅游和旅行大会（1963 年 9 月于罗马）"通过的决议和建议，特别是关于促进世界各国旅游业的发展和简化国际旅行官方手续的决议和建议。

大会**注意**到《马尼拉世界旅游宣言》、阿卡普尔科文件及《旅行者守则和旅游权利法案》中确定的原则，强调旅游业对改善人际关系的重要性，承认旅游对提高各国人民的生活质量及对维护和平和国际了解所起的新的积极作用，确定各国在发展中，特别是促进世界人民增强旅游意识、促进建立一个更为公正、合理的国际经济新秩序中，保护和发掘人类宝库——旅游资源的责任。

大会**重申**联大承认的"世界旅游组织"在旅游业发展"促进经济发展、国际了解、和平、繁荣和普遍尊重权利"和"不分种族、性别、语言和宗教，尊重人的基本自由"中的中心的和重要的作用。

第九章 国际旅游政策制定过程

大会**意识**到国际劳工组织、世界卫生组织、联合国教科文组织、国际海事组织、国际民航组织、联合国环境规划署、国际刑警组织和经济合作和发展组织等各类政府间组织与非政府组织对协调发展旅游业的重要贡献,强调上述组织与"世界旅游组织"进行密切合作的重要性。

大会**郑重确认**作为世界人权宣言、联合国国际人权公约及其他世界和地区法律文件中规定的工作权利和基本权利的自然结果,每个人都享有休息、消遣、固定带薪休息日、利用假期进行旅行和在本国或国外旅游中获益的权利。

大会**回顾** 1925 年在海牙召开的首届旅游官方协会国际会议,由此产生了"国际官方旅游组织联盟",并于 1975 年更名为"世界旅游组织"。

大会**宣布**,"海牙旅游宣言"是国际合作和增进各国人民交往的文书,是促进个人与集体发展的积极因素。

大会**敦请**各国议会、政府、公共部门、组织、协会、公共和私人机构,旅游业负责人、职业旅游工作者及旅游者,参照该宣言的各项原则并从中获得启发,宣言的原则如下:

(一)原则一

1. 旅游已成为数亿人民日常生活中的一个现象:

(1)它包括个人离开住宅和工作地点的自由流动及与此人员流动相关的服务行业;

(2)由于旅游已成为个人支配休息时间的重要形式及进行人际交往的重要手段,从而有利于增进政治、经济、文化接触及由此必然产生的涉及各国各个领域的一种国际化倾向,旅游已成为人类生活和现代社会的一项重要活动;

(3)旅游与人人相关。它已成为当代社会生活质量的重要结果和决定因素。鉴此,各国议会和政府应对旅游予以更多的重视,以确保旅游与社会的其他需要及基本活动和谐发展。

2. 各国政府都应努力增进国家、地区和国际和平与安全,这些是开展国内、国际旅游的基本保障。

(二)原则二

1. 如果同时采取措施,解决国家发展中的优先项目,使国民经济达到自给自足的水平,不过多花费旅游业所得的收入,旅游业将能成为各国社会经济增长的有效手段。

2. 因此，应特别注意采取下列措施，如有必要，应借助于双边或多边的技术合作，以确保：

（1）建立良好的基础设施和配套设施；

（2）建立培训机构，以解决旅游业对各种人才的需要；

（3）把旅游业纳入与农业、工业、卫生、社会福利和教育等优先发展事项相结合的国家发展计划之中；

（4）在促进国际旅游的同时，应鼓励发展国内旅游。国内旅游是发展国际旅游的一个坚实基础并提供了重要支持；

（5）在各国发展的基础上，制定地区性发展计划，可使整个地区得到平衡和相应的发展；

（6）应当始终认真考虑旅游目的地国在自然、资源和文化环境方面的综合承载能力。

（三）原则三

1. 保护自然、文化和人文环境不受损坏，是发展旅游业的一个基本条件。同时，合理的旅游管理可以大大有助于保护和改善自然环境、文化遗产和提高人的生活质量。

2. 考虑到旅游和环境之间不可分割的关系，应采取下述有效措施：

（1）为保护、保存和爱护游览地的自然、文化和人文环境，应向国内和国际旅游者宣传和进行教育；

（2）在联合国大会通过的两个文件，即"世界环境和发展报告（布兰伦特报告）"和联合国环境规划署关于"2000年及以后环境前景"报告所提出的"可持续发展"概念的基础上，促进对旅游发展进行综合规划；

（3）确定和保护游览地的接待水平，尽管这些措施会导致在某个时间或某个季节限制旅游者参观；

（4）继续普查旅游地的能吸引游客从事消遣、体育、历史、考古、艺术、文化、宗教、科学、社会和技术活动的人文或自然形成的旅游资源，以使旅游发展计划能够更注意环境保护问题，提高公众、旅游者及各类旅游机构对保护文化和自然环境必要性的认识；

（5）鼓励和发展能够增进交流、增进旅游者和当地居民的了解、保护文化特征，提供具有当地特色的设施和旅游产品的多种形式的旅游；

（6）为此，需要确保在国内和国际进行公共部门和私人部门之间的必要的合作。

（四）原则四

1. 考虑到旅游业发展中最重要的是人的因素，故应注意国内和国际旅游者的特殊问题。国际旅游者是：

（1）拟前往或前往一个与其居住国不同的国家或地区；

（2）旅行的主要目的是进行不超过三个月的访问或逗留，除非超过三个月的逗留期已经过允许或得到延期；

（3）在所访问的国家中，不从事任何有偿活动，无论是否是受命从事这种活动；

（4）在访问或逗留期满后应离开访问的国家，返回居住国或前往另一个国家。

2. 按逻辑推论，不符合上述定义中所有条件的任何人，特别是以旅游者身份进入他国从事访问或旅游而设法延长访问或逗留时间以谋求定居或从事有偿活动的任何人，都不算为国际旅游者。

（五）原则五

1. 必须普遍尊重人人享有休息、消遣、合理的工作时间、带薪休假的权利，以及根据法律明文规定的限制且不对自由流动本身的原则提出质疑的法律限制而自由流动的权利。

2. 为使男女公民充分享有这些基本权利，有必要做到：

（1）制定和实施促进国内和国际旅游与休闲活动和谐发展的政策，使所有参与者都受益；

（2）各国在按照其优先事项制定和实施旅游发展政策、规划和计划时，应高度重视"马尼拉世界旅游宣言"、"阿卡普尔科文件"和"旅游权利法案和旅行者准则"规定的原则。

（六）原则六

促进旅游发展意味着要为旅行提供便利。因此，公共部门和私有部门应采取下列有效措施：

（1）不管旅游者利用何种交通工具，都要为个人旅游者和团组旅游者提供旅行、访问和旅游的便利；

（2）在护照、签证、卫生检疫、换汇和驻外旅游代表机构方面采取适当的简化措施，有效地促进旅行、访问和旅游；

（3）为此，要促进通过和执行旨在为旅行和旅游提供便利的"布达佩斯公约"，以放宽对旅游者的法律限定，协调旅游企业、旅行社和服务于旅游者的其他机构的技术标准。

（七）原则七

旅游者的安全和保护及对他们人格的尊重是发展旅游的先决条件，因此，有必要做到：

（1）采取为旅行、访问和旅游提供便利的措施，同时采取确保安全、尊重人格和保护旅游者及旅游设施的措施；

（2）应就此制定一套有关安全、尊重人格和保护旅游者及旅游设施的政策；

（3）由于旅游者的到访，有必要检查旅游物资、设施和设备，以作专门性保护；

（4）为防万一发生对旅游设施和游览地造成危险的情况，应准备提供相应的文件和信息；

（5）根据各国法律制度的不同，建立一套保护旅游者的法律规定，尤其要包括旅游者在各国法庭对损坏其本人和财物行为，特别是在恐怖主义行为对他们形成最严重的损坏时，能寻求有效的法律补偿；

（6）各国在世界旅游组织内部进行合作，制定关于保护旅游者安全的措施。

（八）原则八

恐怖主义是对旅游和旅游发展的现实威胁。因此，恐怖主义分子也应被认为是罪犯，应立即受到追查和惩罚而不受法令限制，各国都不能为他们提供庇护。

（九）原则九

1. 旅游是人际服务，其质量取决于所提供的个人服务的质量。因此，对旅游业和旅游发展来说，重要的是在各个学校重视开展普及教育，教育、培训职业旅游人员和将要从事旅游业的人员。

2. 应就此采取以下有效措施：

（1）为旅行和旅游预备好人员，特别是要把旅游学科纳入学校和大学的课程计划之中；

（2）提高旅游职业的地位，鼓励年轻人从事旅游职业；

（3）以互相承认职称和交换旅游业专业人员的国际标准化课程为基础，建立一套培训机构网络，进行旅游业方面的教育和培训；

（4）按照联合国教科文组织的建议，促进对培训导师的培训及经常性教育，对各级旅游业人员及其教员进行再培训；

（5）承认大众媒体在发展旅游业中的重要作用。

（十）原则十

1. 公共权力部门应考虑旅游这个复杂现象的各个方面。

2. 旅游业在各国经济生活中已成为一个重要的行业，至少与其他经济、社会活动具有同等的重要性；随着科技进步和闲暇时间的增多，其作用将会增大；因此，各国有必要进一步加强国家旅游管理机构的职能、权力及其附属机构，使其具有与其他重要经济机构同等的级别。

3. 为了找到解决旅游问题的全球性办法，各国有必要制定真正的国家旅游政策。在制定这项政策中，各国议会适当时应发挥特殊的作用，并能通过关于旅游的具体立法，如有必要，应通过一项真正的旅游法典。

4. 由于旅游的国际性特征，在世界和地区范围内的国际合作成为旅游业和谐发展的重要条件。国际合作应在有关国家之间直接开展，可通过国际组织（如"世界旅游组织"）进行；也可通过非政府专业组织与其他私人旅游部门之间的合作来进行。

（十一）**具体结论和建议**

各国议会旅游大会**列出**了《海牙旅游宣言》中的各项原则，**给出**了下列具体结论和建议。

1. 旅游业在经济和社会发展中的地位。

（1）结论

1）旅游业的现实重要性及其未来的经济前景，体现在下述统计数字（1988年统计数）中：

- 国内旅游和国际旅游的总支出（包括飞机票）估计占全世界国民生产总值的12%；
- 国内旅游和国际旅游总量约为15亿人次，约占世界人口的三分之一；
- 国际旅游占世界总出口的6%，占国际服务贸易的25%至30%。
- 据估计至2000年，国际旅游将以每年约4%的速度增长，届时旅游业将成为世界最大的出口行业。

2）这些巨大变化对我们的经济、环境和生活产生的潜在影响如此之大，以致被人们称之为"旅游革命"。

3）旅游给人们提供了充分了解未涉足的知识和获得理解的机会；这是一场革命，由于这场革命，使世界上每个公民都能旅行，这是我们毫无保留、满怀豪情地投入的一场革命。

4）旅游作为一个积极和稳定的因素，有利于增长知识和增进相互了解，因此有利于和平与缓和；与此相反，紧张和冲突则会严重阻碍旅游，而和平会促进旅游发展。

5）充足的闲暇时间是一种社会需求，但是如果不适当地利用，则会成为一个包袱；在充实闲暇时间的许多可能性中，除电视外，没有任何其他可能性具有旅游那样的重要性。

6）旅游发展的经济前景是无可限量的；然而，发展旅游需要大量的投资和费用。

7）旅游除直接增加收入外，旅游者花费带来的好处还表现在经济领域的各个方面，诸如：直接或间接地创造就业机会、创收外汇、增加公共收入、保护手工艺和艺人及帮助开发不拥有商业和工业基础的地区。

8）当前，发展中国家的旅游收入在世界旅游总收入中的比重相当微小，但发展中国家所处的地位使它们处于充分利用旅游促进发展的非常有利的位置；当然，发展中国家不应忽视实际，避免杀鸡取卵的做法。

9）在国内旅游方面，旅行和收入在国家、地区和旅游点经济和就业方面的贡献已占据世界旅游业总体相当重要的一部分。发展和便利国内旅游，在广义上讲，同样也有利于增进社会交往和各国人民之间的了解。

10）发展国内旅游，同样会促进旅游基础设施的建设，提高人员技能、使各国有可能和谐地发展国际一体化的旅游业。

11）旅游业是无烟工业，并不会必然带来工业化所造成的毁灭性后果。然而，旅游仍然对物质和文化环境带来潜在威胁，各国应对此予以重视。

12）保护完好的古迹、充满生机的传统生活方式和完整无损的自然环境，会吸引旅游者多次光顾。与此同时，旅游者通过他们的经济支出，也支持了保留文化遗产和保护旅游点自然环境的事业。与此相反，如果古迹和环境未能得到合理的保护，失去了对旅游者的吸引力，旅游业收入就会由此减少。

13）既无控制、又无计划地发展旅游，会在旅游者和当地居民中造成社会、文化和经济方面的消极摩擦，会给旅游者的行为和需求倾向带来影响，从长远看，会给旅游接待国家的当地居民的文化多样化和特色造成损坏。

14）世界旅游需求目前具有非常明显的季节性，往往集中在一年中的某几个月内。旅游者选择气候及其动机因素并非是唯一的原因，产业部门的惯例，本国法律中关于每年关闭工厂和职工带薪休假的规定及学校放假的时间，也同样对此造成影响。

15）迄今为止，旅游业未能成功地树立起旅游的真正形象，未能得到（特别是）各国议员的有效支持。

16）在大部分旅游目的地国家里，旅游业往往不够集中，由一些个人经营或由资金不足、只能满足旅游者的一些多元要求和个性化要求的小型企业所组成。旅游者需求与越来越集中的国际旅游供应（国际旅游运营商、航空公司和酒店）之间的不平衡日趋增大。

17）由于国际竞争，在发展中国家和"成熟"经济体（这些国家越来越认识到旅游是解决地区发展的一种办法）推广旅游业的费用日趋增长。因此，同样有必要考虑国家、地区和当地的旅游推广政策的有效性。

18）重要的是，各国的各级公共机构（特别是各国议会）要积极参与为旅游开创有利条件的活动，特别要提供财政资助和为制订庞大的旅游宣传计划做出努力。

19）当前和未来的旅游业发展，有必要在宣传、推广旅游及提供基础设施方面得到各国政府的积极支持；应开拓新的市场，采取一定的措施，确保各级旅游部门——公共部门和私人部门进行合作，以更好地促进旅游行业的发展。

（2）建议

1）应对旅游进行整体规划，并考虑交通、就业、卫生、农业、通信和其他有关部门的立法。

2）通过制定法律，各国议员应当发挥的作用是，在考虑本国优先发展事业的基础上，对发展本国和国际旅游业进行分析、协调，提供便利和做出规划。

3）各国应确定本国优先发展项目，并确定旅游业在这些优先发展项目中所占的"位置"。在此基础上，制定并通过一项切实可行的旅游发展战略。旅游发展战略应考虑到国际旅游和国内旅游之间的平衡，考虑旅游目的地国家的接待能力，并确定国家、地区和当地组织的作用。

4）在国家旅游发展总战略中，为保护环境、当地居民和避免因缺少规划而产生的负面问题，应优先考虑有选择有控制地发展旅游基础设施、设备、需求和旅游综合接待能力。在旅游规划和区域开发方面，重要的是，各国应注意在经济发展和生态环境上达到一致与平衡。

5）各国公司和跨国公司应根据法律，采取切实可行的预防措施，以防止对环境和旅游景点造成破坏。如发生这类情况，应责成肇事者承担应有的责任，并采取一切措施减少损失和承担赔偿。

6）有危险性的工业活动，尤其是有毒和放射性物质及废料的运输和存储，应严格受立法监管。这类废料的倾倒应视为非法，只有如此才可以避免损害自然和人类环境。各国公司和跨国公司如造成这类损害，应当承担责任并予以赔偿。

7）加强调研和支持是一个国家有效地、最大限度地发掘旅游业潜力的重要方面。这就需要在每个国家提高国家旅游管理机构的地位；但这并不意味着在旅游方面国家可以发挥干预的作用。相反，国家旅游管理机构应确保旅游行业拥有最大的机会来发挥自己的作用。

8）在建设旅游基础设施的同时，同样重要的是，要加强对全体人民特别是在校学生的教育，与此同时，要在全国加强对旅游专业人员的在职培训；主要目标是使旅游业成为受人尊重的职业，并培养人们的旅游意识。

9）各个旅游客源国都应有效地安排职工度假和学生假期，以减少旅游季节过度集中带来的问题（旅游者过度集中、机场拥挤不堪、边境检查缓慢等）和对旅游就业、简化手续和安全（卫生、经营）造成的不利影响。

10）各国政府应该为发展旅游业提供必要的基础设施，制订鼓励新兴旅游业的专门支持措施，特别要鼓励小型企业和发展中地区。这种支持可采取直接投资和对私人投资进行财政奖励和资助宣传推广的方式。

11）对于一个在许多方面还未达到自给自足、旅游基础设施还未健全的国家，重要的是要对计划中的开支和收入进行比较，按照本国优先发展项目，进行总体上的权衡。应尽一切努力使旅游目的地国家能从旅游活动中得到更多的收入，这就表明有关国家要优化旅游发展战略，以便更合理地利用当地的设施和资源。

12）发达国家应对发展中国家提供特别援助。援助并非一定是资金方面的；援助可以是鼓励发达国家的公民到发展中国家去度假。

13）各国政府、各国国家旅游组织和私人部门应在为旅游发展提供资金方面进行全力合作，以使旅游得到充分发展，使大众从旅游中获益。

14）在各国政府的资金支持和鼓励支持下，工业部门应对促进旅游发展予以高度重视。工业部门的支持，能为经济发展和创造就业建设一套良好的基础设施并为保护各国的环境、文化遗产做出贡献。因此，各国政府要协同旅游行业，为了各国的利益制定一项当前和未来的积极发展旅游业的政策。

15）各国应考虑利用旅游来发展新型保护关系的方式，从而使传统文化形式保持其完整性及其活力和质量。

16）在一个旅游业正在兴起的发展中国家，重要的是计划和计划实施，应在全国范围内进行协调，应采取一切措施，通过开展国际合作，使旅游业从旅游发达的国家获取有益的经验而避免重蹈覆辙。

17）在旅游部门，权力下放和分权是有限度的；但至少国家机器要在国家级和州级旅游政策方面进行协调。

18）在享有休假权利的国家发展国内旅游，可给予每个公民了解本国的环境、认同民族特质、加强与同胞团结的机会，从而帮助国家建成一套旅游基础设施。

19）旅游立法应考虑三个目标：（1）保护旅游者；（2）保护各国免遭旅游带来的潜在问题的困扰（特别是关于对环境和文化特质的影响）；（3）促进旅游业发展。在这方面，必须在旅游业和负责保护自然文化资源的专业人员及科学机构之间开展密切的合作。

十、关键问题总结

签署国际旅游协议的目的是为旅游者提供信息、安全和其他便利设施，从而为进行跨越国界的休闲旅行提供便利。旅游协议的本质是在满足两国之间的旅游需求的同时改善双方的政治关系。《海牙旅游宣言》及本章提到的其他旅游协议，充分说明了各个国家之间要想达成旅游协议是一件多么复杂的事情。这些大会文件所固有的复杂性带来了一系列的问题，学习旅游政策的学生对此难免有些疑惑。例如，旅游真的对环境只有极小的影响吗？在宣言结论部分的第11条中提到旅游是一个"无烟行业"。

正如《海牙旅游宣言》中所述，以及本书自始至终都在强调的那样，旅游方面的合作可以创造国家之间的和平。然而，反过来讲是否也是正确的呢？国际上的动荡局势是否源于多边旅游协议的缺位呢？另一个有争议的话题是，旅游是一种必需品还是奢侈品。例如，如果说拥有休闲时间是一项最基本的人权，那么在休闲时间进行旅行是否也是一项最基本的人权呢？此外，国际旅游协议的有效性有多高？我们该如何评价旅游协议的效果呢？在签署和实施国际旅游协议时，会伴随哪些不可避免的负面影响呢？

宣言结论部分第15条提到了旅游在获得政府支持方面所存在的困难。为什么大部分国家都存在这种问题？问题的关键在于旅游相对于其他行业和公共政策的重要性。例如，是否应该像宣言建议部分第9条所说的那样，将学生和职工的假期错开从而降低旅游的季节性呢？旅游能否对教育政策和其他行业的政策产生重要的影响呢？在阅读海牙旅游宣言时，我们还能发现哪些问题，从而进一步推进关于旅游协议的探讨呢？

第九章　国际旅游政策制定过程

注释

1. *Helsinki Accords.* Conference on Security and Co-operation in Europe, Helsinki, Finland, July-August 1975.
2. *Vienna Convention on Diplomatic Relations*, Vienna, Austria, April 18, 1961.
3. *Manila Declaration on World Tourism*, United Nations World Tourism Organization, September 27-October 10, 1980.
4. *Tourism Bill of Rights and Tourist Code*, United Nations World tourism Organization, Sofia, Bulgaria, September 17-26, 1985.
5. *The Hague Declaration on Tourism*, Inter-Parliamentary Union and the United Nations World Tourism Organization, The Hague, Netherlands, April 10-14, 1989.
6. Edgell, Sr., David L. & Edgell, Jr., David L.(1991) *International Tourism Policy, Selected Readings.* West Lafayette, IN: Purdue University.
7. Edwards, Anthony D.(1976) "International Tourism Development: Forecasts to 1985." Special Report No.33. London: The Economist Intelligence Unit Ltd.
8. Edgell, David L.(1978) "International Tourism and Travel." In Howard F. Van Zandt (ed.) *International Business Prospects 1977-1999.* Indianapolis, IN: The Bobbs-Merrill Company, Inc.
9. Edgell, David L., Tesar, George, & Seely, Richard L.(1979) "Use of Modified Scenario Ressarch in Forecasting of Tourism in the United States," *Travel Research Journal*, Edition 1979/1.
10. Edgell, David L., Seely, Richard L., & lglarsh, Harvey J.(1980) "Forecasts of International Tourism to the USA," *International Journal of Tourism Research*, June.
11. Edgell Sr., David L.(1990) *International Tourism Policy.* New York: Van Nostrand Reinhold.
12. Goeldner, charles R., & Ritchie, J.R. Brent (2012) *Tourism: Principles, Practices, Philosophies*, 12th edn. Hoboken, NJ: John Wiley & Sons, Inc., p.295.

第十章　旅游战略规划

　　如同旅行者必须通过对所选目的地进行了解和研究来策略地计划自己的行程，以便从中获得最大价值一样，一个国家、社区或者目的地必须精心规划才能确保其旅游项目取得成功。旅游战略规划，简单来说，指的是为一个目的地、旅游组织或者其他旅游实体勾画未来的远景，并通过具体实施步骤来达成这一远景。或者，可以将战略规划看作一幅"路线图"，可以引导与旅游相关的组织或者目的地，从其当前所处的状态提升到在未来的五年或者十年所期望达到的状态。本章将对旅游战略规划的具体实施步骤进行探讨。

　　旅游战略规划既不神秘，也不晦涩难懂，并非只能依靠专家来制定、编写并实施。它只是一种将旅游的益处最大化的过程或者工具，其目的是保证合适数量、合适质量的供给与合理水平的需求之间达到均衡。战略规划过程应该考虑本地区的经济、环境、社会文化等方面的因素，以及这些因素与旅游组织未来的可持续性之间的关系。就其效果而言，旅游战略规划为旅游组织或者目的地未来的发展提供了一个指导性框架。

　　各层级的组织都可以进行旅游规划。在《国家与地区旅游规划》一书中，爱德华·因斯克普（Edward Inskeep）指出旅游规划的优点是："设立总体旅游发展目标和政策——旅游业需要达到什么目标，这些目标如何实现。"[1]依据组织想要实现的目标的不同，旅游战略规划的方法也多种多样。在过去，人们常说的"战略规划"基本上对应的是今天讲的"总体规划"。有时候总体规划描绘的是一个静态前景，而战略规划是动态、以未来为导向的。然而，许多总体规划都会有一部分或者一个章节提出战略远景，或者说主要的战略挑战及战略限制，从而实现了与战略规划一样的目的。有些群体有时候会先准备一个战略规划，然后提出一个品牌，准备一份商业企划书，提出营销策略，并为该组织编制预算。战略规划为组织应该实现的目标提供了一幅广阔的画卷，并为如何实现这些目标提供了明确的路径。与商业企划充斥着各种数字不同，战略规划通常仅用文字描绘出组织在未来需要做出的关键决策。它判断组织现在处在何种状态，想达到何种状态，如何达到这种状态，要达到这种状态需要哪些资源，以及何时开始实施战略规划。

旅游战略规划是一种强调协作的管理工具，可以用来确定一个目的地的愿景、使命、目标、战略和策略。由于旅游战略规划下一步往往是营销规划，因此它也为目的地构建自己的品牌知名度奠定了基础。它驱动组织做出关乎未来的基础性的决策和行动。之所以说这种规划具有战略性质，是因为它使得组织以一种理性的方式来引导资源的使用，来指引组织如何与利益相关方和社区领袖就旅游的质量、效率和效果进行沟通。

图10.1　韩国首尔的一家农贸市场的利益相关者，这些人是当地旅游规划中游客体验的一个重要构成部分（Junghee 'Michelle' Han 摄）

依据目的地的环境和需求的不同，旅游战略规划可以是一个简洁明了的决策过程或是一系列复杂的决策方向，这些方向支撑起了最终的规划方案。它有助于目的地的管理组织对社区和利益相关者的需求做出响应，有助于组织的稳定性和成长。战略规划谋求的是获得社区成员的总体共识，这种共识是提出长期规划和设置目标的根本出发点。图 10.1 所示为一个农贸市场，该市场越来越受到那些寻求当地本真文化体验的游客的欢迎。这样一个农贸市场涉及的利益相关者，不仅包括小商小贩，还包括那些为商贩提供农产品的农民，以及市场的房东（商贩从他们那里租场地），当然，还有顾客。

一、旅游战略规划过程

旅游战略规划不是自成体系、自我封闭的一项活动，而是在目的地或者旅游组织总体政策和开发项目背景之下展开的。"良好的政策和可行的规划都必须能确保一个目的地既有竞争力又能可持续地发展"。[2] 从更大的背景来看，今天所有有效的旅游战略规划都在寻求如何在旅游目的地的总体目标中将利益相关者的关注、有效的管理、有效的开发、创新性营销及社区的利益整合起来。越来越多的目的地管理组织开始在大家认可的愿景和使命基础上努力制定长期的战略规划，以目的地未来所试图打造的品牌为特色。本章假设未来或者长期一般指的是接下来的五年。

旅游战略规划的过程必须考虑目的地如何才能适应新的趋势、变化的市场以及不断加剧的竞争环境。那些拥有良好规划的目的地通常在市场上很有竞争力。一个关注旅游目的地可持续性的规划将会确保旅游产品持续的高品质并带来最大的利益。此外，好的规划将会克服仅仅关注经济动机的短期目标可能带来的问题，它强调的是一系列对未来非常重要的特质，这些将会给整个社区带来积极的影响。

那些寻求改善可持续旅游管理的战略规划，获得了越来越多的重视。在《可持续旅游管理：留给未来的遗产》(*Managing Sustainable Tourism: A Legacy for the Future*) 一书中，埃杰尔阐述了在制订可持续旅游目标时规划与管理的重要性："总的来说，大部分研究发现，调研充分、规划良好、管理优异的旅游项目,都会考虑自然和文化环境,从而有很大的机会改善当地经济,提升当地居民的生活质量。"[3]总之,旅游规划是目的地未来可持续性的基本前提,必须要关注如何保护、保留旅游所依托的各种资源,而且还要考虑提升当地居民的生活质量。

过去,目的地管理机构在进行管理时并不像今天这样重视旅游规划。旅游区和旅游目的地因为缺乏规划或者规划不善而导致的恶化或失败,这样的例子在旅行、旅游及接待行业的历史上屡见不鲜。这种失败往往可以追溯到有害的规划与开发,这使得今天的旅游管理者开始重视更加精细的规划。

良好的旅游规划可以给一个目的地带来很多好处,其中的六种好处如下所列:

1. 使旅游政策和旅游规划紧密联系起来;旅游战略规划能强化一个地区或者一个组织的旅游政策。

2. 旅游战略规划是一种高度组织化的理性思考,与旅游政策一样,它是以未来为导向的。

3. 旅游战略规划包含多个步骤,它从列出一个地方的旅游产品明细开始,以描绘其未来的发展蓝图结束。

4. 旅游战略规划使经济目标与保留一个地方的自然与人工环境、提升当地居民的生活质量之间取得均衡发展。

5. 旅游战略规划强调保护那些旅游的未来发展所依赖的资源。

6. 旅游战略规划强调通过改进旅游管理组织的运营和营销,提升一个地方旅游发展的质量、效率和效果。

旅游战略规划包含多个步骤,从列出一个地方的旅游产品明细开始,以描绘其未来的发展蓝图结束。它是一个高度协同的过程。旅游规划有助于确保目的地管理组织对当地社区和利益相关者的需求关注和做出响应,从而促进旅游发展的稳定性和增长。规划过程回答了对一个目的地来说异常关键的一些问题:做什么?何时做?如何做?

旅游战略规划领域的人们已经习惯了各种不同的规划过程。本书的两位作者在旅游规划领域都拥有相当丰富的经验,往往会根据环境、目的地和社区的不同而采用不同的战略规划方法。一个战略规划可能关注的是组织能力,另一个关注的是建设恰当的供给能力。一个战略规划可能仅仅关注对旅游者进行研究，或者可能关注的是如何鼓励利益相关者的参与，还有可能关注的是如何使用营销预算。而一个全面的旅游战略规划将会囊括所有上述要素，并纳入其他因素。

旅游行业中的战略规划通常是作为一种政策／规划／管理工具，协助旅游实体（国家旅游局、目的地、当地社区）实现其期望的利益，同时关注那些能够带来最大利益的可用的资源。其实，战略规划是一个蓝图，帮助、指导旅游实体来达成其未来目标。加拿大旅游委员会（Canadian Tourism Commission）的《2012—2016整体规划》(Corporate Plan for 2012—2016)就是一个既条理清晰又极为高效的规划文件，而且加拿大已经连续多年都制定了极为有效的旅游规划。

就实际情况而言，一项旅游战略规划最起码应该包括一个愿景、使命宣言、总目标、详细目标、战略及各种战术。一些规划可能使用不同的词汇来描述上述这些内容，例如优先级、目的或者目标等，但是其最终目的都是一样的，都是为了改进目的地在旅游市场中的定位。目的地的品牌通常反映了它的愿景，因此在进行旅游战略规划的讨论时应该将其纳入考量之中。

旅游战略规划过程分为好几步。如果目的地对自己的品牌形象比较满意，那么它只需要在规划开始的时候确认这种品牌形象之后尽可以进入下一个步骤。品牌标语往往非常简短，通常都是寥寥数语，例如：探索加拿大；情人之都——弗吉尼亚；多米尼克——自然岛屿；不列颠——永恒、活力与本真；澳大利亚——万千故事汇集之地。品牌标语一定要易于记忆，这一点非常重要。一个好的品牌活动将会使旅游者更加关注目的地，而一个有效的营销计划将会提升品牌。品牌本身并不一定需要在旅游战略规划中单独作为一部分提出来，它往往是目的地总体战略的附带产物。

1. 愿景

确定愿景是旅游战略规划的第一步。确定愿景之后，社区、国家、目的地或者其他旅游实体就可以据此提出愿景宣言。愿景宣言通常十分简短，描述的是目的地或者其他旅游实体希望在未来变成的形象。它是目的地所希望成为的形象，即便这种形象看起来是如何的理想化。它往往具有鼓舞人心的性质，试图让全世界知道这个目的地是如何想让别人了解它的。换言之，它提供了一个所有利益相关者都可以拥抱的理想或梦想。

在构思愿景时，规划方必须要对目的地或者旅游区有全面、透彻的了解，对该地区未来的开发规划及旅游产品推广都了然于胸。在构思愿景时，有多种不同的方法。它可以是一个简单的头脑风暴会议，各利益相关群体聚在一起探讨各自的根本利益。还可利用焦点小组来分享各种不同的观点，从而提出共同的愿景可能效果更好。当今这个时代，也是雇用有经验的战略营销/规划顾问来帮助提炼目的地的愿景和品牌的好时机。

下边一些例子可能有助于我们更好地了解如何提出愿景。例如，加拿大旅游愿景是"激发全世界畅游加拿大的热情"。英属维京群岛旅游局的愿景是："让英属维京群岛成为旅游者的首选目的地，保护并展示维京群岛的价值、遗产、文化和自然之美"。对于大部分读者来说，最后一个愿景描述过长了，但是就维京群岛的实际情况而言是很有必要这样的，因为它并不是一个特别出名的旅游目的地，因此需要更高级的形象识别。愿景也应该做到以未来为导向，比如新西兰旅游局前几年的愿景是："到2015年，旅游将成为新西兰经济可持续发展的重要贡献因素"。这个愿景让读者知道可持续性对于新西兰的意义有多大。正如本章前面所提到的，旅游战略规划应该在它的各个层面上都关注旅游的可持续性，而未来导向和愿景宣言将会帮助目的地实现这一目标。

2. 使命宣言

一般而言，旅游战略规划的下一步是提出使命宣言。使命宣言是旅游组织建立在各方共识之上的一项声明，对愿景起着支撑作用，主要负责说明实现愿景的路径。它为目的地如何实现愿景提供了一系列的行动计划，为设置总目标、详细目标提供了依据。与愿景宣言不同，使命宣言在内容上更长一些，通常涉及如何实现愿景，更像是一个路线图。使命宣言是目标导向的，常常用来激发人们做出决定和采取行动。

与提出愿景相似，在提出使命时，也需要综合考虑各方的利益。还是以加拿大为例，它的使命宣言是："加拿大同心协力，促进出口收入的增长"。换言之，如果国际旅游者来周游加拿大，他们将会促进该国出口收入的增加。英属维京群岛的使命宣言是："培育、发展、促进英属维京群岛旅游业的可持续性"。因此，愿景和使命宣言紧密相连，反映出一个旅游目的地希望如何被旅游者认可，而且在满足各方对旅游项目的预期方面也是高度成功的。

3. 旅游战略规划的后几步

对于旅游战略规划的后几步，规划者们的意见并不总是一致。本书作者之一的埃杰尔，依据自身多年的经验，认为一种比较有代表性的规划步骤是：总目标、详细目标、战略和战术，这构成了完整的旅游战略规划步骤。总目标、详细目标、战略及策略的提出与制定对于整个规划过程来说至关重要。图10.2所示为这些步骤。

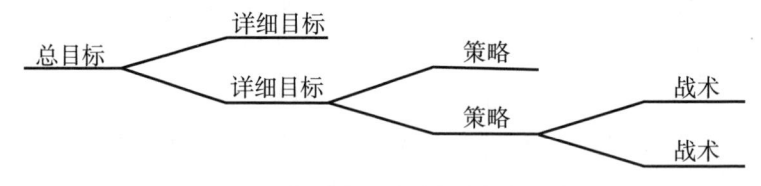

图10.2　目标导向的旅游规划树状示意图

依据上述步骤，愿景和使命宣言帮助形成了总目标和详细目标。总目标是驱动力，它反映的是战略规划意欲实现的东西，需要对其进行提炼以更加有效。目标的设定涉及旅游目的地的开发、营销、推广和可持续性。对于大部分旅游项目来说，通常都会有几个总目标，它们反映的是各利益相关方决定启动一个旅游项目时的目标和设想，或者一个已经开发了的目的地试图改变它的项目发展导向时的想法。这种目标导向的方法，其时效可能是短期（一到两年）或者长期（除非进行评议或修订，通常不超过五年）。这些目标必须是可衡量的，比如，"预期每年到访该目的地的游客人数将以一定的百分比增长或者在未来某一年，到访该地的旅游人数将达到某一数字"。

详细目标起到支撑总目标的作用，它们是实现总目标的垫脚石，要么是具体明确、现实可行的操作步骤，要么是旅游战略规划所预期达到的成就。详细目标是目的地的具体目标，要容易实施，易于操作，从而实现规划的总目标。一般而言，那些具有优先性的目标，需要优先配置各种可用资源来保证其实现。这其中的思路是，先对总目标进行思考，然后找出创新性的方法和创造性的指导策略（详细目标）来实现或者超出之前的预期。

战略与旅游战略规划中提出的各详细目标的实现必要的行动和操作。在某些情况下，战略可能涉及开发新产品或者特定项目从而实现各目标。战略还需要确认总的规划过程中牵扯哪些关键的对象目标。一个战略可能关注的是如何为实现各目标而提供必需的领导力，另一个战略可能关注的是为测定旅游项目的质量设置各种评价标准。战略还需要确认需要多少资金，从哪里筹措，还需要对与计划相关的现有资源进行梳理。此外，战略可能还涉及与别的利益实体形成合作关系，也有可能涉及新技术的采用。关键点在于，战略一定要以实现确立的总目标和详细目标为导向。

图中最后一项是策略。策略是短期行动（通常不超过六个月），涉及规划中那些短期内要实现的东西。其实，策略主要用来确保战略目标的实现。策略是日常的行为和细节，比如是否要设定利益相关者开会的议程，是否要做出各种安排以支持规划过程，从而实现战略规划目标。

二、旅游战略规划的实施

旅游战略规划能落实到何种程度，取决于是否已对最重要的问题做出了最棘手的决定，取决于旅游目的地是否能够积极推进。在战略规划中，必须要进行大量的分析。与大部分的规划者一样，本书的两位作者在规划过程中也会使用不同的分析工具。SWOT（strengths——优势、weaknesses——劣势、opportunities——机会、threats——威胁）是最为常用的一个分析工具。另外还有 SMART 工具（具体的 specific；可以衡量的 measurable；可以达到的 achievable；相关的 relevant；有明确的时限 time-bound）也可用来协助设定目标。大部分规划过程中还会进行情景分析（或需求评估）、竞争力分析、监测指标设置、评价分析、内置绩效评估方法及如何改进规划过程。战略规划过程有时候还包括目的地品牌的打造。战略规划方法的具体选取主要视目的地/组织和市场的现状而定。一般来说，规划者或者领导者将会进行多场头脑风暴会，以使得所有的利益相关者就选取何种工具最符合当前的规划取得共识。这意味着要对战略规划进行持续的监控和评估，还意味着战略规划的提出与实施是一个不断调整的动态过程。

规划者、顾问在进行旅游战略规划时拥有很多工具可用，具体使用哪一种取决于需求、环境及项目的规模。例如，埃杰尔和他的同事们画了一幅示意图（见图10.3），该图使得他们在为目的地进行旅游战略规划时对规划的

阶段1 浸入、教育和研究：2.市场评估；4.当前顾客认知；1.产品/服务与文化；6.当前计划评估；3.行业趋势和潜力；5.竞争分析

阶段2 定位与目标顾客：7.期望的定位和形象；9.规划提纲；8.意欲进入的利基市场

阶段3 制定总目标、详细目标、战略和策略：10.总目标和详细目标；12.计划；11.战略和策略；13.预算

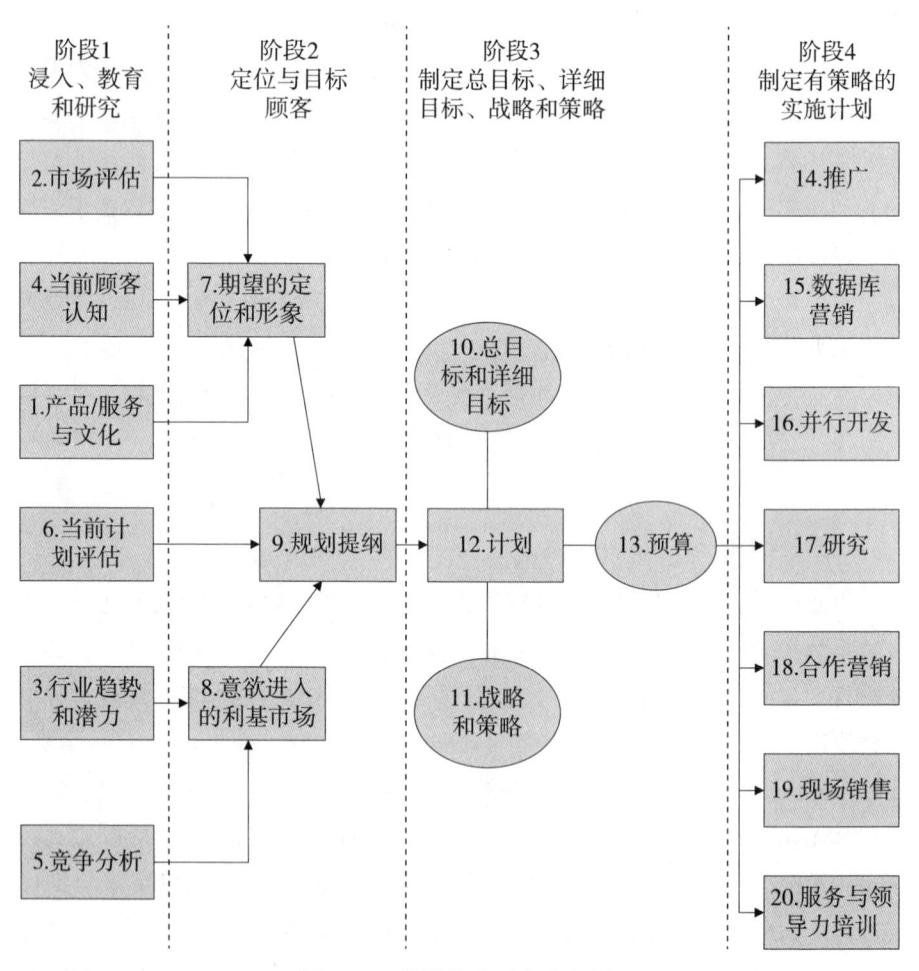

阶段4 制定有策略的实施计划：14.推广；15.数据库营销；16.并行开发；17.研究；18.合作营销；19.现场销售；20.服务与领导力培训

图10.3 旅游战略开发流程图

每一步都了然于胸，然后据此形成了行动计划。这样的一幅示意图有助于向各利益相关者说明，对于目的地想要增加自己在细分市场上的销售额这一目标，规划者是如何构建营销分析框架的。后来，这一营销规划方法形成了一篇文章"旅游业市场营销战略规划"[4]。虽然这幅图中的很多步骤都与经典的旅游战略规划一致，但是这一框架还是有自己的独特之处的。它不是作为总体的旅游战略规划示意图，而是作为一个特定的旅游目的地的旅游营销战略规划示意图。

一个旅游目的地的营销战略规划在实际过程中应该包含哪些步骤，图10.3提供了一个例证。但该图并不是一个模板，而是想要说明，在规划过程中，不同的情景需要不同的方法。在某些情况下，它是一个简单过程，几乎不需要涉及太多细节，而在另外一些情况下，它需要将战略规划中的各种要素综合起来加以考量。

1. 内部分析

内部分析主要评估一个目的地所具有的特征因素。这些特征包括：对高速公路的需求、遗产、体育设施、户外休闲活动，自然环境或靠近大都市等，这些特征都涉及目的地对旅游者的吸引力。内部分析不仅在梳理目的地的产品或者说供给方面非常重要，而且在识别影响旅游发展的社区组织结构方面也非常重要。旅游战略规划的内部分析大概包括以下几个步骤：

A. 分析目的地的自然环境

1. 评估该地区的地理概况，以确定旅游开发的机会与威胁。
2. 评估以前的及未来可能的影响游客造访该地区的气候因素。
3. 通过当地社区会议或者网络调查，评估当地居民对旅游和旅游开发的态度，从而使当地居民能够表达自己的观点和关切。
4. 测量旅游从业人员的一般服务水准，考虑相关的培训需求。
5. 发掘当地文化中那些有意义的可以纳入旅游体验中的文化元素。
6. 回顾当地历史，以维持或复兴遗产旅游中那些重要的历史传承。

B. 研究各组合要素

1. 确认关键社区组织当前的使命、总目标、详细目标、战略和策略；确认和谐部分，重叠部分及冲突部分；确认与旅游开发相关的人力和财力。

2. 审核类似目的地管理组织的预算和融资情况，从而找到本目的地的组织提升和维系财务机会的基准。

3. 找出那些可能无法满足旅游者预期的，或者降低目的地吸引力的与旅游相关的基础设施方面的短板。

4. 分析交通标识现状，从而确保旅游者在进入或者通过目的地游玩吸引物或者其他旅游设施时容易找到地方。

5. 对目的地推广人员使用的技术进行评估，涉及的领域包括顾客关系、包装、预订和旅行规划、人口信息、促销、通信及收入管理等。

6. 对目的地游客信息的质量、可获得性及发布渠道进行评估。

7. 对社区当前的应急预案进行评估，确保它具有前瞻性，能够处理各种可能随时发生的危机。

C. 进行广泛的游客调研

1. 与目的地的经理人员一起制定并明了调查目标，制订游客调研计划。

2. 设计并检验在收集游客数据时哪种类型的调查工具最合适。

3. 完成对一般人群的访谈，并对那些到访过目的地的游客进行追加访谈。

4. 编制总结报告，既包括对数据的描述统计，还要对研究设计阶段所提出的假设进行检验。

5. 确认现有的细分市场，识别新的细分市场，设计能够增加游客量的模式。

D. 对行业运营的各部分进行调查

1. 对旅游运营的所有部门（住宿、会议场所、交通、活动和娱乐、饮食服务、户外休闲、游客服务和购物）进行调查，列出明细目录，从而决定该行业的数量和质量。

2. 找出各运营部分所存在的改进空间。

3. 与旅游行业的代表进行座谈，这些代表包括旅游业的供应商、旅游管理人员及开发商。

4. 对当地的旅游从业人员进行网络调查，从而找出旅游开发中存在的问题及各利益相关方关注的重点。

5. 收集可能已规划的新吸引物或者扩建项目的信息。

6. 探讨对现有旅游产品重新包装、推出新的旅游节事和利基旅游市场产品（会展中心、遗迹、军事、体育、自然、观光小道、农家乐和工业活动等）的可能性，从而支撑起旅游业在淡季的发展。

7. 评估现有过时的设施及不足的供给所造成的影响，包括建筑设计的审美标准，如提升街道、牌坊、标识和建筑正立面的美感。

上述内容只是旅游战略规划过程中需要包含的一些额外步骤，具体使用哪些，取决于目的地、组织和可获得的信息而定。

2. 外部环境调研

对于目的地来说，非常关键的一点是应知道它在整个旅游行业中的位置，以及不同层面的各种因素是如何对到访当地的游客数量产生影响的。要做到这一点，就需要对地区、本国及国际层面的产业趋势进行研究。而且，要想制定一个完善的旅游开发战略，还特别需要进行竞争力分析。

A. 对广义的旅游系统的详情进行探索

1. 找出"外部"（旅游目的地之外）的利益相关者，设计出有效且高效的联系这些群体的方式。这些外部组织包括：邻近的目的地管理组织，当地及国家级的旅游实体，经济开发机构，环境机构和交通运输机构等。

2. 从游客的数量、需求的来源、收入、挖掘供给、消费者偏好、安全和安保等多个指标的角度来对当前和未来地区/国家及国际层面的旅游产业趋势进行研判。

3. 对那些在本目的地占重要地位的活动和行业的未来趋势进行分析。

B. 竞争分析

1. 对本地区具有竞争力的目的地进行分析

2. 从当前和过往游客数量、旅游收入、市场细分、客源市场、营销费用等相关数据出发，通过与相似目的地进行对比，确定本目的地的竞争力定位。

旅游战略规划的建议部分应该提出如何使目的地的旅游达到最优化。而研究部分则应聚焦于确定该地区旅游的未来发展，以及如何确保该地区能够实现它最高和最佳的目标，这一实现过程需要考虑当地基础设施和环境的限制因素，并要与造访当地的游客和各利益相关方的需求保持一致。对内外部环境进行详细分析，并形成旅游战略这一过程必须遵循一定的模式和顺序，从而确保这个过程重点突出，能够带来实效。它应该提出一系列问题，从而帮助规划者对游客的体验进行审视，对数据的各种可能解释进行分析，结合当前的信息，预测目的地对旅游市场的未来影响。事实上，如前所述，旅游战略规划仅仅是一系列的决策，涉及旅游组织的期望、目标，以及如何实现这些目标。

三、加拿大的旅游战略规划

由于地域和文化的多样性，加拿大的旅游系统相当复杂多样，其东部地区受欧洲影响较大，西部地区则被落基山脉所阻隔，北部地区靠近北极圈，南部地区与美国接壤。虽然具有这种多样性，但高效的规划依然造就了加拿大旅游业的成功。图10.4揭示了这种多样性的一个细节。一个可以称之为经

图10.4 加拿大东部拉布拉多地区内恩镇上一尊欢迎游客的
因努伊特石像（贾森·斯旺森 摄）

典的旅游战略规划是加拿大旅游委员会的《2009—2013 战略规划》。加拿大不仅能够推出卓越的旅游战略规划，而且还不断提升规划力度。从研究或教学的视角来看，此战略规划正好融入了加拿大旅游委员会的《2012—2016 总体规划》。这两份文件，以及本章结尾处的案例研究，提供了该组织旅游战略规划过程中的丰富信息。

正如加拿大规划所显示的那样，旅游战略规划是一个管理工具，主要是用来满足旅游组织或目的地所期望的目标和方向。它设置了可以实现的目标，勾画出如何以负责任的可持续的方式实现期望的成就，对来自于其他目的地的竞争做出回应。它能够面对旅游行业需求的变化做出调整，探索如何引入新的旅游产品。总之，一份旅游战略规划必须清晰明了，能够将总目标和详细目标结合起来，能够以负责任的方式对待各种资源，能够对不断变化的旅游行业做出回应。

本节之后是案例研究 10，名为《加拿大：有效的旅游政策》。编写这个案例的本意是为了说明加拿大的旅游政策与规划安排。这个案例研究受到了《旅游政策与规划》[5]第一版读者们的好评，因此本版又再次使用了这个案例，仅仅做了两处改动。第一处改动是，去掉了关于加拿大旅游的未来的部分，因为加拿大旅游委员会又发布了两份新的战略文件：加拿大旅游委员会《2009—2013 战略》及《2012—2016 总体规划》。这两份文件都可以在网上找到。第二处改动是因为立法方面的变化，这个案例研究不再包含《加拿大旅游委员会法案》，它本来是作为案例研究的附录而列出的。该法案的最新版本，即 2012 版，可以在网址 http：//laws-lois. justice. gc. ca/eng/acts/C-23. 3/index. html 找到，也可以联系该网站的主体——加拿大旅游委员会。

总之，旅游战略规划是一个充满实践性的、汇集各种创意的方法，其目的是为了提升一个目的地的旅游项目在未来较长时期内的可持续性。它精心谋划，通过细致的规划、检验和评估来延伸各种资源。它是一种行动导向的计划，通过内置的绩效评价指标来与竞争对手的战略进行对标。旅游战略规划以目的地的优势为出发点，试图提出一个一以贯之的战略，它既借鉴昨天，又展望未来，以提升旅游给组织和社区带来的积极效益。它的总体目标是让旅游供给和需求达到平衡：通过确认社区内部的想想，识别旅游者的需要（需求），从而为之提供足量而又合适的设施、娱乐、服务和节事活动（供给）。一个好的旅游战略规划的实施，将会产生更多的就业岗位，更高的游客消费及更多的收入。如果能够做到精心规划，那么旅游开发将会提升一个地区的生活质量，这将对新的居民、公司和企业家产生吸引力。

本章复习题

1. 好的旅游规划有哪些优点？
2. 为什么说品牌是旅游目的地战略的一个重要组成部分？
3. 规划的第一步为何是提出愿景？愿景为什么如此重要？
4. 使命与愿景有何不同？试分别举例说明。
5. 解释一下目标导向旅游规划树状图的含义。
6. 在旅游规划过程中，情景分析一般使用哪些工具？
7. 旅游战略规划的总目标是什么？

案例研究 10：加拿大：有效的旅游政策

本案例研究由斯科特·梅斯（Scott M. Meis）、斯蒂芬·史密斯（Stephen L. J. Smith）及戴维·埃杰尔（David L. Edgell, Sr.）编写。其中，梅斯和史密斯已经撰写了不少与加拿大旅游项目开发有关的材料。他们搜集到的信息构成了这份案例研究的基础。戴维·埃杰尔看了这份研究的原始版本，并增加了一些他认为符合本章目的的信息。汤姆·彭尼（Tom Penney）时任加拿大旅游委员会副总裁，负责规划与评估、产品开发及新兴市场，为本研究提供了大量有用的文件。这份案例研究试图说明一项好的旅游政策和规划是如何形成的。当然，其中的一些信息已经过时了，但是它依然提供了相当有价值的历史资料，让读者了解到加拿大旅游委员会是如何为着成为世界上最好的旅游组织，以及如何进行卓越的规划而努力的。它是如何构建积极的国家旅游政策战略的一个正面例证。

加拿大旅游委员会的报告《加拿大旅游委员会长期融资解决方案》(2005年8月31日)指出,1995年,加拿大旅游委员会作为一个"特别运营机构"成立,隶属于加拿大联邦政府的工业部。报告进一步指出,2001年1月,加拿大旅游委员会转型成为一家国有企业,这就使得它进一步摆脱了政府部门在财务和行政管理上的束缚。加拿大旅游委员会的职责包括:

- 保证加拿大旅游行业的兴盛与利润;
- 让旅游者爱上加拿大;
- 在私人部门和政府部门之间构建起合作关系;
- 为私人部门和政府部门提供加拿大旅游信息。

该报告进一步指出:

自成立以来,加拿大旅游委员会就以公共部门和私有部门合作为基础,其主要资金来自于联邦政府,其他行业合作者也提供了大体相当甚至更多的资金来源。为了应对当前全球旅游环境提供的机会与挑战,加拿大旅游委员会认为,要想保住并持续增加加拿大在全球旅游市场的份额,提高公共部门和私有部门的经济回报,关键在于增加营销和研究方面的投资。

(一)背景

加拿大旅游政策的演变历程相当有趣。最早可追溯到1932年大萧条期间加拿大旅游部(Canadian Bureau of Tourism)的建立。加拿大旅游部的使命是向美国人推广加拿大,希望美国人把加拿大作为一个狩猎和垂钓的胜地,从而为加拿大带来新的工作岗位和收入。一直到1967年加拿大建国一百年时,旅游推广一直都在政府的领导下不温不火地开展着。1967年的一个重大事件是在蒙特利尔举办的世界博览会。这次世博会受到了人们的热烈追捧,获得了巨大的成功,从而使得加拿大成为一个在全世界颇具影响力的旅游目的地。意识到未来在全球市场可能面临更加严酷的竞争,加拿大政府成立了加拿大旅游办公厅(Canadian Government Office of Tourism),并扩大了该部门的职责,包括旅游研究、规划、政策制定、产品开发与推广。1985年,加拿大旅游办公厅改名为加拿大旅游局(Tourism Canada)。虽然联邦政府在旅游方面的职责不断调整变化,始终不变的一点是营销。另外始终不变的是旅游行业的抱怨：不管什么政府部门负责营销，总是存在资金投入不足和对市场反应慢的问题。

面对行业内的不满，许多政府和行业的工作小组及工作报告都在探索加拿大旅游的未来以及新的组织结构。这一切起源于1985年的联邦-省-地方旅游部长联席会议发表的"关于旅游的原则声明"。正如该声明的题目所表明的那样，这份报告关注的是各级政府部门在旅游营销、研究、政策制定、规划和开发方面各自的职责范围。大会的一项决议是加拿大旅游局不再负责国内营销，相应的职责划给各省和地区（十年后加拿大旅游委员会成立后又撤销了这一决定）。

在1985—1995年之间，旅游行业召开了数不清的会议，力图建立起有效的旅游政策。其中一份比较重要的会议文件是加拿大旅游行业协会（Tourism Industry Association of Canada）发表的《以旅游促繁荣》报告（1995）。该报告回顾了行业现状，呼吁要在立法、产品开发的优先顺序、营销策略和人力资源开发等方面进行变革。该报告最重要的一点是提出，要成立一个国家层面上由政府和私人部门共同出资的旅游机构，取代加拿大旅游局，并提出该部门的决策要以旅游行业为导向。时任加拿大总理及其内阁接受了这一建议，并于1995年2月1日成立了加拿大旅游委员会。前一年的10月，联邦政府已经批准并颁布了加拿大微观经济政策——《行动纲领：就业和增长，打造更具创新性的经济》(1994)。这份纲领第一次认识到旅游对于加拿大经济健康发展的巨大贡献，提出要把旅游作为国家的一项基本经济政策，明确了旅游的角色，并认为要重视政府在旅游方面的投入，重视旅游与政府促进创新、提升就业的总体经济目标之间的关联。随后在2000年10月20日，联邦政府以立法的形式正式明确了旅游政策，即通过了C25法案——加拿大旅游法，该法案提出应对加拿大旅游委员会进行改制，其性质为独立于政府的国有企业。与当时全世界其他国家的政府旅游组织相比，这种新的合作关系确实是一种革命之举。时至今日，这种模式依然是许多国家学习的榜样。

(二) 组织结构

加拿大旅游委员会真正做到了公共部门和私有部门的融合，它也确保能够以行业为导向，因为委员会的委员主要来自于私有部门，只有少数委员来自于联邦、省和地区的政府部门。加拿大旅游委员会的采购与签合同程序，雇用员工的时限和条件都受到联邦政府对于国有企业的管制，它支付给雇员的薪水来自于每年拨付给旅游委员会用于各项目、支撑性的组织和相关的人力资源的资金。

营销和项目政策、组织规划、战略管理等职能是由六个营销和两个行业发展委员会负责的。六个营销委员会分别负责加拿大、美国休闲旅游、商务、欧洲、亚太及土著旅游。两个行业发展委员会分别负责行业改善和行业调研。绩效评审委员会负责为每个项目制定评价标准或者绩效指标。这些委员会的成员既有来自于私有部门的，也有来自于公共部门的，往往会委任其中的一位或几位全职参与，以提供后勤支持。

一个私有部门的代表，加上一个行政性的分委员会，就构成了董事会的一名董事，其职责是监督旅游委员会对事务和业务的管理情况。这些分委员会为行业提供咨询，制订一些分项目的活动与预算，比如1999年的研究项目的技术性论文《关于改进旅游行业决策的研究与开发》（加拿大旅游委员会，1999）。

在制定三年中期战略规划时，必须要经过董事会的批准。一旦董事会通过总体项目战略规划，比如《2002—2004战略规划概览》（2002），相关的建议和资源配置也已经到位，那么就开始对具体策略和实施进行讨论。通过磋商，每个委员会牵头制订项目的详细年度工作计划，并提交给董事会，从而确保它们与项目保持一致，并且必须要获得委员会的原则性通过。董事会下属分委员会的主席负责把这些计划提交给董事会，并负责监督这些计划的实施情况，而真正负责这些计划实施的是员工项目的董事。加拿大旅游委员会最独特的一点就是，这些员工（可能是政府官员、员工、代理商或者技术顾问）需要对他们各自项目的董事负责，这些董事又对上一级的主席负责，主席又对董事会负责。

（三）资金与合作伙伴

加拿大旅游委员会的预算既有来自于联邦、省及地区政府的，又有来自于私有部门的。正如时任加拿大总理所设定的那样，最终的目标是要实现50%的资金来自于政府，50%来自于所有的合作伙伴（不管是公共部门还是私有部门）。这么做是为了实现政府和私有部门真正意义上的合作。

合作关系的结成与出资上的等量齐观是与加拿大旅游委员会的运作相一致的。加拿大旅游委员会推进各种营销、产品开发及研究项目以实现它的目标，即所有这些项目的运作都是与一家或多家合作伙伴一起进行的。加拿大旅游委员会并不扮演出资单位的角色，因此，一个组织只能向加拿大旅游提出建议，并期待它能够对该建议的实施提供支持。

在很多国家的旅游行业中，合作伙伴这个提法正在变得越来越常见。然而，对于什么是合作伙伴并没有一个具有操作性的定义。由于加拿大旅游委员会要求合作伙伴必须在出资方面与政府的出资规模相当，因此，对合作伙伴及与此相关的商业过程和实践给出操作性的定义就很有必要。例如，一个组织必须向加拿大旅游委员会上缴利润才能成为合作伙伴？合作伙伴不能反过来承担项目的成本支出吗？合作伙伴的贡献包括哪些类型呢？比如为那些服务于加拿大旅游委员会项目的人们提供机票和住宿算不算贡献呢？那些在管理上独立于加拿大旅游委员会，但又与其发起的项目并行开展且具有一致性的项目，其产生的费用该由谁来承担呢？

为了解决这些问题，加拿大旅游委员会将合作伙伴定义为："致力于为了共同目标而分享资源以达成对彼此都有利的结果"。合作伙伴提供的各种资源包括非现金资源，只要明确投入到了那些符合共同目标并达到了双方期望的结果的工作之中，都可以算作一种合作性质的贡献。对于非现金资源，将依据当前的零售价进行估值，从而确定该合作伙伴的贡献。

（四）结果

随着加拿大旅游委员会的建立及将旅游纳入国家微观经济政策，联邦政府投向旅游活动的资金增加了三倍。后续的来自于其他各级政府和私人部门的资金使得该组织的预算和项目数量另外增加了两倍。此外，新出台的战略规划过程和每年的运营规划使得加拿大旅游业第一次实现了政府部门和私有部门在营销、研究和产业开发方面的全方位协作。新的规划、协作方式、合作伙伴共同出资机制及决策方法使得加拿大旅游部门，不管是在大的商业环境相对比较好的20世纪80年代后期还是在2001年"9·11"之后相对比较糟糕的时期，都发展得顺风顺水。

（五）挑战

虽然加拿大国家层面的旅游组织的组织结构在过去70年中一直在变，但是未来很有可能会有更多的变革。加拿大旅游委员会不能无所事事地期待旅游市场会不断增长，它必须要充满创新精神地应对旅游市场的需求和趋势。旅游行业是一个动态变化的行业，其产品、市场、沟通方式、竞争和技术的变化是常态。电子商务工具的使用就是我们这个快速变化的技术世界的例证。旅游产品始终处于变化之中，因为旅游者的胃口总是在变。每天都有新的竞争者进入这一市场，产品和市场上始终存在各种挑战。如果没有铺天盖地的网络广告、有效的网站或者社交媒体战略，一家旅游企业最终将会面临衰退。

还存在着其他一些方面的挑战。加拿大旅游委员会必须找到与中小型企业达成更大合作的途径，以帮助它们在市场上进行竞争（本书之前提到的"竞合"一词的另一个说法）。加拿大国土总面积为9 976 140平方千米，在这样幅员辽阔的一个国家，要想进行有效的合作、制订共同的营销规划及营销合作，可能存在各种障碍。依据本研究几位作者的观点，与全世界大部分的政府项目相比，加拿大旅游委员会在适应市场方面速度更快、效率更高。换言之，与许多国家的政府旅游项目相比，加拿大旅游委员会组织工作做得更好，可以说，在当今市场上，它实行的政府/私有部门合作的模式是符合当前市场情况的。

四、关键问题总结

加拿大旅游委员会的这种旅游规划方法在营销战略方面存在一些疑问。集群营销、地域营销、利基营销或者其他方式是不是更好一些？如何更好地打造该国旅游品牌？一个国家的旅游机构如何在国家层面的营销战略中平衡小、中、大公司的利益？融资始终也是一个问题。政府的出资应该跟随私人部门还是相反？哪个市场是最有效的，需要投入更多资金的？是否有可能调整市场方面的预算，以满足行业的短期和长期需要？旅游从业人士经常抱怨旅游预算不足是否有据可依？如果不是，那么在旅游推广和开发方面设置多少预算最为合适呢？如何确定最佳预算呢？

　　加拿大旅游委员会的做法也引发了其他的一些问题。在安全和安保问题方面，该做出什么样的调整呢？最后一个比较重要的问题是，为什么加拿大在旅游政策和规划方面如此高效，而其他发达国家在制定旅游政策和规划方面常常处于挣扎的境地？

注释

1. Inskeep, Edward (1994) *National and Regional Tourism Planning*. New York and London: Routledge.
2. Goeldner, Charles R., & Ritchie, J. R. Brent (2012). *Tourism: Principles, Practices, Philosophies*, 12th edn. Hoboken, NJ: John Wiley & Sons, Inc.
3. Edgell, Sr., David L. (2006). *Managing Sustainable Tourism: A Legacy for the Furture*. New York: The Haworth Hospitality Press.
4. Edgell, Sr., David L., Ruf, Kurtis M., & Agarwal, Alpa (1999) "Strategic Marketing planning for the Tourism Industry." *Journal of Travel & Tourism Marketing*, 8(3).
5. Edgell, Sr., David L., Swanson, Jason R., Smith, Ginger, & DelMastro Allen, Maria (2008) *Tourism Policy and planning: Yesterday, Today and Tomorrow*, London: Elsevier Inc.

第十一章　变革型领导力、扶贫与旅游政策

动乱、冲突、贫困、争斗和骚乱，这是当今世界很多地方的真实写照。全世界人口中有将近80%处于贫困状态，70%是文盲，超过50%面临饥荒和营养不良的威胁。世界性的经济危机、财富分配不均、战乱频发、全球变暖、赈灾难、贫穷、疾病和低效的政府，这些问题的解决方案在于要求个人和组织拿出创造性的领导力和政策。

贫穷蔓延于全世界，有些国家穷人比别的国家更多一些，贫穷的程度也有所不同。许多地方缺乏粮食、住宿、衣服、医疗、教育和其他一些改善个人生活的物质手段。对贫穷的关注由来已久，最新的趋势是将领导力的研究引入到扶贫领域，本章虽然篇幅不长，但还是要对旅游政策在消减贫困方面扮演的重要角色进行探讨。

政治家、哲学家和宗教人士（比如甘地、特蕾莎修女）长期以来都在呼吁关注扶贫问题。很多社会团体、宗教团体、慈善组织、专门机构一直都在为世界上的穷人提供医疗和其他方面的帮助，并以此作为自己的使命。最近的趋势是一些世界级的商业领袖利用他们巨大的财富来支持一些社会福利项目。比如，微软的创始人，亿万富翁比尔·盖茨倡议募集了6000亿美元（包括其他慈善家的捐助）来支持全球的社会变革。此外，像比尔和梅琳达基金会这样的实体机构也发起了一些扶贫项目，比如提升发展中国家的农业生产率。此外，各种国家项目和全球性组织也都在利用它们的专长和经济资源来削减甚至根除各个地方的贫穷。

本章的一个核心问题是："在这样一个充满混沌的世界里，全球旅游政策

能够取得什么成就呢？"旅游在哪些方面能够与扶贫联系起来？世界旅游行业的领袖们如何转变旅游政策以应对这些世界性难题？旅游行业中的哪些人能够提出应对这些问题的创新性的解决方案？

一、旅游业如何协助联合国应对扶贫挑战

联合国在倡导平等、公平、人权、和平、可持续发展方面，以及发起项目为全世界谋福利方面扮演着领导者的角色。在2000年的"千年峰会"[1]（这是有史以来到会的各国领袖人数最多的一次）上，联合国提出在全世界范围内消除贫困是最重要、最具挑战性的工作之一。189个成员国一致同意把"到2015年使人类脱离极端的贫穷、饥饿、文盲和疾病"作为联合国的目标之一。在2010年9月举行的"千年发展目标峰会"[2]上，世界各国的领袖们探讨了在完成"2015目标"方面所取得的进展。

2011年，联合国发布了《千年发展目标报告》[3]，报告中披露了在实现"2015目标"、削减极端贫困方面所取得的进展。报告中的大部分内容都是比较积极的，报告指出有数百万人们已经脱离了极端贫穷状态。除了这些实打实的进展，报告也指出，大部分处于贫穷状态的人们都急需得到帮助。全球20亿贫困人口中，大概有7.5亿人依然处于极端贫穷的状态，他们生活在偏远的农村，处境极端不利，外人也很难到达那里。这一现实导致的结果就是在城市扶贫和农村扶贫的进展很不一样。此外，那些居住在战乱区的穷人们可能更为悲惨。联合国号召它所有的下属组织都发起项目来削减贫困，其中就包括联合国的一个专门机构——联合国世界旅游组织（United Nations World Tourism Organization，UNWTO）。

1. 联合国世界旅游组织与扶贫

联合国在扶贫方面的一个关键机构就是联合国世界旅游组织，该机构是一个旅游政策机构，其主要职责是促进负责任的、可持续的和四海通达的旅游。联合国世界旅游组织完全拥护旅游扶贫的理念，即在贫穷国家扶持中小型企业进行经济发展。联合国世界旅游组织的成员包括155个国家、7个地

第十一章 变革型领导力、扶贫与旅游政策

区及 400 多个分支机构成员,这些成员来自于政府、私人部门、教育机构、旅游协会及当地旅游部门。作为负责全球旅游政策的机构,该组织主要关心的是通过旅游政策来促进经济开发、世界各国理解的加深、和平、繁荣、可持续性、对人权和基本自由的普遍尊重。

在《旅游与扶贫》[4]这份报告里,联合国世界旅游组织响应联合国的目标,提出了行动建议。该报告中提出的一种消除贫困的创新方法就是为那些可持续旅游开发项目提供援助。在报告的第三部分,联合国世界旅游组织给出了可持续旅游的定义,"能带来持续的、长期的经济运营,为所有的利益相关者带来社会经济方面的益处,并能做到公平分配,这些益处包括稳定的就业,获得收入的机会,为当地社区提供的社会服务,以及有助于消除贫困。"

联合国世界旅游组织认识到旅游在解决贫困问题方面扮演着基础性的角色,并且具有变革的力量。在过去这些年里,联合国世界旅游组织借助旅游开发提升世界各地人们的福利水平,并取得了显著的成绩。因为预期旅游能够提升发展中国家,即大部分贫困人口所在的国家的可持续性,因此,人们对于利用旅游来消除贫困表现出了极大的兴趣。

虽然旅游带来的经济方面的好处主要体现在发达国家,但是随着旅游在最不发达国家的开展,人们也越来越认识到旅游在消除贫困方面所带来的经济贡献。就旅游而言,许多最不发达国家相对于发达国家具有比较优势,因为它们旅游开发程度还没有达到发达国家的水平,这就使得它们保留了自己秀美的风景、自然的景观、野生动植物、文化遗产等与可持续旅游相关的特质。由于旅游多种多样,而且在创造就业岗位、带来收入方面比其他行业都快,因此它能够为最不发达国家带来它们所急需的外汇。旅游往往是劳动密集型行业,能够为熟练工和非熟练工,尤其是为最不发达国家的妇女和年轻人带来工作机会。旅游行业往往是由大量的小企业构成,而且与制造业相比,旅游行业的启动成本和进入门槛都比较低。如果能够进行合理的规划,恰当的支持,那么旅游开发将会为最不发达国家提供经济发展机会,能够减少失业,从而消除由失业导致的贫困[5]。

联合国世界旅游组织已经认识到旅游产业在为那些比较贫穷的国家创造

就业岗位，增加收入方面所具有的能力。它利用自己的领导角色，培育了很多不同的项目来提升那些最需要帮助的国家的福利水平。联合国世界旅游组织意识到，为了在消除贫困的道路上取得哪怕一丁点儿的胜利，它需要在全球层面与各种不同的组织和机构进行大量的合作、协调。除了联合国世界旅游组织之外，还有一些国家的国际性开发机构，比如，美国国际发展局（US Agency for the International Development）、英国国际发展部（United Kingdom Department of International Development）等，都认识到了旅游在扶贫方面的潜力，并资助了很多旅游项目以实现此目的。

2. 联合国环境规划署与扶贫

另外一家联合国机构联合国环境规划署（United Nations Environmental Program）在2008年发布了一份名为《旅游业：以投资提升能源和资源利用效率》的报告，其中也涉及了旅游与贫困问题，以及与旅游相关的环境项目[6]。联合国环境规划署与联合国世界旅游组织一起合作，在报告中详细阐明了可持续旅游能够给中小型企业所带来的重要经济影响。该报告还指出：

> 要使旅游行业更加绿色环保，提升当地社区尤其是当地贫困人口在旅游价值链中的参与程度，将有助于当地经济的发展，减少贫穷……有越来越多的证据表明，乡村地区的可持续旅游开展得越多，就越能在减少贫穷方面发挥积极作用……政府和国际组织应使资金流动更容易……需要强调这些资金应有助于当地经济发展，有助于减少贫困。

联合国环境规划署对可持续旅游的定义遵循三项原则，即可持续旅游应该：

1. 在旅游开发中要实现对环境资源的最优利用，维持基本的生态进程，保护自然遗产与生物多样性。

2. 尊重东道主社区社会文化的本真性，保护当地的文化遗产与传统价值，促进不同文化之间的理解与包容。

3. 能带来持续的、长期的经济运营，为所有的利益相关者带来社会经济方面的益处，并能做到公平分配，这些益处包括稳定的就业，获得收入的机会，为当地社区提供的社会服务，并且有助于消除贫困。

第十一章　变革型领导力、扶贫与旅游政策

联合国环境规划署还提出了一些指导原则，使人们在开展生态旅游项目时能够注意到旅游开发的社会文化层面的重要性。此外，该组织还呼吁强有力的政治领导，能够将不同的利益相关者团结起来，从而使整个社区都拥护可持续旅游开发。最终的目的是通过推出极佳可持续旅游产品来实现高水平的顾客满意度，如此一来，回头客人数将大大增加，这种可持续性也将受到全世界更多游客的喜爱。要想完美地实现这一点，就需要当地社区极大的投入、政府的大力支持、与私有部门的密切合作，以及获得像联合国环境规划署和联合国世界旅游组织等组织的帮助。

二、旅游的增长将有助于游客更好地了解各种社会问题

旅游扶贫或者其他方式的扶贫都是为了提升人类的总体幸福水平。它不仅仅是工作和收入问题，还需要提高全球识字的人数，使得人类的健康状况进一步改善，还需要创造更好的经济条件。旅游过去是，现在依然是一个世界性的朝阳产业。通过各种组织的共同协作，将有可能使越来越多的旅游活动把目标放在提升人类生存条件、帮助那些处于贫困状态的人们转变成为富有生产力的世界公民。旅游扶贫是一个重要的政策，也是需要各级政府及国际性政府机构予以更多关注的一个领域。

变革社会以对世界性的社会责任做出更好的回应是一项复杂的工作。自从有了人类以来，创造一种全球性的环境，使大部分人都可以在其中繁衍生息、和平共处，并获得繁荣发展就是一个巨大的挑战。公正、社会公平及生活质量，只有在人们与自然和谐相处时才能够实现，子孙后代的持续发展在今天这个世界听起来过于理想化，不大可能实现。虽然这是一个艰巨的挑战，但并不意味着我们就应该放弃去追求一个更好的世界的努力。在提升世界各地人们的社会和经济状况方面，旅行和旅游行业应该当仁不让地承担起一定的全球性领导责任来。不管人们如何看待这个问题，我们都必须要减少世界上的贫困人口，以使得全球政策转向提升全面和平的机会，并为更多人自由出行提供经济条件。出行的人越多，经济条件就越能改善；不同国家人们的互相了解将会带来更多的自由；人们也就越关注可持续发展的好处。

与其他行业一样，旅游业的很多领袖，沉迷于扩大业务，而不能或者不愿关注这些世界性的问题。政策制定者关心的是如何改善他们各自国家的情况，而对于如何改善全世界的经济和社会情况并没有太多想法。像甘地这样不同寻常的领袖人物仅仅是个别现象，难得有人像他一样会在世界性的平台上提出社会公平的基本准则，但是在旅游行业内部，类似甘地那样为边缘人群发声的人太少了。虽然有少部分例外，但在旅游政策方面扮演领导角色的依然是各种全球性组织。

三、以旅游促和平有助于减少贫困

正如本书多次提到的，今天的世界与以前一样，依然充斥着各种不和谐、内乱和冲突。我们所处的这个世界并不太平。本书反复提及的一个主题是旅游要想做到有序增长，就离不开和平的环境。一个和平的世界，也使得世界上那些比较贫困的国家更容易选择旅游作为一种经济发展手段。因此，世界越和平，消除贫困的机会就越大。而世界上那些出现冲突的地区往往会加剧贫困问题。

本书的各章节及各种会议决议、报告通过不同的形式探讨了旅游对促进社会和平的贡献。本书作者之一的埃杰尔对旅游政策与和平之间的关系产生兴趣，源于他阅读了第二章提到的《国际旅行》报告。在这篇提交给美国总统艾森豪威尔的报告中，总统助理克劳伦斯·兰德尔（Clarence B. Randall）援引了报告中的一封信的内容："我十分确信，旅游对于当今世界的人们具有深远的意义，旅游能够带来经济的发展，能够改善我们的政治、文化和社会关系，这些好处将有助于带来和平"。对埃杰尔来说，这种观点使得他开始研究和平问题对旅游政策的影响。

正如前面提到的，联合国世界旅游组织自从1976年成立以来，已经多次提到可以通过旅游促进和平。在之前的各章中援引的一些文件也提到了和平与旅游的关系问题。这种努力的一个体现就是以旅游促和平国际研究院，它不仅关注如何以旅游促进和平，还关注如何更好地理解别的文化、环境、扶贫和可持续旅游这些问题。以旅游促和平国际研究院多次举办世界性的大会，呼吁旅游政策的制定应以打造一个更为和平的世界为目标。

在埃杰尔的《国际旅游政策》[7]一书中，他在第一页写道：

> 在21世纪，国际旅游将会成为实现人们追求更高生活质量的主要手段……全球性的旅游活动的开展将为一个和平的世界打下坚实的基础。国际旅游也很有可能成为在全球范围内从社会、文化、经济、政治和生态维度来提升人们未来生活方式的一剂强心针——旅游将会成为增进各国人民互相理解和彼此友谊的主要因素，也会成为世界和平的一个主要推手。这也支持了本书作者的观点，即旅游政策的最高目的是将旅游带来的经济、政治、文化、知识和环境方面的益处与人、目的地和国家协调起来，从而改善全球各地的生活质量，为和平繁荣打下坚实的基础。

四、旅游对全人类福祉的提升

除了一些政府项目致力于提升人类福祉之外，还有很多非营利组织和志愿者组织也拥有类似的通过旅行旅游所带来的收益来帮助世界各地的人们获得更好的生活质量的目标。我们在这里对"义工旅行"做一个简短的解释，方便读者理解这类活动的一些基本特点。近些年人们对此类项目的兴趣越来越浓。

义工旅行是一种世界性的旅行，指的是人们在旅行时，为一些慈善活动志愿付出时间，在某些情况下还付出金钱，从而帮助当地社区。许多人在假期期间，或者基于自己的信念愿意投身于一些在发展中国家开展的项目，比如提供医疗援助或者建立学校，从而帮助这些地区的发展更加具有持续性。在很多情况下，年轻人（比如在校大学生）会去寻求一些特殊的国际性的机会，从而投身于一些在世界上比较贫穷的国家开展的项目。另外一个群体是所谓的"婴儿潮"一代。他们可能较早就退休了，有钱也有时间从事志愿者活动，还有专业技能，他们可以将这些技能传授给他人而改善这个世界的状况。这些人通常的做法是直接到那些他们能够为当地的开发项目提供帮助的目的地去。虽然一些志愿者由于某些特殊的原因，只愿意投身到一些特殊的项目中，但大部分志愿者认为帮助那些需要帮助的人，将会让自己获得道德方面的回报[8]。这里可以提及的此类义工旅行组织实在太多，许多都有着卓越表现，当然也有一些组织的行为并不这么合乎伦理。不过总的来说，大部分此类组织提供的服务都起到了改善当地或者一个国家的状况的作用。

五、乡村旅游和贫困

也许最受忽视的旅游政策问题是旅游对世界各地乡村地区的影响。19世纪时，世界上大部分人口都居住在乡村，随着工业革命的爆发，到了20世纪人们逐渐涌入城市。到了21世纪，世界上大部分人口都居住在都市。由此带来的一个结果是，在考虑经济发展与旅游开发时，人们很少把关注点投向世界上那些贫穷的乡村社区。更加困难的是，很难在乡村地区发现那些有兴趣或者有能力把旅游作为一种经济发展手段的领导者。而现实是，世界各地的乡村地区往往是最为贫困的。

在《国际旅游政策》[9]一书中，埃杰尔注意到，"乡村地区拥有大片的土地和水域，还有多样的地貌（山峰、平地、森林、草地和沙漠），这些都为开展旅游提供了绝佳的环境"。随后在《旅游政策：下一个千年》[10]中，埃杰尔指出，"几乎每一个地区都有一些资源、吸引物、活动、节事或特殊的兴趣或者冒险机会，从而对旅游者产生吸引"。在后续的与别人合著的《乡村社区国际旅游开发最佳实践指南》[11]一书中，埃杰尔写道："在提供最为丰富多样的景观、体验、遗产和服务方面，乡村旅行目的地是最有优势的"。在2011年发表在《接待业与旅游业学刊》[12]上的一篇名为《对乡村旅游开发最佳实践的调查》的文章中，埃杰尔在文章的内容摘要部分写道：

> 本文提出的观点对于发达国家和欠发达国家都是有一定借鉴意义的。它提供了关于乡村旅游的研究、概念、哲学、原则和实践。本文认为，引入"竞合"、"集聚"和"可持续性（可持续旅游）"等概念，将会为乡村旅游开发的成功提供最好的机会……本文呼吁，下一步的研究应关注如何在全球层面开发乡村旅游时培育的最佳实践。

正如许多报告中所提及的那样，乡村地区的贫困人口数量要比城市地区高出许多。通过乡村旅游来发展经济，将有可能为这些贫困的社区提供就业岗位，增加收入和其他经济上的收益，从而改善当地居民的生活质量。

许多乡村地区为改善当地的经济正在转向生态旅游开发。虽然本书早就介绍了生态旅游的概念，但是并没有提到它在扶贫方面所具有的潜力。在本章结尾处的案例研究中，将会对生态旅游及其对多米尼克的一个乡村地区的影响进行探讨。

六、结论

本章所说的变革型领导，指的是旅游组织通过旅游政策以创新性的手段为这个世界的社会经济状况带来积极影响的能力。这种领导力的效果，应体现在改良全世界的社会结构，提升各个地方和全球公民的生活质量上。本节的主题是，旅游政策能够改善一些社会经济问题，从而带来人类总体状况的改善。旅游能够扶贫，这一观念对那些负责国际开发和捐助的机构产生了极大的吸引力。旅游未来要在扶贫方面产生巨大影响，要改善全球社会的境况，这些世界性的旅游组织需要对它们的政策进行巨大的改变，需要规划新的项目，为世界上那些比较贫困的国家提供帮助。

本章的主题是"变革"，即把旅游作为减少贫困、造就更为安定的环境、改善经济条件，尤其是乡村地区的经济条件，以及造就更为和平世界的转化剂。案例研究 11 对生态旅游进行了研究，并对它给多米尼克的加勒比印第安人保护区（Carib Indian Territory）带来的影响进行了探讨。这与本章谈论的内容完全吻合。利用生态旅游这种手段来消除该保护区的贫困是一种非常好的带有实验性的创新之举，从中我们能够看到本章提到的许多概念。这个案例让我们接触到了当地的实际情况，即如何利用生态旅游的基本原则来消除贫困。

有超过三分之一的游客喜欢环境友好型的旅游体验，这是能够大力发展生态旅游的根本原因。据预测，在接下来的二十年中，生态旅游、自然旅游、遗产旅游、文化旅游及"轻度探险"旅游将会保持高速增长。全球游客花在生态旅游上的费用增长速度是旅游行业收入增长速度的六倍，因此，希望该地区抓住这样一个发展生态旅游的好机会。

> **本章复习题**
>
> 1. 你会怎样描述当今的世界？
> 2. 在消灭贫穷方面，联合国的目标是什么？
> 3. 联合国世界旅游组织是否在扶贫方面发挥了作用？
> 4. 联合国环境规划署在扶贫方面扮演着什么样的角色？
> 5. 你会怎样描述"义工旅行"？
> 6. 一个和平的世界会带来更多旅游活动和更少的贫困吗？
> 7. 旅游是如何改善社会的？
> 8. 相对于城市来说，乡村地区是不是更容易受到贫困的威胁？

案例研究 11：多米尼克的生态旅游

本案例由戴维·埃杰尔编写。案例中的一些信息由埃杰尔博士在担任多米尼克加勒比印第安人保护区的生态旅游和乡村旅游专家志愿者时搜集而来。在他造访该地时，他参与了各种正式和非正式的会谈、社区会议，并与旅游和法律事务部部长，环境、自然资源、物资计划和渔业部部长，信息、电信和选民授权部部长进行了探讨，还与旅游行业的CEO/主管，多米尼克加勒比地区的政府首脑和其他相关利益群体进行了会面。埃杰尔2012年1月赴多米尼克最主要的目的是为坐落在多米尼克东海岸占地面积为2.3万亩的加勒比印第安人保护区开展生态旅游的可行性与方向提供建议。

> 这个独特的案例研究探讨了该项目的一些背景信息，该项目的最终目标是利用生态旅游来提升多米尼克加勒比印第安人保护区的社会经济状况。从长期来看，它为该地区开展类似项目打下了成功的基础，从而对该地区总体的可持续发展产生了积极的影响。

多米尼克共和国是一座非常美丽的"自然岛屿"，或者像有些人所描绘的那样，是遗失的"伊甸园"。它坐落在平静的加勒比海，位于两座可爱的法属岛屿瓜德罗普（Guadeloupe）和马提尼克（Martinique）之间。如图11.1所示，它并不是一座很大的岛屿。然而，它拥有雄伟的山峰、宁静的海岸线、清澈的淡水河、地热温泉，覆盖整座岛屿的令人难以置信的绿化，葱翠的森林，以及让人叹为观止的瀑布。大自然母亲赋予了这座岛屿种类繁多的鸟类与蝴蝶，还有各种各样的花卉，随处可见的果树与肥沃的土地，从而造就了该岛丰饶的农业生产，这也是该岛最主要的产业。除了各种水果、坚果、蔬菜，该岛沿海水域盛产各种鱼类，从而使得渔业成了该岛另外一个支柱产业。

作为一个不太出名的目的地，多米尼克人均拥有的国家森林、海洋保护区及公园面积可能都是这个星球上最多的。多米尼克 72 800 名居民由加勒比土著、英国、法国和非洲后裔构成，不同的文化造就了人们不同的饮食、音乐、舞蹈、语言和传统。这里的人们友善、乐于助人、彬彬有礼，带给游客宾至如归的愉快体验。

（一）多米尼克——世界最佳岛屿之一

本书第六章曾探讨过《国家地理杂志》可持续目的地中心（National Geographic Center for Sustainable Destinations）在评估可持续旅游目的地时所提出的标准。这些标准有：（1）环境条件；（2）社会/文化完整性；（3）历史建筑现状；（4）审美标准；（5）旅游管理；（6）前景。522 位可持续旅游方面的专家和目的地的管理人员，对选出的 111 座岛屿和群岛的情况进行了评估。最终专家对这些岛屿的可持续性进行排名，报告结果刊登在《国家地理旅行者》2007 年 11、12 双月刊上。

《国家地理旅行者》杂志提出的分类有"最佳排名岛屿"、"良好岛屿"、"平衡岛屿"与"问题岛屿"。所谓最佳岛屿要"情况优良，相对天然，并且有望在未来保持这种状态"。多米尼克最终获评"最佳岛屿"，专家对它的评价是："地势高低起伏、绿色、友善……自然和文化设施齐全，为游客提供了一种本真而又天然的体验"。仅有另一个获得如此之高评价的加勒比岛屿是格林纳丁斯（Grenadines）。

（二）多米尼可的旅游统计

随之而来浮现在读者脑海中的一个问题是，相对来说，像多米尼克这样一座在可持续旅游方面获得如此之高评价的美丽岛屿，为何到访的游客人数并不多？多米尼克和大部分加勒比地区的国家都加入了加勒比旅游组织（The Caribbean Tourism Organization），该组织每年提供大家公认的旅游统计信息。在加勒比旅游组织2012年发布的关于2011年的旅游统计报告中，到访多米尼克的游客人数为75 546。与之差不多的包括：到访安圭拉的人数为65 783，到访圣文森特和格林纳丁斯群岛的人数为73 866，到访格林纳达的人数为116 398。

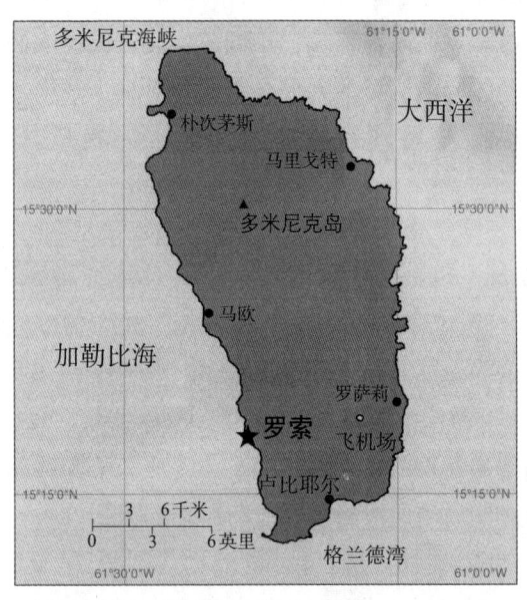

图 11.1　多米尼克岛及其主要城市地图（图片来源：CIA）

对于游客来自于哪里，加勒比旅游组织的统计报告只有非常简短的说明。乍开始，读者可能觉得多米尼克的游客主要来自于美国、加拿大和欧洲。然而，这三个市场只占到多米尼克2011年游客总数的40%多一点。多米尼克当前的大部分游客来自于加勒比地区内部。

加勒比旅游组织的报告《2011年（过境）游客和邮轮旅客》指出，有341 503人次邮轮旅客到访多米尼克岛。这一数字比格林纳达的309 574略高，比多米尼加共和国的347 914略低。邮轮旅客的最大问题是他们的停留时间较短，而且在当地花费不多。然而，这里存在的机会是，如果这些旅客在造

第十一章 变革型领导力、扶贫与旅游政策

访期间拥有愉快的体验，那么他们将很有可能转变为多米尼克岛的过夜游客。

接下来的问题是，为什么美国、加拿大和欧洲这几个拥有巨大潜力的市场对多米尼克的青睐程度不是太高？这个问题很重要，答案也各种各样。当然，从营销的角度来看，一个人口有限的小型岛屿，不大可能竞争过加勒比地区那些比较大的岛屿，因为它的旅游项目开发不足，营销方面的预算也不足。虽然多米尼克的旅游政府机构组织有序、管理有方，但是它并没有太多的资源，也没有机会与别的行业进行合作。当地并没有什么大的以国际游客为主要目标顾客的连锁酒店。大部分的营销渠道就是参加贸易博览会、制作和发放旅游手册及通过互联网进行宣传。此外，虽然多米尼克是一个适合探险和自然旅行的美丽的地方，但是人们并没有把它看作一个沙滩度假地，因为它缺乏其他加勒比群岛大肆宣扬的绵延数千米的洁白的沙滩。也许对于多米尼克来说，当前最好的营销手段是那些满意而归的游客所带来的口碑效应。

从开发和营销的角度来看，多米尼克必然面临着来自于其他加勒比岛屿的激烈竞争。例如，在2011年，超过100万的加拿大人成群结队地奔赴古巴度假。而美国人度假时，往往倾向于选择那些属于美国的岛屿，比如夏威夷、波多黎各和美属维京群岛，以及相邻的岛屿，如百慕大和巴哈马。而欧洲游客比较喜欢古巴、多米尼加共和国、英属维京群岛、荷属阿鲁巴、博内尔和库拉索群岛、法属圣马丁、马提尼克和瓜德罗普群岛。

对多米尼克来说，存在的另一个困难是飞往该岛的航班的数量和机型。虽然岛上有两个机场，但是大型航空公司在飞多米尼克时都没有大机型。对于航空公司来说，除非游客需求增加，否则不会换大的机型或者增加航班次数。而当前多米尼克的旅游市场还没有大到这种地步。

（三）作为生态旅游目的地的多米尼克

多米尼克非常适合开展生态旅游。一般来说，生态旅游目的地应该有良好的自然环境和当地特色文化，从而确保游客能够获得愉悦的旅游体验，而且这样一种开发方式使得子孙后代也能从中受益。对于那些品质上佳、并且愿意实行可持续旅游管理的目的地来说，生态旅游是一个不断扩张的市场。国际生态旅游学会（International Ecotourism Society）对于生态旅游的定义

是"在那些既保护环境又提升当地居民生活水准的自然区域开展的负责任的旅游[13]"。国际生态旅游学会还提出了生态旅游的一些具体原则："生态旅游谋求的是保护当地社区和可持续旅行的结合。这意味着那些实施和参与生态旅游活动的个人和机构应遵循以下生态旅游准则：

- 将影响最小化；
- 保持对环境和文化的关注与敬意；
- 为游客和东道主都提供积极的体验；
- 保护活动应产生直接的经济效益；
- 加强对东道国的政治、环境和社会风向的敏感性。"

多米尼克是尝试实施这些原则的一个绝佳例证。它是世界上最佳的可以开展生态旅游的目的地之一，拥有令人兴奋的探险旅行、徒步旅行、自行车旅行、山间徒步旅行，游客可以垂钓、冲浪、漂流、乘坐空中缆车、骑马、搭乘浮潜帆船、观鲸及造访加勒比地区唯一的世界自然遗产地，壮观的莫尔纳特鲁瓦皮斯通斯国家公园（Morne Trois Pitons）。可持续旅游产品、户外游憩及休闲活动都为多米尼克旅游的发展提供了绝佳的机会。那些到访过多米尼克的游客在发表评论时，都会提到它作为一个天然的旅游目的地所具有的各种优点。

多米尼克政府既想利用好扩大其旅游市场的机会，同时也想保护它的自然环境、历史、遗产和文化。可持续旅游是最适合这个美丽岛屿的口号。当前的最佳选择是通过生态旅游来提升游客对可持续性及自然和探险旅游的兴趣。当前开展的生态旅游也确实为多米尼克带来了积极的回报。

（四）加勒比人与生态旅游开发

加勒比人（对卡林纳构人的英语称谓）是多米尼克的土著居民，具有令人着迷的历史，其中一些已经融入了传说之中，其他一些有文字记录的历史已经被研究了许多年。显然，最早在多米尼克定居的是公元前500年的阿拉瓦克（Arawak）人（美洲印第安人的一支），他们从奥里诺科河流域（Orinoco River），即今天的委内瑞拉出发渡海，在多米尼克登陆。他们在此和平地生活了大约1000年，直到他们被加勒比印第安人征服。

第十一章 变革型领导力、扶贫与旅游政策

多米尼克与欧洲的第一次接触发生在 1493 年的 11 月 3 日，哥伦布第二次航海期间的一个星期天。并不清楚哥伦布的船队是登陆该岛还是近距离地通过；哥伦布称该岛为多米尼克；在拉丁语中，星期天的称呼为多明戈，因此后来统治该岛的欧洲人就以多米尼克来命名该岛。加勒比印第安人对该岛的称呼是 Waitikubuli，直接译成英语就是"她那高大的身躯"。

一开始西班牙人的想法是征服加勒比人，后来他们发现与这些土著进行简单的交易更容易、更便利，双方主要交易的是食物。西班牙人搜遍了全岛，结果都没发现金子，因此他们就离开了。由于西班牙人的离开，法国很轻易地在 1635 年宣布多米尼克（以及其他几个岛屿）为法国的属地。

一开始法国并不打算在该岛进行殖民活动。然而，到了 1715 年，法国向该岛派遣了殖民者，这为该岛又增添了一种文化维度。后来到了 1763 年，在一场战争中，英国打败了法国，接着接管了多米尼克，把它变为自己的殖民地。

后来法国曾试图收回该岛，但以失败告终，从此以后，英国人开始在该岛定居，并带去了英国的习俗和语言。英国人将非洲奴隶贩运到该岛，因此该岛还有一些源自非洲的遗存。1978 年 11 月 3 日，多米尼克终于摆脱英国获得了独立。

多米尼克是加勒比地区为数不多的依然有着前哥伦布之前的加勒比印第安人定居的岛屿。1903 年，英国人在多米尼克的东海岸划出了一片 23 000 亩的特别区域供多米尼克的加勒比人居住。今天大约有 3400 名多米尼克加勒比人居住于此，每隔四年选出自己的首领。

到目前为止，加勒比人这个群体在多米尼克旅游行业中占据的比重很小。游客可以观赏加勒比艺术家如何工作，可以从路边的摊点购买他们的手工制品。他们的手工制品（比如手工编织的篮子）在哥伦布到达该岛之前，就已经代代相传了。每一件制品都是不一样的，件件都是原创艺术品，因此这些制品要比该岛上那些简单的纪念品更加特别。对于这些制品来说，它们需要的是一个更具操作性的营销策略。

最近加勒比人正在寻求更大程度地参与到多米尼克经济中的方式，旅游开发就是他们的一个尝试。多米尼克历史上首次有加勒比印第安人在内阁中

担任全职部长之职。此外，新当选的加勒比首领也表达了加勒比人更大程度地参与到多米尼克经济中的愿望。这些政治进步预示着加勒比人未来将会更多地参与到多米尼克旅游中。

（五）加勒比保护区的生态旅游项目

当地的一位加勒比企业家目前正在保护区内开发一个生态旅游项目。他有三栋建筑正在开工建设，计划 2012 年年底竣工。鉴于加勒比保护区开展生态旅游的一个目标是通过可持续的经济发展来保留、保护卡林纳构人的生活方式，因此，他用卡林纳构语"Aywasi"（回声客栈）来为他这个项目命名。

虽然对于 Aywasi 项目来说，还有很多的疑问需要回答，但是它已经开工建设。这个企业家获得了加勒比首领的支持，获得了保护区其他加勒比人的鼓励。保护区的长远目标是在加勒比保护区开展的生态旅游项目最终能够促进本地区的经济流动，能够鼓励人们保护该地区最好的特色。最终，如果这个旅游项目获得成功的话，那么就可以凭借旅游来发展经济，增加额外的收入，创造新的就业岗位，孵化出新的小企业，对经济的协调发展做出贡献，同时改善当地加勒比人和其他多米尼克居民的生活质量。

与其他政府负责人一样，多米尼克的旅游部长（行政上的）和旅游主管（负责实际运营）都全力支持在加勒比保护区开展生态旅游。如果该地区开展的生态旅游超出了当初的规模，那么就需要把它作为多米尼克旅游产品组合中一个特殊的体验产品加以宣传。幸运的是，多米尼克在生态旅游项目方面已经积累了大量的经验，因此在当前这个阶段该项目可以获得很多信息方面的支持。对于多米尼克，尤其是加勒比保护区的生态旅游未来的发展来说，可能比较有用的是要引入竞合这一概念，本书已经对这一概念进行了详细的解释。多米尼克的各个生态旅游地可能需要联合起来成立一个协会以分享信息。

（六）项目的可行性

在加勒比保护区开展生态旅游项目需要考虑的一个问题是，别的地区是

第十一章 变革型领导力、扶贫与旅游政策

否有类似的项目先例？通过对土著地区生态旅游项目方面的研究文献进行简单的回顾可以发现，一般而言，"可持续旅游"型的目的地（包括生态旅游）正变得越来越受欢迎。表现之一是，与造访一般的旅游目的地的游客相比，探访文化遗迹和自然的游客人数在增加，而且这些游客在游览与文化相关的目的地时，愿意花更多的钱，停留更长的时间。

要想找到与多米尼克的独特风光完全吻合、可资借鉴例子不多。一个可能比较好的例子是巴拿马共和国圣巴拉斯岛上的库纳印第安人（Kuna Indian）的做法。这个族群相当成功地做到了在保证自己的传统和生活方式不受损害的情况下，向游客展示自己独特的文化、语言、风俗及当地生产的产品。

另一个比较成功的例子也来自于巴拿马，这是居住在巴拿马的查格雷斯国家公园（Chagres National Park）的安巴拉（Embera）土著社区开展可持续生态旅游项目的例子。这些土著共同合作，结成了一个非营利性的可持续旅游组织，并提出了一个社区旅游开发规划。这个部落觉得，通过可持续旅游，他们能够保留自己传统的生活方式，保护查格雷斯国家公园，并改善他们的经济地位。总的来说，这个项目获得了有限的成功。

虽然不是一个位于加勒比地区的目的地，也不是土著部落，但是位于阿拉斯加的丹奈利国家公园教育中心（Denali Education Center）依然值得我们考虑。这是一个加入了国家公园系统的非营利组织。该中心为游客提供基于教育的产品组合，即向游客介绍关于阿拉斯加独有的动植物方面的信息。考虑到多米尼克独特的自然环境与加勒比印第安文化，使用非传统的创新思维可能是项目成功的关键。

让我们回到最开始的问题，在多米尼克的加勒比印第安人保护区开展生态旅游是否可行，能否获得成功，从短期来看，答案是不确定的。随着这第一个项目的开展，可能对我们比较有帮助的一种做法是要密切地监测它所取得的进展。虽然这个项目已经开始启动，但是依然有许多开发方面的问题需要解决。然而，如果在该地区开展生态旅游获得了成功，那么这将成为一种变革性的力量，从而提振当地经济、减少贫困，为当地居民带来更大的繁荣和更好的生活质量。

七、关键问题总结

多米尼克的领导者，与其他社区的领导者们一样，在旅游开发时面临着艰难的决策。这些开发决策，使得那些谋求转型的社区面临着什么样的挑战和机会一直是旅游专业学生们热议的话题。一个需要优先回答的问题是：一个自然资源和人工资源有限的小岛在进行旅游开发时，是应该先考虑供给方面的问题还是需求方面的问题？换言之，规划者是应该加大对该岛的营销还是说他们首先需要考虑的是如何提升该岛及岛上各种旅游活动和设施的可进入性？对这个问题的回答，很大程度上取决于该岛的基础设施如何。然而，多米尼克已经在国际上获得了广泛的认可，游客都把它作为一个值得一游的非常纯朴的目的地，这种认知可能为它带来更多的新游客。私有部门的开发者在利用那些来自于未经开发的市场上的机会时，公共部门的监管应该达到什么地步，或者说它应该涉入到什么程度？一个社区该如何确定新的生态旅游供给侧与需求侧的最优组合，从而确保这种开发不会造成当地的不可持续及不利的转变？

注释

1. United Nations (2000) *Millennial Declaration*. New York, September 6-8.
2. United Nations (2010) *Millennial Development Goals*. New York, September 20-22.
3. United Nations (2011) *The Millennium Development Goals Report*. New York.
4. Yunis, Eugenio (2004) "Tourism and Poverty Alleviation." Madrid, Spain: United Nations World Tourism Organization.
5. UNWTO (2011) "Report to the United Nations . . . Global Review of the Program of Action for the Least Developed Countries for the Decade 2001-2010." April 6.
6. United Nations Environmental Program (2008) "Tourism: Investing in Energy and Resource Efficiency." New York: United Nations.
7. Edgell, Sr., David L.(1990) *International Tourism Policy*. New York: Van Nostrand Reinhold.
8. Swanson, J.R. & Kline, C. (2013). SAVE Tourism in the Polar Regions: A Research Exploration (Chapter 7). In *From Talk to Action: How Tourism is Changing the Polar Regions*. Lemelin, H., Maher, P., & Liggett, D.(eds.). Thunder Bay, Canada: Centre for Northern Studies Press.

9. Ibid.
10. Edgell, Sr., David L. (1999) *Tourism Policy: The Next Millennium*, Urbana, IL: Sagamore.
11. Edgell, Sr., David L. (2002) *Best Practices Guidebook for International Tourism Development for Rural Communities*, Provo, UT: Brigham Young University.
12. Edgell, Sr., David L.(2011) "Investigating Best Practices for Rural Tourism Development," *Journal of Hospitality & tourism, 9* (2).
13. TIES (1990) www. ecotourism, org.

第十二章　未来的世界旅游政策问题

按照大部分关于全球未来的预测，以及旅游行业领袖人物的观点，未来的旅游行业将充满变化与活力，且不断增长。旅游者需要的是高品质的旅游体验，他们渴望旅游产品更加多样化，选择面更广，同时还需要拥有干净和健康的环境。对于大部分社区、目的地和国家来说，旅游政策和战略规划将会成为经济繁荣、可持续管理和提高生活质量的关键。旅游增长的关键在于确保精心的规划和高效的政策能够落实。本章将探讨一些在两位作者看来对未来旅游持续发展比较重要的关键问题。每一部分都会探讨一个对于旅游未来发展至关重要的问题。

一、世界经济对旅游的影响

世界经济对未来全球旅行有着非常大的影响。2009年发生在多个国家的全球性经济衰退，对旅游业造成了重创，这么多年来第一次（2001年恐怖袭击曾对世界旅游造成负面影响）造成国际旅游人数下降。在2010年和2011年，虽然世界经济依然前途不明，但是全球旅游业出现了小幅增长。然而，一些世界经济报告认为，2012年的年终数据可能表明，世界经济正在向积极的方向缓慢增长。2013年和2014年，世界经济将有望出现小幅增长，到2015年将会出现全面复苏。世界旅游的增长在很大程度上依赖于一个健康、平衡的全球经济。许多潜在的旅游者在他们各自国家都遭遇了经济问题，比如，高失业率、油价上涨、工资降低、不景气的商品市场、低效的国家经济

第十二章 未来的世界旅游政策问题

和政治政策。

虽然世界经济依然面临着很大的压力，但是有一些国家的经济和旅游市场看起来都红红火火。两个人口最多的国家——中国和印度——他们的人口总和可能占全世界总人口的三分之一，在近些年经济发展非常强劲。这两个国家出现了持续的出国旅游热潮。另外一些发展中国家，比如巴西，其国内经济也大为改观。欧洲经济依然步履蹒跚，美国经济看起来正在好转。

虽然这些年世界经济表现不佳，但是预计2012—2014年全球旅游市场依然会实现小幅增长。我们可以回顾一下每年的旅游统计情况，1975年，国际游客人数是2.14亿，国际旅游收入是407亿美元。到了2011年，国际游客人数是9.83亿，旅游收入超过了1.2万亿美元。联合国世界旅游组织预测，"今年（2012），国际游客人数将有望达到创纪录的10亿"。对于充满动荡的旅游市场的未来发展来说，这个里程碑式的数字确实鼓舞人心，也是个非常好的兆头。合起来统计的话，2011年的国内和国际旅游收入共计6.4万亿美元，约占全球发展总值（Gross Development Product）的9.1%。此外，在2011年，旅行和旅游行业总共创造了2.55亿个就业岗位，占全球就业总数的8.7%。世界旅行和旅游理事会预计，到2012年，旅游业的就业岗位将超过2.6亿，到2022年将达到3.28亿。虽然这些数据让人印象深刻，但如果全球经济下滑，油价攀升，旅游和旅行将很有可能无法保持近些年的增速。显然，一个充满活力的世界经济意味着更多的人愿意出行。

另一个可能对世界旅游产生影响的因素是人口增长。据估计，2012年全世界人口总数约为75亿。五个人口最多的国家——中国、印度、美国、印度尼西亚和巴西——其总人数占到了全球人数的一半。如果仅仅是这五个国家的经济在增长，那么世界旅游肯定也会增长。然而，今天的世界是一个地球村，一个地区发生的事情也会影响到别的地区。除了世界经济、人口增长和油价，还有很多其他因素也会对旅游增长产生影响。一个充满和平的世界也是充斥着战争和冲突的世界，办理护照的成本、飞机和其他交通工具的成本，政府管制，国与国之间的政治关系，气候变化，扶贫，一些目的地的交通堵塞问题，特殊节事（比如奥运会、世界杯和世博会），以及世界性的传染病都会导致旅游的增长或下滑。但是从长期来看，如果世界经济得不到改观，全球旅游市场肯定会停滞不前。

　　本书的各章都在大声疾呼，旅游的增长需要国家制定好的旅游政策和规划，从而提升旅游发展的机会。非常明显的一点是，一个国家和地区在旅游政策方面积极主动，将会提升它的推广能力，最终会带来旅游的增长。各国需要采取强有力的政策措施，调和政治上的分歧，从而解决当今世界大部分地区所存在的经济和其他问题。既然世界经济紧密相连，世界各国的政策制定者需要紧密合作，从而避免全球经济出现恶性循环，而这种恶性循环最终会给旅行和旅游带来负面影响。

二、旅游中的安全问题

　　对于旅行和旅游行业来说，世界旅游者的安全问题是极为重要的事情。对于旅游政策和旅游规划来说，确保旅行行业的安全始终是一个巨大的挑战。简单来说，安全是高质量旅游的一个基本构成要素。一个被认为存在安全隐忧的目的地注定不会繁荣太久。

　　很多安全指南的第一条都是考虑旅游与恐怖主义的关系问题；这个因素对人身安全和财产安全都会产生影响。在过去这些年里，有很多关于恐怖主义与安全问题的探讨。虽然自有史以来就存在旅游，但是2001年的9·11恐怖袭击使得人们强烈呼吁要制定国家和国际性旅游政策，以应对恐怖主义对旅游行业的影响。这场悲剧所带来的一个结果就是很多受到震动的国家在政策制定方面展开了合作，从而阻止潜在的恐怖主义分子的活动。虽然9·11事件已经过去了多年，游客们依然需要在机场接受复杂的安检程序，这实际上是提醒人们要时刻牢记安全对于旅行和旅游行业是多么的重要。不管是乘坐飞机、办理护照或者了解哪个目的地更为安全，旅行的过程都在变得越来越复杂。重要的是，我们的政策既要能够保护旅游者，还要做到不那么繁琐，不那么耗费时间，让旅游者无法忍受，放弃出游。

　　第十一章提到了动荡、内乱对旅行和旅游行业的影响。在过去这几年里，全世界饱受各种全球政策问题、战争和其他混乱的困扰，从而阻碍了旅游业的发展。但是就安全问题而言，恐怖主义依然是最大的麻烦。比如，正是由

第十二章 未来的世界旅游政策问题

于对恐怖主义的担忧，英国政府花费巨资升级了它的安保系统，并且在伦敦驻扎了 25 000 名士兵来确保参加 2012 年伦敦奥运会的运动员和游客的安全。在很多全球性的事件中，人们都越来越关注全球接待和旅游行业在面对犯罪、社会动乱和恐怖袭击这些挑战时的脆弱性。对旅游行业的安全问题的研究清晰地支持传统的观点，"当世界充满和平，旅游就会变得流行"；但非常不幸的一点是，当今世界并不太平。

为了安全而出台的各种措施，曾经被很多旅客视为麻烦（对很多旅客，尤其是商务旅客来说，这依然是个让人烦恼的问题），现在也获得了游客们的勉强认可。因此可以说，安全不仅是乘坐交通工具的旅客们的基本要求，而且也是目的地的一种责任，它必须要确保旅客在当地能获得安全舒适的度假体验。虽然恐怖主义是安全的最大考验，但是很多游客也会关注一个目的地的犯罪率问题。

对于目的地的规划者来说，一般性的针对游客的犯罪，比如抢劫、绑架和谋杀，也是他们需要应对的重要问题。在许多地方，当地的警务部门通常不会报道或者收集受害人是当地居民还是游客这方面的统计数据。然而，一旦全球媒体铺天盖地地报道某个地方发生了针对游客的犯罪行为时，这往往会给当地的总体形象带来不利影响，即便事实可能是前往当地的风险极低，实际的犯罪行为极少。今天，一个旅游目的地在宣传自己时，不仅要强调自己能够给游客提供丰富多彩的体验，还要突出自己是一个非常安全的地方。越来越多的游客在选择目的地时都会问这样一些问题：晚上外出是否安全？在公共场合佩戴珠宝是否安全？造访该地时，哪些区域需要避开？

尽管有恐怖分子和犯罪分子的潜在威胁，全球旅行依然在增长。鉴于潜在的恐怖主义袭击可能会对任何目的地的可持续性都造成威胁，因此，目的地的规划者需要实施积极的战略，以应对那些可能会毁掉当地旅游市场的危险。许多目的地、酒店和休闲区域都制定了简单易操作的危机管理计划，以便在出现突发性的危险时能够迅速应对。这些紧急情况可能与天气状况（台风、海啸、洪水等）有关，也可能是火灾、犯罪行为、恐怖袭击或者其他一些问题。那些能够有效应对这些紧急情况的目的地将会赢得安全的好名声。他们可能建立起安全的品牌形象，从而吸引更多的旅游者前来。大部分预见型旅游政策和规划都会精心制定各种措施来应对安全方面的问题。而旅游行业的安全问题现在和未来都是制定旅游政策时需要优先考虑的。

三、以负责任的方式实施可持续旅游管理

　　由于认识到，有序的经济增长和整个社会对环境和生活质量的关注将会成为旅游开发和政策长期发展的驱动力，因此，可持续旅游成了这种转变的一部分。我们赖以生存的环境是有限的，而且很多地方的环境正在遭受工业开发、技术开发和缺乏规划的旅游开发的损害。既要保护这些环境资源，对人们的社会价值观带来积极的影响，提升全球各地居民的生活质量，还要做到从旅游中获得可观的经济利益，这实在是一个巨大的挑战。可持续旅游政策的制定、规划的建立和管理，将会给那些对旅游来说非常重要的社会目标的实现提供支撑，将会为我们未来的前进方向提供指引。没有这些指引，我们可能会发现旅游在未来所带来的好处将低于我们曾经的预期。

　　虽然第六章已经就可持续旅游的很多问题进行了探讨，而且该章结尾处的案例研究还探讨了气候变化，但是在旅游未来的发展过程中依然有很多可持续旅游方面的问题需要考虑。随着世界人口和国际游客的增多，必须要对旅游企业、小型社区和游客持续进行可持续旅游方面的培训。我们今天对一个目的地的社会、文化、历史、自然和人造资源的尊敬，将是我们留给子孙后代最好的馈赠。越来越多的目的地会在进行战略规划时纳入可持续旅游的准则。而随着越来越多的东道主社区和游客看到保护目的地处于纯朴状态的好处，即他们的子孙后代将来可以在该地区享受到与他们一样的东西，肯定会有新的可持续旅游方面的政策出台。

　　可持续旅游方面的研究和教育发展得非常迅猛。过去 5 年中出现了比过去 25 年的总和还要多的可持续旅游方面的书籍、研究和文章。而且与过去 25 年相比，与可持续旅游有关的本科课程与研究项目也多了不少。虽然在欧洲及几个欧洲之外的国家的大学里，可持续旅游方面的项目已经开展了许多年，但是在许多国家，这依然是个比较新颖的话题。例如，在美国，第一个可持续旅游方面的科学硕士学位于 2010 年由东卡罗来纳大学颁发。从那以

后，很多项目都开展起来了。许多国家的旅游教育系统在可持续旅游方面所经历的情况基本与此类似。此外，每年也有很多场关于可持续旅游的研讨会。很多会议和节事策划者在选择潜在的会议举办地时也会了解当地有哪些可持续方面的举措。TripAdvisor的一项关于环境友好型的旅游选择方面的调查显示，71%的旅行者计划在未来以更加绿色的方式出游。此外，进行绿色环保活动的旅游企业数目也在持续增加。

虽然本书已经赋予可持续旅游相当高的地位，但是管控旅游的文化、自然和社会影响所具有的重要意义怎么强调都不为过。增进国与国之间的互相理解，打造和平文化，将会促进可持续旅游活动的开展。此外，我们刚刚有所了解的与可持续旅游有关的一个问题是气候变化对旅游的影响。到目前为止，对于气候变化，旅游行业还不太重视，也没有制订什么应对方案。事实上，这需要许多世界性的团体和组织团结起来，共同解决气候变化给旅游的可持续发展所带来的挑战。

在可持续旅游领域已经取得了巨大的进展，而且未来还会有更多的进展。随着旅游的发展，对于指导目的地进行可持续开发的旅游政策和规划的需求也会增加。当我们在设计新的机场、道路、港口、下水管道和净水厂时，如果我们牢记可持续发展的理念，那么这些新设施的建成将会提升当地人民的生活水平。总之，由于良好的政策和规划，可持续旅游开发的概念，已经更为人们所了解了。

总之，旅游行业给不起衰退的冲击，也给不起自然环境和人工环境所带来的问题。我们现在知道，旅游行业的可持续管理将会提升全球社会的境况，有助于保护旅游资源，确保我们的子孙后代也能享用这些资源。我们还认识到，科学、教育和商业实践都是长期可持续性管理中的关键合作伙伴。世人也认识到了可持续旅游在全球扶贫方面所做出的贡献。我们有理由期待在未来将会有一个更加可持续的星球。

四、旅游行业电子商务工具的应用

电子商务工具在旅游行业中的使用正在开始对这个行业产生冲击。在过去的 5 年中，有越来越多的旅行者借助互联网来制订自己的旅行和度假计划。很多游客在出行时，会使用智能手机查询天气、目的地、方向和其他信息。在今天的旅游市场，还没有听说哪一个旅游目的地没有网站。确实有一些网站比另外一些更好看，然而，对于那些糟糕的网站来说不能再为自己的不足找借口了，即便它仅仅是一家小型的旅游企业或者规模不大的目的地也不行。今天，"复制、粘贴"是网站设计的座右铭。找到一个好的网站，挑选出其中那些最适合你的目的地或者企业的地方。在很多情况下，网站使得大企业和小企业有了一个同场竞技的公平舞台。例如，一家仅仅提供住宿和早餐的小企业如果有一个好的网站，就可以和万豪或希尔顿这样的连锁酒店竞争了。

随着各个国家上网人数的增加，线上旅游收入也必将增加。2011 年全世界上网人数估计为 22.7 亿人；相对于 2000 年的 3.61 亿人，增加了 528%。这其中大部分新增网民来自于东亚-环太平洋地区。有理由相信，使用互联网的人数在未来依然会高速增长。

虽然企业和顾客，或者说目的地和游客之间的互动不再那么具有个性化，但是旅游依然可以称得上是所谓的关系经济。虽然因特网赋予了消费者更大的权利，但是那些能够有效利用互联网技术来打造和维护客户关系的组织将会获得战略上的优势。随着后进企业对先进企业的追赶，先进企业要想维护自己的优势地位，必须不断地寻求技术上的领先。未来的发展将会包括根据游客的访问记录，为其推送个性化的信息内容。对于旅游企业来说，要想获得持续的成功，关键在于实施积极的电子商务战略。

显然，旅游行业对电子商务工具的使用将会进一步增加，会在现在和未来关于旅游政策、规划和营销的讨论中占据很大的篇幅。当前已经有几种电子商务工具在旅游行业得到了很好的运用。毫无疑问，旅游行业的未来将会更加高科技化。对于旅游目的地来说，信息是一个非常关键的营销工具，如果能够以更高效的方式把它推送给旅游者，将会让目的地获得战略上的优势。旅游是一种体验，既包括了对产品的体验，也包括了对服务的体验，而电子商务的多媒体属性，为旅游行业提供了最高效、最前沿的方式来提升旅游目的地的吸引力。

由于旅游中很大一部分是营销，因此，那些懂互动营销技术的旅游促销者将会超越那些不太熟练的竞争者。电子商务工具不仅把消费者和企业联系起来，还在顾客之间搭起了桥梁，为信息交流提供了媒介。对于旅游业来说，口碑可能是最好的广告形式（如果旅游者获得了良好的旅游体验）；然而在今天，借助于技术手段，可以让消费者的这种口碑传递到更多的潜在顾客那里。旅游营销可以使用的一些工具包括博客、播客、智能手机、网络、全球定位系统、Travelytics、Facebook、Twitter、Pinterest等。虽然在旅游行业中，人与人之间的接触非常重要，比如一个让人开心的前台收银员或者一个告诉你哪里有好的餐厅的礼宾，但是与其他行业一样，技术正在取代一些人工操作岗位。对于旅游行业来说，技术应用才刚刚开始，未来这种趋势将会进一步加强。

五、旅游政策和战略规划

本书第一章对旅游政策的定义是，"在一定的道德伦理框架下制定的一系列行动、指南、导则、原则和程序，它以具体问题为着眼点，是一个社区（或国家）如何实现旅游规划、发展、服务、营销和可持续性方面的目标从而确保自己未来旅游增长的意愿的体现"。旅游政策和战略规划通常应该从地方层面展开，这样一来，开发旅游所依托的社区或者目的地所在地方的各利益相关方都能够有机会表达自己的观点。然而，在很多情况下，最好能够制定一个清晰的国家层面的旅游政策，这样各级政府和旅游行业就有章可循。问题的关键点在于不同的旅游政策和规划可能会给当地居民的生活带来不同的改变。对于那些非学术出身的个人或者社区来说，许多旅游政策和规划方面的图书都存在以研究为导向、理论过多、实践建议不足的情况，使得他们无法很好地理解，或者产生不了阅读的兴趣。本书的大部分章节都试图仅提供必要的最基本的理论研究，或者是提供实践方面的例子，从而使得读者能够将之用于行动或者为他们制定不同层次旅游政策和规划时提供可行的解决方案。

在未来，全球旅游行业肯定会遇到各种各样的问题，然而可以确定的一点是，旅游政策和战略规划将会很好地解决这些问题，使得旅游行业拥有更好的未来。可以预见，未来人们会更加关注全球旅游行业高品质增长的潜力。旅游为当地社区带来的持续益处将会继续增加，而且人们会优先考虑并高度重视这种增长。私有部门和公共部门需要进一步强化合作，利用旅游减少贫困，制定政策抵御那些对旅游行业的负面冲击，并强化旅游为普通大众带来经济、社会和文化环境等方面的益处。

今天全球旅游依然存在很多隐忧，未来我们需要更具创新性的政策，更有创造力的规划。例如，旅游行业如何应对全球经济放缓的局面？是否有什么新的途径能够让目的地变得更加安全？旅游行业该如何提升全球的社会经济状况？油价的波动依然会对游客的出行造成困扰吗？我们是否制订了可行的危机管理计划，以应对天灾或人祸？新技术将会把我们带往何处？哪些国家将会成为新的旅游目的地？面对气候变化，我们该怎么办？引领全球、各个国家、地方的旅游政策发展的领导力在未来将来自于何处？如果旅游在未来要在量和质两个方面都持续增长，上面的只是几个需要我们给出答案的问题。

要想开发新的旅游项目、保护现有目的地、提升与旅游相关的设施和服务，这需要全面的政策和细致的规划，即能够将当地社区的需求、市场竞争力和旅游可持续性都纳入考虑范围。那些制定了良好的政策，并能够仔细地实施战略计划的目的地、地方和国家，未来将会因为其旅游产品的可持续性而获得巨大的收益。当这些政策和规划关注多个维度，并考虑到了旅游的方方面面，这些地方未来的成功机会将会更大。面向未来的旅游政策，必须能够将规划职能和旅游的政治目标联系起来，并最终制定出一系列切实可行的行动指南，从而为我们的前行指明方向。

六、旅游教育和培训

随着旅游行业的增长，新的教育和培训项目不断出现。最终，全球范围内旅行和旅游行业的成功取决于它的从业人员的专业化程度。如果劳动力已经比较专业，那么需要做的是强化旅游教育和培训项目。就整个旅游行业来看，大部分情况下提升的焦点都放在服务质量和顾客满意度方面（除了航空

第十二章 未来的世界旅游政策问题

公司）。确定旅行和旅游行业的职业模式，建立起帮助员工进行培训和进一步教育的政策和项目。这些都经过了长时间的摸索。在制定提升旅游教育和培训的政策和计划方面，我们还需要付出更多的努力，但是与以往相比，现在的情况还是非常好的。

大部分学校在本科层面的教育，即向学生教授基本的旅游原则和实践方面是比较称职的。比较欠缺的是，在本科层面或者研究生层面，需要向学生教授领导力课程，尤其是考虑到旅游对全球社会经济发展所具有的变革性力量（见本章下一节）。旅游行业之所以能够提升公共利益，其背后最基本、最有价值的原则和关系是什么，我们最需要的就是找到这类研究和信息，并确保将这些纳入到我们的培训课程之中。从这个角度而言，高效的领导力是旅游行业能够带来积极的社会变革的一个基本原因。国际旅游研究学会和旅行、旅游研究协会（Travel and Tourism Research Association）等组织也都进行了一些旅游领导力方面的研究，但这些组织研究的焦点不在于此。本书早前提到过夏威夷大学的旅游领导力发展研究院（Executive Development Institute for Tourism），积极地为企业高管和经理人提供高级培训，虽然大部分情况下，这些人已经证明了自己的领导能力。然而，对于学术共同体来说，旅行、旅游和接待业领域诱发社会变革的领导原则和实践，依然是一个值得投入更多研究精力的领域，甚至可能需要编写一本这方面的高级教程。

旅行、旅游和接待业的学生很少会接触到世界旅游所面临的问题，除非他们非常幸运地遇到了一个教授或者一本指定教材，才可能知道全球旅游的状况。在很多接待业和旅游业的项目中，我们教授的都是传统的必修课程，基本不讨论如何在旅游行业成为一个卓有成效的领导者。虽然一些教授在他们的课堂中引入了团队建设的内容，但对于如何成为变革型领导者则语焉不详，而变革型领导必须能够为旅游行业现在和未来面临的问题提供更有效的解决方案。

尽管这么说，我们还是要承认，在教育学生、培训员工为旅游行业提供所需的高质量服务方面，已经取得了非常大的进步。有很多机构和企业都在提供非常优秀的培训项目，使成千上万的旅游从业人员变成了更优秀、更高效的员工。我们的一些大学也提供了非常具有创新性的项目以满足旅游和接待业在项目管理方面的需要。我们有时候忘记了的一点是，教育是一个终生过程，我们需要与时俱进更新我们的课程，从而使得我们能够跟上旅游行业的新趋势。

旅游教育和培训领域最近一个大的创新是在线教育和培训的开展。在最新的一篇名为"在线教育和员工发展：应对全球旅行和旅游行业员工当前需求和新需求的十个策略"文章（2013）中，在线教育专家克里斯顿·贝茨博士（Kristen Betts）和戴维·埃杰尔博士探讨了与旅游教育和培训相关的教育政策问题。该文指出，高等教育机构已经准备好开发那些能够满足旅游行业员工的当下和未来需求的课程了[1]。

七、旅游对全球社会经济发展所具有的变革性影响

一直到最近，旅行和旅游行业才形成对社会经济问题的一致关注。旅游行业的商人，与其他行业的商人一样，其主要目标就是通过开发和销售他们的旅游产品而获得经济收益。有时候，这么做可能意味着一些企业对于保护环境或者提升当地居民的生活质量可能并没有多少兴趣。但是好消息是，看起来已有越来越多的企业开始对可持续旅游感兴趣，也愿意考虑当地居民社会经济方面的关注。

旅游行业中有越来越多的企业对可持续旅游开发感兴趣，这给人类社会及自然环境和人造环境的保护带来了积极的影响。这已经变成了一种各个层面都齐心协作的行为，联合国国际旅游组织在全球政策层面发挥领导作用，各个国家和目的地在地区层面不断改进政策和规划以适应可持续发展方面的要求。此外，一些区域性的组织，如经合组织、美洲国家组织（the Organization of American States）、亚太经济委员会（the Asia-Pacific Economic Council）、加勒比旅游组织，以及其他很多组织长期以来都在支持和强调可持续旅游开发所具有的积极效果。

第十一章探讨了旅游开发所带来的各种社会经济进步，尤其是对欠发达国家来说更是如此。该章探讨了扶贫的问题，这是联合国的一个主要目标。联合国很早就认识到了旅游产业能够在消除贫困，尤其是欠发达国家的贫困

第十二章 未来的世界旅游政策问题

方面扮演着非常关键的角色。联合国的下属机构——联合国世界旅游组织承担起了消除贫困的挑战。由于欠发达国家只占有不到3%的世界旅游市场，因此，它们的增速比发达国家高出不少。这背后的部分原因要归结为本书第四章所探讨的比较优势。世界上绝大部分欠发达地区都拥有美丽的自然资源，独特而又有趣的文化，种类繁多的动植物，以及数不清的探险旅游机会。

此外，旅游是一个非常分散的行业。对旅游的需求会衍生出额外的工作岗位和经济收益。关于旅游的这种特点我们可以看一个简单的例子。随着越来越多的游客对伯利兹龙涎香岛（Ambergris Caye Island）海岸边的珊瑚礁群（仅次于澳大利亚大堡礁的第二大珊瑚礁群）感兴趣，这个美丽岛屿的旅游业获得了迅猛发展。由此带来的一个结果就是，岛上开始建造新的住宿设施，这为数以百计的缺乏技能的年轻男性提供了工作岗位，否则这些人只会处于失业状态。此外，为了满足迅猛增长的旅游需求，该岛还修建了一座美丽的新机场，这又创造出了新的就业岗位。这还带来了对更多产品和服务的需求，从而为该岛的许多女性提供了就业机会。看到龙涎香岛开展可持续旅游所带来的发展，伯利兹政府正逐渐意识到旅游在提升该国经济状况和保护环境方面所带来的积极影响。

本书的一个案例研究曾经探讨过生态旅游为多米尼克的加勒比印第安人保护区所带来的潜在机会。如果这个项目能够获得成功，保护区的其他土著能够利用生态旅游开发给当地经济所带来的机会，那么在帮助保护区的处境不利人群方面可以说旅游已经迈出了一大步。这个项目具有衍生出新的小型旅游相关企业的潜力，具有为农业和渔业市场提供新的机会的潜力，而这两个行业对于保护区的经济增长是非常关键的。

八、卫生问题、自然灾害和气候变化对旅游的影响

由于全球性的卫生问题、自然灾害和气候变化可能给旅游带来冲击，故必须要对之保持高度的关注。旅游者在前往各旅游目的地之前，会尽可能收集这些方面的信息。幸运的是，有数不清的专家就这些问题进行了大量的研究，因此，我们此处的讨论仅仅是指出未来的一个大概方向。

1. 卫生问题与旅游

由于对卫生问题的关注，大部分游客会避开那些卫生风险高的地区。此外，旅行者可能会传播某些传染病的问题也经常受到关注。全球的政策制定者都非常关心像禽流感这样的传染性疾病可能带来的灾难性影响。有明确记录显示，旅行（尤其是国际航空）会使传染病传播得更快。

对疾病的担忧会降低旅游需求。例如，前些年 SARS 在亚洲和加拿大的迅速传播，使得整个旅游行业都恐慌不已。另一个例子是手足口疫从英国向欧洲大陆的蔓延，也使得很多国际游客和当地居民感到害怕。幸运的是，世卫组织对旅行者传播疾病的潜在风险保持着密切的监控，如果有必要的话，它会对那些打算前往传染病暴发区域的旅行者发出出行警告。政策制定者们现在需要做的是关注其本国国内的卫生危机，并制定应对策略，以及为世卫组织提供支持。

2. 自然灾害对旅游的影响

联合国发布的报告显示，2011 年由于灾害而造成的损失高达 3800 亿美元，是有史以来最高的。地震、海啸、洪水、飓风、风暴、泥石流等灾害，在未来肯定会继续发生，并对旅游造成严重影响。这些灾害不仅会给目的地带来极大的麻烦，还会造成航班的混乱及其他各种问题。政策制定者和政府正在制定早期预警系统和预防措施以减少这些灾害所带来的冲击。旅游者会避开那些受到灾害冲击的地方，这反过来意味着旅游此时是无法扮演促进经济发展的角色的。随着旅游产业的演进和发展，我们需要找到新的公共政策工具和最佳实践来应对自然灾害。在制定政策时需要考虑三个方面的问题：（1）行业与游客在灾害发生时最紧迫的需要；（2）长期恢复与重建；（3）预防和/或减少灾害冲击。

3. 气候变化与旅游

旅游政策制定方面另一个正在迅速出现的重要趋势是气候变化及其对旅游的影响。这是个重大问题，也具有极大的争议性，对这些争议的全面介绍超出了本节讨论的范围。本书第六章的案例研究简单地探讨了一些气候变化的议题。有一个方面是非常清楚的，那就是旅游的管理者们必须转换发展范式，不能再过度使用自然资源，而是关注环境管理问题。希望今天这些知识丰富的旅游行业的专业人士能够通过可持续旅游政策和目的地战略规划吸取经验，探索出最佳实践，从而改善当前的管理过程，塑造一个更加光明的未来。

九、高品质旅游产品和体验

今天的旅游者对旅游产品的要求是：品种更多、选择面更广、品质更高。高品质旅游现在是，未来依然是重要的旅游议题。某种程度上来说，消费者是易变的，因为他们对旅游产品的需求总是在变，但是不管怎么变，品质始终是他们出行时最为看重的。

旅游行业中一个经常受到抱怨的部门是航空公司。乘坐飞机的体验依然是旅行行业中的热门话题。那些年长的，体验过 20 世纪 80 年代和 90 年代高品质飞行服务的乘客，一般来说对于今天的飞行体验都是不太满意的。许多航空公司丢弃了服务要素非常重要的"灵活性"和"质量"，这使得乘坐飞机前往目的地会成为整个度假过程中最为糟糕的部分。乘客除了忍受大部分航空公司提供的劣质服务，几乎没有什么追索权。然而，公平地讲，还是有一些例外情况，有几家航空公司依然坚持服务质量至上的原则。

由于旅游者对不同体验的兴趣，每年都会有许多新的旅游产品面世。也许一些电视节目，比如"幸存者"（Survivor）、"急速前进"（Amazing Race），或者其他真人秀节目，以及旅游和自然类电视频道，部分地激发了对探险旅游或者异国旅游的兴趣。

一种非常有趣而又新兴的旅游体验是太空旅游。1961 年 4 月 12 日，苏联航天员尤里·加加林成为第一个太空旅行者。在此之前，到太空旅行还是遥不可及的梦想。虽然加加林在太空仅仅飞行了 108 分钟，但是它向全世界证实了太空旅行的可能性。加加林的这一壮举变成了世界性的轰动新闻，人们为这一奇迹赞叹不已。如果不是加加林的太空冒险，那么美国宇航员内尔·阿姆斯特朗（Neil Armstrong）及埃德温·巴兹·奥尔德林（Edwin Buzz Aldrin）可能就不会于1969年在月球表面行走，这次成功又掀起了另一场全民狂欢。过去，太空旅行对许多人来说只能想一想，而在未来，这将有可能成为现实。

随着苏联和美国20世纪60年代太空项目的开展，到20世纪90年代末，太空旅游，即出于游憩、休闲和商务目的而进行的太空旅行变得越来越有可能成为现实了。美国从来没有制定太空旅行方面的政策，幸运的是，俄罗斯制定了这方面的政策。简单来说，如果一个人具备相应的身体条件，愿意接受太空旅行方面的训练，也有支付能力，那么就可以安排他飞往太空并参观国际空间站。从2001年第一位太空旅行者丹尼斯·提托（Dennis Tito）支付2000万美元进行为期8天的太空之旅开始，到2009年盖·拉利伯特（Guy Laliberte）支付4000万美元进行为期11天的太空之旅，共有7名游客先后进入太空。俄罗斯航天局提供了太空旅行所需的训练和飞船。俄罗斯人在2011年暂停了太空旅行项目，但有可能在2013年重启该项目。

美国的航天飞机退役了，因此当前唯一能到达国际空间站的是俄罗斯的飞船。2004年，微软的联合创始人保罗·艾伦和航空先驱伯特·鲁坦（Burt Rutan）组建的团队，成功地把第一艘私人出资的名为飞船1号的载人飞船送入了次轨道。与此同时，理查德·布兰森爵士的维珍银河（Virgin Galactic）公司获得了该技术的许可，目前正在研发太空飞船2号。理查德·布兰森宣称，他和他的孩子们将会于2013年进入太空。有很多人都签署了太空旅行合同，期待着太空旅行能够很快普及。对于很多人来说，不管是第一次到国外旅行，还是前往自己喜欢的目的地，或者渴望进入太空，旅游都意味着他们人生中最美好的一些梦想的实现。未来的旅游项目将会让更多人的梦想变为现实。

十、结论

本书一再强调，只有旅游政策和规划才能最好地解决旅游行业出现的问题。旅游开发过程中各利益相关方都应该保护自然和人工环境及文化遗产，以实现经济的可持续增长，从而不仅满足这一代人还能满足子孙后代的需求。本书提倡的是，在那些开展旅游活动的地方，当地居民要能够分享到旅游者所带来的经济、社会和文化利益。本书突出强调了国际机构，尤其是联合国世界旅游组织在制定旅游政策方面所扮演的角色。本书还提到了一些非常有意义的大会所提出的一些经验总结，比如《马尼拉世界旅游宣言》或者《海牙旅游宣言》。总之，旅游政策和规划是未来旅游健康发展的必要保障。

我们希望，通过对以往、现在的旅游政策和规划的研究，我们可以为未来的世界旅游政策的制定打下坚实的基础。世界正变得越来越复杂，越来越互相依存，因此，我们在规划旅游的未来发展时，必须要注意到人与人之间、文化与文化之间的相似和相异。本书的另一个主要目的是想说明，那些能够带来益处，比如带来更大的和平与繁荣的旅游政策，将会提升当地社区及旅游者的生活质量。旅游并不是解决任何社会经济和社会文化问题的万能药，但是借助于良好的旅游政策和规划，旅游行业能够为未来高品质的旅游体验的发展打下坚实的基础，使得我们的子孙后代也能享受到这些。

案例研究 12：2013 年世界旅游十个最重要的问题

本案例研究依据旅行和旅游研究协会 2012 年官方出版物第四版的"新闻与研究通讯"的部分内容改编，这部分内容就是戴维·埃杰尔博士所提出的《2013 年世界旅游十个最重要的问题》。按照高德纳（Goeldner）和里奇（Ritchie）在他们的《旅游学》（第 12 版）一书中的说法，"旅行和旅游研究协会是一个专注于旅行研究和营销的国际性组织，它以提升旅游研究和营销信息的质量、价值、规模和可接受性为宗旨"。我们在这里复制了旅行和旅游研究协会的这部分内容。

2013 年世界旅游十个最重要的问题

戴维·埃杰尔博士

（东卡罗来纳大学接待业领导力学院旅游专业教授，可持续旅游中心创始人，研究员，国际旅游研究学会研究员，旅游和经济发展卓越经济中心研究员。）

1. 全球经济下行对旅行和旅游行业的影响；

2. 对安全的关注依然是旅行和旅游行业的重中之重；

3. 旅行和旅游对全球社会经济进步所起到的变革作用；

4. 燃油价格和机票价格上涨对旅行和旅游业所带来的负面影响；

5. 保护旅游目的地社会、文化、自然和人造资源的重要性；

6. 天灾人祸及政治动乱对旅行和旅游所造成的影响；

7. 电子技术与其他技术的普遍使用给旅行和旅游行业所带来的影响；

8. 新兴国家出游人数的增加所带来的旅游需求方面的变化；

9. 对气候变化给旅游造成的长远后果予以更多的关注；

10. 需要加大国家/地区在旅游政策制定和战略规划方面的领导力度。

（资料来源：大学课堂讨论；会议和研讨会；旅游文件；调查资料；行业数据；图书；论文；出版物；使用改进后的德尔菲法收集部分研究信息；同事、学生和其他人的意见和建议。）

注释：

1. Betts, k., & Edgell, D. Online education & workforce development: Ten strategies to meet Current & Cmerging Workforce needs in global travel and tourism. *Journal of Tourism & Hospitality*, Omnics publishing Group.

图书在版编目(CIP)数据

旅游政策与规划:昨天、今天与明天:第二版/(美)戴维·L.埃杰尔(David L. Edgell Sr.),(美)贾森·R.斯旺森(Jason R. Swanson)著;谢彦君,孙佼佼,郭英译.—北京:商务印书馆,2017
(当代旅游研究译丛)
ISBN 978-7-100-15380-5

Ⅰ.①旅… Ⅱ.①戴… ②贾… ③谢… ④孙… ⑤郭… Ⅲ.①旅游业—方针政策—研究 ②旅游规划—研究 Ⅳ.①F590

中国版本图书馆 CIP 数据核字(2017)第 234253 号

权利保留,侵权必究。

当代旅游研究译丛
旅游政策与规划
——昨天、今天与明天
(第二版)

〔美〕戴维·L.埃杰尔(David L. Edgell Sr.) 著
〔美〕贾森·R.斯旺森(Jason R. Swanson)
谢彦君 孙佼佼 郭英 译

商 务 印 书 馆 出 版
(北京王府井大街36号 邮政编码100710)
商 务 印 书 馆 发 行
北京市十月印刷有限公司印刷
ISBN 978-7-100-15380-5

2017年11月第1版　　开本 787×960 1/16
2017年11月北京第1次印刷　印张 19¾
定价:54.00元